精神保健福祉士の実践知に学ぶソーシャルワーク **2**

ソーシャルワークの
面接技術と記録の
思考過程

［監修］ 公益社団法人
　　　　日本精神保健福祉士協会

［編著］ 田村綾子

　［著］ 上田幸輝
　　　　岡本秀行
　　　　尾形多佳士
　　　　川口真知子

中央法規

はじめに

　目の前のクライエントや現代社会の抱える課題に向き合い，もっと力をつけたいと感じている精神保健福祉士は多いことでしょう。クライエントの希望や人生の歴史，また能力や環境などをふまえ，常に唯一無二の支援を展開するソーシャルワークにおいては，各職場の特性や利用者のニーズ，状況に見合った支援を展開する応用力や創造性が求められます。そのためには，年月をかけた経験の蓄積に加え，実践と省察を繰り返しながらソーシャルワーカーとしての価値・理念と知識や技術を調和させ，自己の力量として定着させていかなくてはなりません。そこで，本シリーズは，多くの実践経験や丁寧な教育を受ける機会をもつことができず，机上の学習経験に頼らざるを得ない初任者が，ベテランの実践知から学ぶことはできないかと考え企画しました。

　熟練した精神保健福祉士は，クライエントや場面・事象に即応する際，頭の中では情報収集や分析を瞬時に行い，ソーシャルワーカーとしての思考を巡らせて検討した支援方法を言動や行動・態度に表して支援を展開しています（詳細は，シリーズ第1巻「ソーシャルワークプロセスにおける思考過程」第1章参照）。この実践を初任者が間近で観察していても，表出されない思考の過程やその根底にある価値・理念を推測し，汲み取ることは難しい場合もあるかもしれません。そこで，本書では，通常は表現されないレベルのベテラン精神保健福祉士の思考過程を可視化することにより，初任者には未体験の経験知を提供しています。

　読者のみなさまには，ベテランの面接場面を疑似体験したり，書式や用途に応じて記録を書き分ける際の思考に触れ，のちには自身の支援においてもこうした思考を意識することで，実践力を向上させてほしいと願っています。生活の多様な場面で人間の仕事がAI（人工知能）に代替される時代が到来したとしても，支援を要する人々から信頼され，その自己実現に貢献できるソーシャルワーカーとしての力量を獲得するための自己学習の一助として本書が役立てば幸いです。

　　2017年11月

執筆者一同

シリーズ刊行の趣旨と本書の構成

本書の企画意図

　本書は，精神保健福祉現場において「どのように仕事をしたらいいかわからない」「自分の実践に自信がもてない」という声が少なくないことに課題を感じ，わかりやすいテキスト，現場ですぐに使える実務書が待たれているのではないかという声を受けて企画したものです。専門職団体が刊行するテキストの意義について協議を重ね，精神保健福祉士として精神障害のある人からの相談に応じ，生活支援を行い，他方で社会に向けて何かを発信し創出している実践者が，全国で無数の経験や専門職としての研鑽を日々重ねている強みを活かし，それらの実践からの知見を集積してわかりやすく提供したいという結論にたどり着きました。

　私たちは，これらの実践知を特に新人や初任者が専門職として成長するために使える道具に仕立てたいと考え，そのためには自分たちの実践だけでなく，それらを繰り出す頭の中（思考）を同時に見せることが必要ではないかと着想し，精神保健福祉士の実践知の可視化を試みることになりました。取り上げる切り口は，「クライエント（個人・集団）と，その取り巻く状況からの情報収集やアセスメントおよび働きかけ」「適切な面接技法の選択と用い方，および記録法」「多様な社会資源の活用と創出」とし，全3巻の構成としました。

　実践知の記述にあたっては執筆者同士が自らの実践と思考を言語化して披瀝し合い，専門職としての相互批判と省察を重ねてブラッシュアップし仕上げました。この過程で執筆陣は互いに学び合う苦しみと喜びを体験しています。同様の体験を読者とも分かち合えることを期待して刊行するものです。

事例に登場する5人の精神保健福祉士について

　本シリーズでは，精神保健福祉士の支援対象が広がっていることをふまえ，多様な職場・利用者像・状況や場面における事例を網羅しました。そのため，執筆には想像力と応用力を働かせ，執筆者自身が勤務したことのない職場での事例も相互点検を重視して検討し，実践知の記述に努めました。

◇◇

　このように架空事例における実践の言語化と相互批判を繰り返す過程で，私たちは二つのことに気づきました。まず，職場が異なっても，精神保健福祉士の専門性は共通しているという自明の事実，次に，各々のかかわりには精神保健福祉士として共通する専門性に加え，一人ひとりの個別の傾向，味わいが見られるということです。私たちの支援の固有性は，クライエントや場面・状況の個別性のみならず，精神保健福祉士としての経験内容や年数，職場特性をはじめ，人格や嗜好など個性の影響にもよります。この世に二つとない「かかわり」を展開していることの証しでもあり，ソーシャルワーカーが用いる道具の一つは自分自身であることの所以といえるでしょう。

　近い将来，多くの仕事がAI（人工知能）に代替される可能性が指摘されていますが，私たちは精神保健福祉士が「AI時代」を生き抜くカギは「かかわり」とそれを支える「思考力」であると考えています。本書では，自身を道具としてかかわるなかでフルに思考を働かせる精神保健福祉士像を描いています。

　なお，本シリーズの各所で，5人の架空の精神保健福祉士が異なる職場のPSWとして登場します。その5人のキャラクターを登場順にご紹介します。

●白浜PSW（50代女性）

　福祉系大学を卒業後，この業界へ。精神保健福祉士の制度化と共に資格取得。PSW経験28年（途中で大学院に進学）。人物や状況をよくよく観察する。クライエントと共にとことん現実に向き合い，あきらめない。
☆ポリシー：「芽を伸ばし，花を咲かせるかかわりを」

●玉川PSW（30代男性）

　大学を卒業後，サラリーマンを経て専門学校で学び，精神保健福祉士の資格を取得。PSW経験13年。腰が低く目の前のクライエントに対してどこまでも誠実。丁寧な仕事ぶりで，手抜きをしないので残業することも多い。
☆ポリシー：「WISH（願い）の実現のため，粘り強く全力投球！」

◇◇◇

●鷹野 PSW（50 代女性）

　福祉系大学を卒業後，この業界へ。精神保健福祉士の制度化と共に資格取得。PSW 経験 29 年。非常に細かいことまで気がつき思慮深い。手堅い仕事に周囲からの信頼も厚い。

☆ポリシー：「クライエントの小さな変化に大事な徴候をとらえる」

●海堂 PSW（30 代男性）

　福祉系大学で精神保健福祉士養成課程を修め資格取得。PSW 経験 17 年（途中で大学院に進学）。おおらかで思いやり深い。常に先へとスケジュールを見通しながら行動する。調和とバランスを大切にし，多職種連携への関心が高い。

☆ポリシー：「多様性の尊重（respect for diversity）」

●阪井 PSW（40 代男性）

　福祉系大学を卒業後，この業界へ。精神保健福祉士の制度化と共に資格取得。PSW 経験 24 年。自身の言動が与える影響について，人一倍，熟考してから発言する。後輩への指導にも気を遣っている。

☆ポリシー：「クライエント・ファースト！」

●第 2 巻：面接と記録

　第 2 巻では，現任者の間で，力をつけたいという声の大きい「面接」と，必要性は理解していても学ぶ機会の少ない「記録」におけるソーシャルワーク技術を取り上げます。

　対人援助の専門職にとって，いわゆる“上手な”面接は有効な支援を展開するために不可欠な課題の一つといえ，多様な技法の学習を経ている人も少なくないでしょう。実際の面接は，第 1 巻で取り上げたように精神保健福祉士の視点に基づく観察や支援経過をふまえたアセスメントなど，絶え間ない思考の循環によって組み立てられています。そこで第Ⅰ部「面接編」では，多様な機会・場面

◇◇◇

における面接の逐語記録をみながら，ポイント解説として，面接技法を選択した理由をはじめ，精神保健福祉士の表現（言葉かけや態度）に込めた意図，クライエントの反応に関する着眼点などについて，支援経過もふまえた専門的思考を解説します。

　人や社会を相手にするソーシャルワーカーの仕事の成果は，往々にして人々の心に刻まれたり社会変革を引き起こすなど，目にみえにくい形で実現します。しかし，実践を記録化し根拠を示して報酬や正当な評価を得ることは，精神保健福祉士の存在意義を明示するためにも必要です。記録によって利用者をはじめ他者にわかりやすくソーシャルワーク実践を伝えることも求められます。このとき精神保健福祉士は，必要性や重要性に応じて取捨選択した内容を記述しており，背後には専門的思考が働いています。このように，同じ支援経過であっても記述内容を書き分ける力が必要です。そこで第Ⅱ部「記録編」では，書式別の記録について，提出先や使用目的に応じて重視した点や表現の工夫など，普段はあまり言語化することのない，記録における精神保健福祉士の思考過程を提示するとともに，書式の取り扱い等に関して解説しました。

（註）
1. 事例は，すべて架空のもので特定の個人をモデルにしていません。また，本シリーズの1〜3巻まで共通に用いる事例です。
2. 登場するクライエントにはすべて仮名をつけています。これは架空の人物とはいえ，私たちがソーシャルワークを実践するパートナーとして一人ひとりを大切に扱いたいとの思いから匿名や記号で表示することに違和感を覚えたためです。なお，仮名がクライエントを指すことをわかりやすくするため，すべて一文字の苗字としています。
3. 本書では，精神保健福祉士を「PSW」と略記している箇所があります。
4. 精神障害のある人や支援の対象となる人のことは，「クライエント」「利用者」「メンバー」「当事者」など文脈に応じて書き分けています。
5. 第Ⅱ部「記録編」で掲載する書式は，法定のものを除き，本書のオリジナルのものを参考として提示しています。使用を推奨するものではありません。

目　次

はじめに…………………………………………………………………………… 1

シリーズ刊行の趣旨と本書の構成…………………………………………… 2

面接編

第1章 "かかわり"の面接技法
～距離感をつかみ，状況に応じて進める

第①節　信頼関係をつくる

01 相談しやすい雰囲気をつくる
「本題に入る前に，いくつかお尋ねしてよろしいですか？」………………… 14

02 支援関係をつくる
「もっと，○○さんのことを知りたいな」………………………………… 19

03 切迫した状況の中でニーズを引き出す
「あなたの話を心から聴きたい，力になりたいと思っています」………… 25

04 安心感を与え，関係性を構築する
「よろしければ，話を聴かせていただけませんか？」…………………… 29

05 思いを受け止め，必要な修正を図る
「どうしたら受診してくれるか，一緒に考えましょう」………………… 33

06 PSWの思いを伝える
「私もつらかったです」……………………………………………………… 39

第②節　ホンネを引き出す

07 主訴の明確化を図る
「サラリーマンって何ですか？」…………………………………………… 44

◇◇◇

08　「言い換え」を駆使し,ツボを探し当てる
「今日はどのようなご相談ですか？」 ……………………… 48

09　本人のペースを尊重しつつ,新たな提案をする
「一人で解決するのは大変ですよね」 ……………………… 52

10　緊急性を判断しながら,相談関係を構築する
「あなたを死なせるわけにはいきません！」 ……………… 57

11　過去よりも今に焦点を当てる
「今いくら持っていますか？」 ……………………………… 61

第③節　状況を打開する

12　相談の核心に迫る
「お気持ちのやり場がどこにあるのか心配なんです」 …… 65

13　共同作業をしながら,心情に接近する
「本音が聴けてよかったです」 ……………………………… 69

14　見過ごしていたことへの気づきを引き出す
「○○さんと,もっと話がしたかったのではありませんか？」 … 73

15　共感的な姿勢を表現する
「○○さんの主張をみんなで理解したいと思っています」 … 78

16　可能性を支持する
「とても素敵な夢だと思いますよ」 ………………………… 83

第④節　成果へつなぐ

17　面接の成果を実生活へつなげる
「そのお顔を見せてご相談なさったらいかがですか？」 … 88

18　必要な確認をして終了する
「お話しされたかったことは話せましたか？」 …………… 93

19　共に考え,ニーズを引き出す
「理由はこれから一緒に考えていきましょう」 …………… 96

◇◇

20 自ら解決する力に働きかける
「私が言わなかったら，言わないでいられるんですか？」 ………………… 100

第⑤節　家族にかかわる

21 ひるまずに向き合う
「本当にそれでうまくいくとお思いですか？」 ……………………………… 105

22 本人を置き去りにしない
「入所したいのはお母さんですか？　それとも……？」 ……………… 111

23 対決することで事態を進展させる
「この段階では，入所できるかどうかのお答えはできません」 ……… 116

24 「制止」と「促し」で発信を待つ
「今は黙っててください」 …………………………………………………… 121

25 相談への動機づけを強化する
「何かすれば何かが変わっていきます」 …………………………………… 125

第2章　プロセス（起承転結）を意識した面接の技法

第①節　支援経過をふまえて面接技法を選択する ……………………… 132

第②節　面接技法を効果的に使う …………………………………………… 141

記録編

第1章 記録の技術〜目的に沿って,要点を押さえる

第1節　インテーク記録　158

第2節　支援経過記録　168

第3節　訪問時の記録　175

第4節　グループワークの記録（デイケア）　183

第5節　医療保護入院者退院支援委員会審議記録　187

第6節　医療保護入院者の定期病状報告書　192

第7節　個別支援計画書　196

第8節　退院サマリー　206

第9節　ケア会議の記録　211

第10節　スーパービジョンのレポート　221

第2章 PSWの実践記録作成の基礎

第1節　記録の目的　232

第2節　記録の書き方と管理の方法　234

第3節　実践を記録する PSW の基本姿勢　238

著者紹介　240

面接編

「面接がうまくできるようになること」は，精神保健福祉士（以下，PSW）にとって不可欠な課題の一つであろう。そのためには，面接の仕方を学び，数多くの面接を実際に行い，それらを省察して経験知を高めていくことが欠かせない。加えて，他者の面接に陪席することで学べることもある。

　実際の面接では，同じような技法を繰り返し使うが，面接は技法だけで成り立つわけではない。例えば，PSWの視点に基づく観察や，これまでの支援経過がある場合は，それをふまえた思考（アセスメント）を費やし，またPSWの意見や感情表出も交えてコミュニケーションをとりながら面接を展開している。さらに，支援過程のどの段階にあり，何を目的とした面接かを勘案することは，面接技法の選択にも影響する。そのほか，クライエントがどう反応するか，そして多様な反応のうち，特に何に着目してPSWが応答するかによっても面接の展開はいかようにも変化する。したがって，技法さえ習得すれば面接が上手にできるということではなく，支援経過を意識して頭の中で絶えず思考することが重要である。

　そこで，第1章では，本シリーズ第1巻に収載した事例をもとに，25の面接場面を抽出してPSWとクライエントや家族の対話形式で記載し，用いられている技法と，その技法を選択したPSWの思考（アセスメント）について解説した。事例はいずれも面接の一部分を切り出し，開始冒頭の事例から順に並べており，面接の山場や転機となる場面，面接の終了時点や家族同席または家族のみの面接事例も掲載している。

　第2章では，面接技法を効果的に活用するコツを学ぶことを目的とし，支援経過や場面状況をふまえた面接技法の使い方を概説したうえで，主要な言語的技法を中心に，面接で活用できる技法やツールと，その選び方を解説する。

"かかわり"の面接技法
～距離感をつかみ，状況に応じて進める

第1節　信頼関係をつくる

第2節　ホンネを引き出す

第3節　状況を打開する

第4節　成果へつなぐ

第5節　家族にかかわる

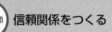第 1 節　信頼関係をつくる　　参照　第1巻　2章4節

01　相談しやすい雰囲気をつくる

「本題に入る前に，いくつか お尋ねしてよろしいですか？」

面接編　第1章　"かかわり"の面接技法

● **クライエント**
東さん（50歳男性）は，妻子とマイホームに居住。大手建設会社の設計部門に勤務し，1年前より部長代理として事実上は設計部門を取りまとめる立場にある。

● **場面（面接者：白浜PSW）**
リワークデイケアを併設する精神科クリニックの相談室。複数企業との委託契約にて社員のメンタルヘルス相談や職場へのコンサルテーションなども行う。今回の来談者（東さん）は，委託を受けている企業の保健師経由でカウンセリング相談のみを希望してきた。相談室に招き入れ，あいさつを交わした初回面接の開始直後。

時間地点　0　01　10　　30　07　12　40　17　50（分）　18

● **面接の意図**
委託先の企業の保健師からは，「ストレスチェック後の産業医面談を経て，カウンセリングのみ希望している。相談内容の詳細はわからない」と聞いている。1回の面接で具体的な相談内容の聴取と支援を提供する必要があるなかで，まずはインテークとして当クリニックにおけるソーシャルワーカーの面接相談の概要を説明した後，生活歴や相談に至る経緯を尋ねながら，相談を受けるための信頼関係の構築を目指す。

①PSW　ご相談の本題に入る前に，いくつかお尋ねしてよろしいでしょうか。記録を取らせていただきますが，鍵のかかるキャビネットで保管し，当クリニックのスタッフ以外が閲覧することはありませんので，ご安心ください。

🖋 **Point** ①～②
　PSWは，委託を受けている企業の保健師から東さんがカウンセリング相談のみを希望していると聞いており，相談の主旨がまだわからない段階です。PSWは，相談の本題にはいきなり入らず，クライエントが直接関係な

② 深刻な相談かもしれないので，笑顔をつくりすぎることはないがやわらかい表情を心がけた。

③ 東　はい，結構です。

④ PSW　ありがとうございます。では，まず今ご一緒にお住まいのご家族はいらっしゃいますか？

⑤ 東　はい。家内と息子が2人です。

⑥ PSW　東さんも入れて4人のご家族ですね。息子さんは，おいくつでしょうか。

⑦ 東　上は高校2年，下は中学3年です。

⑧ 一問一答のような答え方で，テキパキと答えてくださる。

⑨ PSW　息子さんたちは受験とか，大変な時期ですね。奥さまは？

⑩ 東　ええと……，ずっと専業主婦でした。

⑪ PSW　ご結婚はいつ頃でしたか。職場結婚ですか？

⑫ 東　いいえ，友人の紹介で知り合って。結婚したのは19○○年です。

⑬ PSW　ありがとうございます。では，東さんのお生まれについて伺います。ご出身はどちらで，ご両親やごきょうだいは，今はどのような状況ですか？

⑭ 東　生まれは○○で，両親は今も実家にいます。兄一家も近くに住んでいます。

⑮ PSW　元々関東の方なのですね。ご両親もご健在？　行き来はありますか？

⑯ 東　ええ。家族を連れてこの夏休みも行きましたし，年に何度か兄一家も一緒に集まります。

⑰ PSW　そうですかぁ。仲がよろしいのです

いと感じるかもしれないことも尋ねることを伝え，理解していただく目的で冒頭に守秘義務について説明します。このとき，あまり堅苦しい雰囲気にならないように表情を意識しています。クライエントによっては，早速相談事を話し始めることもありますが，東さんは了承するのみだったため，この後PSW主導で面接を展開する心づもりをします。

✒ Point　④〜⑫

　PSW が東さんのご家族の質問から入った意図には，東さん以外のことを話すほうが緊張感は少ないという配慮があります。この質問により，家族がいる場合はある程度の生活歴が推測できるので，以後の生活歴聴取を簡便にする効果も期待できます。その場でジェノグラム（家族関係図）を書く場合は，現在の家族歴から尋ねたほうが書きやすいというちょっとしたコツでもあります。東さんが質問にテキパキと答えてくれるようになり，相談事の本題に入る前のウォーミングアップとなっています。

✒ Point　⑬〜⑱

　PSW は自身の感じた思いを率直に表現しつつ，適度に相槌を打ちながら，テンポよく質問しています。この相槌を打つというコミュニケーション技法には，東さんの緊張感や一問一答のようなやり取りにゆとりをもたせる意図があります。PSW は，面接を円滑に進めるために，表情・相槌などのノンバーバルコミュニケーションを意識し，相談しやすいように雰囲気づくりをしながら進めます。

第1節　信頼関係をつくる

ね。それで東さんは，地元の小中高を出られて，大学のご卒業までご実家でしたか。それともご結婚まで？

⑱ "いいですね" という気持ちを込めて相槌を打ち，表情を意識的に和らげながら次の質問をした。

⑲ 東　ええ，ずっと地元の学校です。大学院を出て，就職したときに家を出ました。

⑳ PSW　あ，最終学歴は大学院卒ですね，修士ですか？　専攻分野も教えてください。

㉑ 大学「院」という部分を少し強調した口調で尋ね返し，さらに詳しく尋ねた。

㉒ 東　はい，修士までです。設計を学びました。

㉓ PSW　なるほど。それで，今の会社に就職されたのですか。

㉔ 東　いいえ，最初は小さな設計事務所に入りました。

㉕ PSW　あ，そうでしたか。設計事務所ということは，やはりご専門を活かそうというお考えで？

㉖ 東　そうですね……まぁ，そんなところです。

㉗ PSW　それでは，今の会社にはいつからですか？

㉘ 東　最初の事務所で約3年，次の職場はそこから独立する人が立ち上げた設計事務所で，一緒に移って2年ちょっと。その後で今の会社に中途採用で入りました。

㉙ 自分の経歴を暗記しているようで，ほとんど淀みない口調で整然と話す。

㉚ PSW　設計関係のお仕事で転職されて，今の建設会社は3か所目ということですね。

Point ⑰～㉒

PSW が大学卒業と学歴を決めてかかった質問に，東さんは訂正を加える意図をもって「大学院を」と言い直して答えました。PSW は，この発言をしっかり聴き取ったことを東さんに伝えるために「院」を強調して表現しています。おそらく東さんが学歴や職歴にプライドをもっているであろうことを，PSW は瞬時に敏感に受け止めたため，そのことを声のトーンに込めたのです。東さんはそれに促されて何を専攻したか自ら述べています。そしてこの一言は東さんの個性を知らせてくれました。

Point ㉓～㉚

東さんが答えたことをただ聴き取るのではなく，着目した点について問い返したり指摘したりしながら，聴き取った内容を要約して東さんに伝え，確認をとっています。きちんと話を聴いていることを東さんに伝えることで，東さんと信頼関係を構築する意図があります。

ここでは主に職歴を聴いていますが，相談事の本題に入る前であるため，あらすじをつかむ程度の聴取にしています。

大手企業に中途採用とは大変でしたでしょう，バブル崩壊後ですよね。何か縁故関係とか？

㉛ 東　　いえ，父は弁護士ですし，特に何も。今の会社は，前の事務所が傾きかけたんで，どこかに移ろうと考えまして，公募していたので採用試験を受けて入りました。

㉜ 大きくうなずき感心した様子を見せながら

㉝ PSW　そう，きっと優秀でいらっしゃるのですね。こうして伺っていても几帳面な印象を受けますし。では，入社してからは，ずっと設計関係のお仕事ですか？

㉞ 東　　はい，まあ管理職になって直接図面を引くことはなくなりましたが……。

㉟ 少しばかり照れくさそうに身をよじって声を落として言う。

㊱ PSW　（机上の名刺に目線を向けながら）管理職，そういえばいただいた名刺には「グループリーダー・部長代理」とありますね。いつ頃からこの役職についていらっしゃるんですか？

㊲ 東　　課長になったのは40歳のときで，グループリーダーは……もう4，いや5年前からでしたかね。部長代理も兼務することになったのは1年前です。

㊳ 少し考えるようにして頭を斜めに傾げ，指を折って数えてから答えている。

㊴ PSW　なるほど，役職を兼務していらっしゃるのですね。それではお忙しいでしょうね。そのあたりは後でじっくり伺うとして，あと少しだけ。これまでに精神科や心療内科をご利用されたことはありますか？

㊵ 事務的な口調で目線を手元に落としながら

Point ㉜〜㊳

　PSW が率直に感心することも面接技法の一つです。その効果として，クライエントが自尊心を満たされることもあるかもしれませんし，気をよくして話しやすくなるかもしれません。東さんの場合は，照れくさそうな反応や重責を兼務していることを几帳面に指折り数える姿を見せてくれました。この後，相談の本題に入ると，さらに自身のことを語ってもらうことになります。ここでこうして経歴を振り返っていただき，自分に注目してもらうことは，内省を深め，この後の相談面接を意義のある内容にするためのウォーミングアップになっているのです。

Point ㊴〜㊸

　PSW は，東さんが精神科へのマイナスイメージをもっている可能性を考慮しつつ，それが東さんの来談主訴と関係するかどうかはわからないので，目線を落とし，あえて事務的に尋ねました。受診は希望していないと聞いていたため，面接の冒頭から精神科について言葉にすることは避け，タイミングを計りながら東さんの思いを確認しています。㊷で付き添った経験を尋ねているのは，遺伝因子や精神科へのなじみの有無を把握する目的です。

尋ねた。

㊶ 東　　いいえ，ありません。今日初めてかかりました。

㊷ PSW　そうですか。ご家族の付き添いなどもありませんでしたか？

㊸ 東　　ええ，ないです。

㊹ PSW　ありがとうございます。では最後の質問です。東さんはたばこやお酒の習慣はありますか？

㊺ 東　　たばこは吸いません。酒は夕飯前のビールとか，あとは付き合い程度ですかね。

㊻ PSW　どのくらい？

㊼ 東　　500mlの缶で1本か2本ですね。あまり強くないんです。

㊽ PSW　なるほど。まずお尋ねしたかったことは以上です。ありがとうございました。

㊾ ペンを置いた。

㊿ 東さんは，ふっと肩の力を抜くようにして息を吐いた。

✎ Point ㊹〜㊽

　嗜好品についても㊵と同様の対応をしますが，返事次第で，アディクション（嗜癖）の可能性を考慮するため，飲酒の内容・分量・頻度，喫煙の本数などを尋ねています。このような多方面からの情報収集が求められます。いわゆる"インテーク"の最後に何を尋ねるのか決めておくことも限られた面接時間をうまく使うためのコツといえます。

本事例の面接について

　50分間という限られた時間での初回面接で，インテーク・アセスメント・プランニング・インターベンション・モニタリングを展開するためには，「予診」のような生活歴の聴取のみに終始してはなりません。PSWは，東さんとの相談を進めるための準備を意識して，東さんが答えやすい閉じられた質問を中心にリズミカルに質問し，適度に相槌を打ち，面接の雰囲気づくりをしながら進めていきました。最後の質問を終えたとき，インテーク中に東さんが緊張していたことがわかりましたが，ほとんど淀みなく整然と話すことができることもわかりました。これで面接を進めるための準備が整い，ここから本題に入っていきます。

第1節 信頼関係をつくる

参照 第1巻 3章2節

02 支援関係をつくる

「もっと，○○さんのことを知りたいな」

● クライエント
辻さん（30代女性）は，軽度知的障害がある。アルコール依存症で，いつも数か月間は断酒できるが，スリップ（再飲酒）して身体衰弱と酩酊状態を呈し再入院というパターンを繰り返す。母親と二人暮らしで生活保護受給中。就労を希望しているが，今回の退院時に生活保護ケースワーカーと主治医の強い勧めでデイケアに通所を始め，1か月が経過している。

● 場面（面接者：白浜PSW）
本人の好きな調理プログラムでPSWおよび他メンバーと共にけんちん汁を調理中。本人が料理酒の紙パックを持ち上げ，一瞬凝視したところにPSWより話しかける。その後の対話中，他メンバーには対話の詳細が聞こえないように配慮しながら展開。

● 面接の意図
デイケア通所のモチベーションが不明瞭であるため，生活場面面接で気持ちを聴き出したい。ほかのプログラムでは「できない」と言って参加しないことが多いが，調理プログラムは本人が気に入っており毎回積極的に取り組んでいる。そこで，調理作業を媒介にしながらフランクな言葉遣いで対話を展開し，本人のデイケア通所の目的の明確化や，今後の支援ニーズの把握を目指す。

①PSW　料理用のお酒も飲んだりしたことあるの？

②辻　　料理用はおいしくないんだよね〜。でも，ほかになくて買いに行けないときは

飲んだことあるよ。

③PSW　買いに行けないってどういうこと？

④辻　　体が弱っちゃって動けなくなったときとか，お母さんがお金くれないときとかね。飲み出すとなんでもよくなっちゃうの。

⑤PSW　そっか，辻さんは飲み過ぎて身体も衰弱しちゃったことがあったんだよね。それはつらかったでしょ。

⑥辻　　そうねぇ。つらかったような気がするけどさ～。でも，それってイジョーだよねぇ。

⑦調理作業の手が止まりがちになり，考え込んでいる様子。

⑧PSW　異常って，自分でも思うの？　そこまでして何でお酒を飲んだのかな？

⑨ほかの利用者の様子をサッと見渡し，聞かれる心配がないと判断しながらやや小声で尋ねた。

⑩辻　　うーん。お母さんが怒るしねー。

⑪PSW　え？　お母さんが怒るのは，お酒をたくさん飲み過ぎるからじゃないの？　それともお母さんに怒られるからお酒を飲むって意味？

⑫包丁を置き，あえて辻さんの表情を覗き込んで尋ねた。

⑬辻　　お母さんはいつも怒ってんの。

⑭PSW　まぁ，いつもなの？　それはどうしてかしら？

⑮辻　　だって，あたしが働かないからだと思う。

⑯PSW　お母さんは辻さんに働きなさいって言うの？　いつ頃から？

✏Point ⑤～⑨

　PSWは事前情報をもとに辻さんの状況について要約して伝え，共感的理解を示しながら閉じられた質問をしました。料理用とはいえ，酒パックを目の前にしていることも飲酒の話をしやすくさせており，「イジョーだ」という自己を省みた言葉が導かれました。ここからデイケア通所のモチベーションを探る過程で飲酒歴に触れる話題に展開すると，辻さんのプライバシーにかかわる内容が語られることになります。この先は別の時間にあらためる方法もありますが，本人の障害特性やかかわりの期間とその程度を総合的に判断し，今回は話を続けています。そのため，PSWは周囲の状況を確認し，プライバシーへの配慮を念頭において生活場面面接を継続することにしました。

✏Point ⑪～⑱

　前言から，「楽しい酒」ばかりではないことが見え，その背景に母親との関係が何かしら影響していると推測できます。そこで，PSWはこれを探る目的で閉じられた質問をして問題の明確化を試み，辻さんから断酒と就労意欲にまつわる母親との関係の葛藤などを聴き出しています。辻さんに深く考えてもらう動機づけを意図した質問ですが，障害特性に配慮してわかりやすい言葉を選択し，答えやすいように選択肢を用意することも有用です。また，閉じられた質問で課題を焦点化し，辻さんの葛藤と就職希望の理由を確かめていますが，その際辻さん自身に求職理由をより深く考えてもらうことも意図しています。

⑰辻　ずっと前から言ってるよ。ウチはお金もないし。

⑱PSW　辻さんが働きたいっていうことじゃないの？

⑲辻　お父さんがいないからさ，あたしが早く働かなくちゃいけないんだよねー。

⑳自嘲気味とも聞こえるような切なさのこもる口調である。

㉑調理台に目を移し，さりげなさを装いながら尋ねることにした。

㉒PSW　退院したばっかりでも早く働きなさいって言われるの？

㉓辻　だってあたし，もう元気だから。

㉔PSW　そう，辻さんが早く働きたいっていつも言っているのは，お母さんから言われるせいなのね。でも，お母さんは何で怒るのかしら？

㉕辻　よくわかんない。あたしがバカだからじゃないかなー。

㉖PSW　あら，辻さんは働いていたこともあるんでしょ？　どんなお仕事だったの？

㉗辻　あるよ。お掃除の仕事とか，ゴルフのキャディーさんとかね。あと，食堂の皿洗いとか。

㉘PSW　すごい！　いろいろなお仕事をしていたのねぇ。

㉙目を丸くし，驚きを表情に出してみせたのちに続けた。

㉚辻さんは無言ながら，クスッと笑ってみせた後で鍋の火加減を調整した。

㉛PSW　働いているときはお母さんに怒られない？

㉜辻　うーん，どうかなあ。……仕事辞め

✎ Point ㉔～㉚

　辻さんの就労希望には母親の発言の影響が大きく，また母親に怒られることを避けるための就労希望であることも想像できます。さらに，母親の怒りの理由について「バカだから」と自嘲した言葉も出てきたことや，普段の辻さんが調理以外のプログラムにほとんど参加しようとしないことから，褒められた体験が少なく，環境によってパワーレスな状態にされている可能性も推測できます。そこで，PSWは辻さんの強みに着目しようと考え，多種の仕事経験がある事実を聴き出すと，肯定的なメッセージを大げさなくらいに伝えて力づけようとしています。驚いたことを表情で伝えたのも意図的です。辻さんのクスッと笑う反応からは，自尊心をくすぐる効果があったとわかります。

ちゃうからね。

㉝PSW　辞めちゃうのか……。なぜかな？

㉞辻　　いろいろ。……なんか嫌になって行かなくなったり，入院しちゃったり……。

㉟PSW　入院しちゃうのはなんでかな？

㊱辻　　お酒飲みすぎたり，体が弱っちゃったりして。

㊲PSW　そうみたいねえ。ここの病院以外はなかった？

㊳辻　　うん，ここだけ。

㊴PSW　そっか。じゃあ，いつもアルコール依存症だね。

㊵辻　　もう飲まないよ。

㊶PSW　本当？

㊷首を前に突き出し，辻さんの顔を覗き込んで尋ねた。

㊸辻　　飲まないよ。別に，好きってわけじゃないもん。

㊹それまでガスコンロの鍋に向けていた目線を，料理酒の紙パックに移しながら答える。

㊺PSW　そうなの。お酒の話，辻さんから聴くのは初めてね。もう少し聴いてもいいかな？

㊻辻　　別に。もう飲まないもん。

㊼少しだけ体の向きを私からそらすようにして即答した。

㊽PSW　（おどけた口調で）退院するときは，いつもそう言ってるんじゃない？

㊾辻　　あはは，よく知ってるねえ。

㊿深刻な空気には耐えられないといった様子で笑い出す。

(51)PSW　知らないけどね，アルコール依存症

✎ Point ㉜〜㉟

「辞めちゃう」「入院しちゃう」という言葉には，辻さん自身の否定的な価値観が含まれています。辻さんの言葉をそのまま返すことで，退職や飲酒による入院を，避けるべき事態として辻さんが認識することを強化しようと意図しています。このようにクライエントが用いる言葉をそのまま追跡するコミュニケーション技法を「ペーシング」といいます。この技法を意識して用いることにより，辻さんがPSWのことを「自分の気持ちをわかってくれている人」「自分に同意している人」と思い，自身のさまざまな心情を率直に語ってくれる効果が期待できます。

✎ Point ㊺〜56

このタイミングであえて㊺の質問をしたのは，辻さんの断酒への動機づけを高めるためのかかわりをここから始める，その仕切りの合図という意図があります。辻さんもそれを察知してか，「もう飲まないもん」と言い，体の向きもそらしていることから防衛的になっています。ここでPSWは辻さんを逃がさず，しかし追い詰めることにもならないように留意しながら，さらに探ろうとします。辻さんが直視できそうか見極めようとしているのです。「あはは」と笑ったのは自分のペースを保とうという抵抗に見えます。PSWは辻さんのこうした態度を見逃さず，「知らないけどね」と意図的に話題をそらしたり調理作業にかこつけたりしながらタイミングを見計らい，55の開かれた質問でさらに核心へと踏み込みます。

で何度も入院する人って，そんな感じよ。

(52)辻　そうなんだ。

(53)PSW　入院中にはいなかった？ 同じ病気の人。

(54)辻　知らないなー。たぶんいなかったんじゃない。

(55)PSW　どうしていつも「もう飲まない」って言うの？

(56)辻さんの前にある鍋の中を確認するために隣へ近寄りながら尋ねた。

(57)辻　だって，飲んだらいけないって先生が言うし。早く働きたいし。

(58)PSW　デイケアを卒業してアルバイトとか作業所に行く人もたくさんいるのよ。

(59)辻　そうなの？ じゃああたしも卒業すれば働ける？ テストがあるの？

(60)PSW　「卒業」っていうのは，ここを辞めるって意味よ。学校と違うから期間は決まっていないし，テストもないの。

(61)辻　じゃあ，どうすれば働けるの？

(62)PSW　どうすれば，って私にも今はわからない。

(63)何か言いたそうな辻さんの顔をじっと見つめながら

(64)PSW　もっと辻さんのことを知りたいな。どうやって応援したらいいか考えたいから。ねえ，そろそろガスの火をいったん止めようか。

(65)辻　あ，そうだね（と火を止める）。ほんとに応援してくれるの？

(66)PSW　もちろんよ。そのための職員だもん。今はお料理の完成が先だから，午後から時間をとって，先のことを相談しよう

Point (62)〜(65)

前言の「どうすれば働けるか」という辻さんの問いかけに，PSW は「今はわからない」と率直に返しています。まだ支援方法を検討するための情報が不十分と考えているためです。このような場合，働く方法について場当たり的に紹介することだけは避けなければなりません。PSW は辻さんをもっと知る必要があることを，「応援するため」というキーワードを使って伝えています。これは，PSW はあくまでも一緒に考えるパートナーであり，主体は辻さんであるという意を含んでいます。辻さんも「応援してくれる？」と返していることから，PSW の意図を無意識のうちに受け入れたことがわかります。

か。まだちゃんと話したことがなかったか
らね。

㊻辻　　うん。そうしてください。

㊽PSW　わかりました。お酒の話もその時に
もう一回聴かせてもらいますね。

㊾辻さんはうれしそうに笑った後，背伸びを
して戸棚からお椀を取り出した。その姿は
いつもより弾んで見えた。

✎ Point ⟩ ㊻〜㊽

　PSWの意図的な働きかけにより辻
さんの支援ニーズが把握できました。
辻さんが「そうしてください」と，自
ら丁寧語を話しているところに意識の
変化を感じます。そのための仕切り直
しとして，PSWもこれまでのフラン
クな言葉遣いとは意識的に変えて応対
し，午後から時間をとって先のことを
相談するという約束を取り付けまし
た。この後，調理プログラム中の生活
場面面接からは切り離して構造化され
た面接相談に移っていきます。

本事例の面接について

　この事例においてPSWはあえてフランクな言葉遣いで話しかけていま
す。辻さんが軽度ながら知的障害もあるため，調理しながらの状況で堅い会
話形式はなじまず，辻さんが構えずに語れるよう考慮しているからです。こ
のようなクライエントの障害特性に合わせた会話形式を選択することは支援
をするうえで重要な発想です。

　デイケアはプログラム活動を共にすることがかかわりの中心ですが，
PSWは漫然と作業などに没頭するのではなく，機会をとらえて利用者と対
話し積極的にアセスメントしたり働きかけたりする発想をもってプログラム
活動を個別支援にも有効に活用します。

第1節 信頼関係をつくる

参照 第1巻 5章1節

03 切迫した状況の中でニーズを引き出す

「あなたの話を心から聴きたい，力になりたいと思っています」

● **クライエント**
女性。現段階では相談者に関する情報はない。

● **場面（面接者：玉川PSW）**
女性の声で「死にたい」と保健センターに初回の電話相談が入る。PSWは，女性が時折興奮しながら感情的になることから，周辺状況を確認し，その状態をアセスメントしていく。

● **面接の意図**
それまでの会話から，女性の内面の寂しさや不安を感じとれたため，動揺する女性に対して冷静な態度で臨み，本人の言葉には表出されてこないニーズを把握しようと考えた。また，受容と共感の姿勢で相談者に向き合い，信頼に基づく相談関係の構築を図ることを目的とした。

① **女性** もう死にます！
② 口調を荒げて興奮している。
③ **PSW** そうですか……。死にたいと思うくらいつらいお気持ちなのですね。私はこうしてせっかくお話ができたのですから，あなたに死んでほしくはありません。
④ **女性** そんなこと言われても，あなたには関係ないでしょ！ 私の気持ちなんてわからないでしょ！

Point ①〜③
相談者とはまだ確かな関係性が築けていない状況のなか，PSWは「死んでほしくない」という強いメッセージを発信しました。ここは女性が興奮して切迫していた状況であり，PSWには冷静沈着に対処することが求められていました。「死にたい気持ちになるほどにつらい思いをしている」と今の女性の感情を言い換え，そのうえでそのつらさを<u>受容</u>しています。どの場合

⑤PSW　そうですね。お電話をいただくまで，あなたにとって，とても大変なことがあったのでしょうね。確かにあなたのつらさをすべてわかることはできないのかもしれません。

⑥女性　やっぱりわからないんじゃない！

⑦PSW　ですが，あなたの困りごとを一緒に考えることはできます。その時間を私にいただけませんか？

⑧女性　話をしたって何も変わらないわ。

⑨語気が弱くなる。

⑩一呼吸おいて数秒待ってから

⑪PSW　あなたの気持ちを私に聴かせていただけませんか？

⑫興奮を和らげるようにゆっくり話しかけた。

⑬女性　もういいんです。どうせ……私なんてどうなってもいいのよ！

⑭PSW　そんなことはありませんよ。私はあなたのことを心配しています。

⑮女性　そんなの口だけでしょ……。

⑯PSW　そんなことはありませんよ。

⑰数秒の沈黙の後

⑱PSW　今はお一人なのですか？

⑲女性　……。いつも一人ぼっちよ。

⑳PSW　そうですか。お答えいただいてありがとうございます。

㉑声のトーンを上げて，素直に感謝の気持ちを伝えた。

㉒女性　どうせ，私のことなんて誰も気にしていないのよ。

㉓PSW　誰も気にしていないと感じているのですね。でも少なくとも私は今，あなたの

でも「死にたい」との発言の裏側には，「生きたい」という思いがあります。そこで，PSW はこの<u>アンビバレント</u>な感情を取り扱うことが重要であるととらえています。そのうえで<u>I（アイ）メッセージ</u>を用い，PSW の率直な思いを伝えました。これは軽々しく「死ぬことはよくない」と否定し，批判的に女性を叱責しないようにするためです。このような自殺に関する相談の場面では，話を逸らさずにあえて「死」を取り扱い，明確にメッセージを伝えることで自殺を防止することが多くあります。

✏ Point ⑩〜⑫

　女性の反応を確認すべく，あえて一呼吸おき「沈黙」して「間」をとりました。女性からは PSW が信用できる存在か否かを探っている様子がうかがえ，次々に話をしても興奮は収まらないと判断しています。そこで，本人のペースをくずし，違うトーンで語りかけることで，PSW に意識を向けてもらおうとしています。

✏ Point ⑰〜⑱

　女性の「沈黙」からは，PSW のことを受け入れようか迷っているか，PSW に理解してもらうことをあきらめて拒否的になっているかのいずれかが考えられました。電話を切ろうとしない様子からは，前者の可能性が高いと判断できます。そこで，女性の周辺状況の確認を目論み，<u>話題転換</u>のために別の質問をしています。その際，「閉じられた質問」で女性が返答しやすいようにしています。

話を心から聴きたいと思っていますし，何か力になりたいと思っています。

㉔こちらの真剣な姿勢を伝えるために，はっきりとした口調で伝えた。

㉕**女性**　そんなこと言ったって……。

㉖**女性**　（明らかに動揺している様子で）みんな最初はそう言うのよ。でも都合が悪くなったら最後はみんな離れていってしまうんだから……。

㉗自らを防衛するように，今までの小さく力の抜けた声ではなく，強い口調に変化した。

㉘**PSW**　そんなことはないと思います。あなたは誰かに気持ちを聴いてほしいと思っているのではありませんか？ 私は何度でもあなたのお話を聴くつもりですよ。

㉙**女性**　急にそんなことを言われても，どうしたらいいのかわからないわ！

㉚困ったように，しかし何かにすがるような声質で話している。

㉛**女性**　それに……，簡単に『はいそうですか』ってわけにはいかないわ……。

㉜**PSW**　そうですよね。自分のことを人にお話しするのは簡単ではないですよね。

㉝**女性**　う，うん……。

㉞**PSW**　話したいことをお話しいただければいいんですよ。

㉟**女性**　自分の気持ちを話すとみんな困った顔をするし。気がついたら私はいつも一人ぼっち……。

㊱**PSW**　あなたは，人を信じられなくなってしまうくらいにつらい思いを経験されてきたのではないでしょうか。

> **✏ Point ㉓〜㉔**
>
> 対面であれば「視線」や「笑顔」などのノンバーバルコミュニケーションを活用してこちら側の言葉に厚みをもたせますが，電話の場合はそうはいきません。そこで，はっきりとした口調で思いを伝えることで，PSWの共感的姿勢，寄り添おうとする態度を強めています。この場面では，中途半端に慰めるような言葉を選びがちですが，はっきりとしたメッセージを伝えるからこそ，次に表出される「こころの揺らぎ」を誘うことができるのです。

> **✏ Point ㉝〜㊱**
>
> 前述したように，「死にたい」という発言の多くは「もっとよく生きたい」という気持ちの表れです。女性も，つらさに焦点化した際に否定しなかったことや，自分について語ることに躊躇している様子から，何らかの困りごとを抱えていると考えられます。そこでPSWは，女性の発言が人を信じられないくらいにつらい経験からきているのではないかと解釈し，感情の反映によって伝えることで女性の理解者であろうとする姿勢を表現しています。

第1節　信頼関係をつくる

㊲ **女性**　……。

㊳ **PSW**　私はあなたに少しでも気持ちが楽になってもらいたいと思っています。何か私にお手伝いさせてもらえませんか？

㊴ 何かを考えているようで，沈黙が数秒続いた。

㊵ **女性**　えっと……はい。いいんですか？

㊶ 小さな声でボソッとつぶやいた。

㊷ **PSW**　もちろんです。ありがとうございます。

㊸ **女性**　い，いえ。こちらこそ。

✎ Point ㊲〜㊳

　女性との関係性の構築がこの段階の重要な目的です。そこで，共感的にかかわる姿勢を女性に常に示す必要があります。女性は強い孤独感を抱えていると考えられるため，ここには支える者がいると繰り返し伝えることで，女性を勇気づけ，女性にとって安全な環境を提供する意思を伝えています。最後に相談関係を継続するのか（相談契約）確認するため「閉じられた質問」を用いて投げかけました。じっくりと間を使って女性の考えるペースを守り，安心してもらうために女性の回答を待ちました。

本事例の面接について

　この事例は，クライエント自身が言語化できていない未整理な感情を，短時間の対話のなかで推測したり解釈したりしながら紐解いていこうとしている場面です。死にたいという切迫した相談にも落ち着いて穏やかに対応することでクライエントは落ち着きを取り戻し，安心感を提供することで少しずつクライエントの心を開放させていくことができています。初回相談の冒頭での信頼関係構築に向けた面接技術をみることができます。

第1節 信頼関係をつくる

参照 第1巻 5章4節

04 安心感を与え，関係性を構築する

「よろしければ，話を聴かせていただけませんか？」

● クライエント
岸さん（40代女性）は，夫と小学生の子ども2人の4人暮らし。真面目で我慢強い性格。市内の食品メーカーで経理の仕事をしながら，育児や家事を一手に担っている。

● 場面（面接者：玉川PSW）
精神科クリニックで働くPSWに受診相談の電話が入る。岸さんは，これまで精神科受診歴はなかったが，気分の落ち込みやイライラ感，不安感などを覚えて初めて電話をかけてきた。

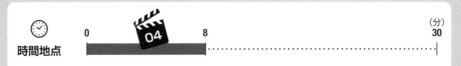

● 面接の意図
クライエントにとっては当クリニックに初めての相談であることから，信頼関係の構築を図ることを目的として，機関の紹介を行い，受容と共感の姿勢で接してクライエントに安心感を与えながら，相談に至ったきっかけを把握し，アセスメントの下準備を行うことを意図した。

---

① PSW　もしもし，中央クリニックの精神保健福祉士の玉川と申します。ご相談のお電話と伺いましたが，どうなさいましたか？
② ゆっくりと丁寧な言葉遣いで話しかけた。
③ 岸　　あの……岸と申します。初めてお電話させていただきましたが，何から話したらいいのかわからない状態で……。

Point ①～②
　初めての相談の場合，クライエントは相談することに慣れておらず，受話器の向こうにいる相談相手がどんな人で，どのような対応をされるのか不安を抱えていることが少なくありません。PSWがゆっくり話すことで相手を急かさず，丁寧な言葉遣いを心がけ，安心感を与えるよう配慮しています。

④受話器の向こうから小さな弱々しい声が聞こえる。5秒程度の沈黙の後,

⑤岸　　あ, やっぱりまたかけ直したほうがいいですよね。ごめんなさい。

⑥PSW　大丈夫ですよ。こちらのことは気になさらないでください。

⑦岸　　すみません。こういう相談とかは初めてなので……。

⑧PSW　(抑揚をつけながら, 引き続きゆっくりとした口調で) 大丈夫ですよ。お時間をかけてかまいませんので, 安心してゆっくりとお話しください。

⑨そして一呼吸おいた。

⑩PSW　(今までよりもさらに穏やかな柔らかい声で) もしよければ話を聴かせていただけませんか?

⑪岸　　そうですか……ありがとうございます。でもどうしよう……何から話せばいいだろう……。

⑫PSW　では, まずは当院のご紹介をさせていただいてもよろしいでしょうか?

⑬岸　　はい, お願いします。

⑭PSW　ありがとうございます。こちらは精神科のクリニックになります。例えば, 眠れなかったり, 気分の落ち込みがあったり, 食事が食べられなかったり, "心と体のバランス" に困りごとがある方が相談や治療にいらっしゃることが多い場所です。岸さんは今の話を聴いて, 何か心当たりはありますか?

⑮岸　　そうですね……。

⑯数秒の沈黙。

⑰岸　　気分が落ち込んで何もできなくなっ

Point ③〜④

　ここでは, PSW から質問を投げかけ, 語りを促す方法と, 岸さんが主体的に語るのを待つ方法の二つの選択肢があります。岸さんの言葉は途切れ途切れで, うまく話せずに終わってしまっているため, うまく話さなくてもよいと岸さんに思ってもらうことを重視しました。そのため, PSW は「岸さんのペースに合わせます」という姿勢を伝える意図から, 沈黙して待ちました。ここで PSW のペースで話を進めてしまうと「話した」というより「言わされた」と受け取られ, ネガティブな感情をもたれることもあります。自分のペースが保証されることは, 安心感を与えることになり信頼関係を構築するうえで有効です。

Point ⑤〜⑨

　岸さんの不安や焦りに対して, PSW は「大丈夫ですよ」と繰り返し, また意識して丁寧な口調を使用することで, 受容と共感の態度を示しています。岸さんは相談すること自体が初めてであり, 自分の困りごとが整理できていない可能性があります。慌てずに時間をかけてよいことを保証するためにゆっくり話したり, 一呼吸おいたりしてペースダウンし, 岸さんの語りを促しています。

Point ⑩〜⑬

　重ねて促しても岸さんが戸惑う様子を見せたため, 先にクリニックの説明をして, こちら側ができることを明示し, 岸さんの困りごとや相談内容を引き出すことにしました。そうすることで岸さんに頭の整理と考える時間を提供することもできます。この時, 「閉じられた質問」で, 岸さんが意向を表現しやすいように工夫しています。岸

たり，イライラして気持ちが乱れたりする
ときがあります。

⑱PSW　そうですか。これまでそのことを誰
かに相談されたり，どこかに受診されたり
したことはありますか？

⑲岸　　いえ，こちらにお電話したのが初め
てで，全くありません。

⑳PSW　そうですか。このようなことは以前
からあったのですか？

㉑岸　　いえ，これまで40年以上生きてき
て，こんなことは全くなかったので，これ
は自分がおかしくなってしまったのではな
いかと思いました。本当にどうしたらいい
か困ってしまって……。

㉒PSW　そうでしたか。それは大変戸惑われ
たことと思います。

㉓岸　　数日考えて，これは精神科を受診し
たほうがいいのではないかと思いまして，
覚悟を決めて，そちらにお電話しました。

㉔PSW　そうですか。つらい思いをされて大
変でしたね。そんななか，お電話していた
だき，ありがとうございました。

㉕岸　　いえ，こちらこそ話を聴いてくだ
さってありがとうございます。病気になっ
てしまったのかもしれないと思うと不安
で……。一度，そちらで診てもらったほう
がいいのかもしれませんね。

㉖PSW　わかりました。当院では医師の診察
を受けていただく前に，私のような精神保
健福祉士がお話を伺わせていただいており
ます。もしよろしければもう少し話を詳し
く伺いたいのですが，よろしいでしょう
か？

さんが明確に返事をしたことから，相
談のモチベーションが強いことがうか
がえます。

✏ Point ⑭～⑰
　症状に関して具体的に例示し，岸さ
んが自分のことを話しやすいように手
助けしています。続けて，岸さん自身
の心当たりを探ってもらうよう質問し
ていますが，ここでの尋ね方はいかよ
うにも答えられるよう配慮されていま
す。「何か心当たりはありますか」と
半ば開かれた質問にし，岸さんが例示
に誘発されてほかの症状を自由に答え
ることも可能ですし，「心当たりはあ
りますか」という半ば閉じられた質問
でもあるため，「はい」か「いいえ」
を選んで答えることも可能となってい
ます。こうして，少し考えた岸さんか
ら，症状に関する岸さん自身の言葉を
引き出すことができています。

✏ Point ㉑～㉒
　まずは岸さんとの関係性の構築を目
的とし，本人の困ったという感情に寄
り添い，共感することがより効果的で
あると考えました。また，岸さんに起
きている事態は特別なことではないと
いうことを認識してもらうために，症
状を詳細に扱うのではなく，困りごと
や感情を「戸惑い」と言い換え，それ
を要約して伝えています。

✏ Point ㉖～㉘
　診察を希望する岸さんの不安や焦り
を受け止め，診察までの一連の流れに
ついて説明し，閉じられた質問で同意
を求めています。ここまでは，この相
談に至るまでの岸さんの気持ちに焦点
化してきました。ここからは，岸さん
の困りごとを具体的に聴き，支援ニー
ズをアセスメントする段階に場面が展

㉗岸　　はい，よろしくお願いします。

㉘さっきまでの弱々しい声ではなく，はっきりとした口調に変わった。

開します。そこでは，精神症状も含め，PSWから意図して聴き取らなければならない内容もあるため，一区切りをつけ，あらためて相談に応じていくことの同意を得ようとしたのです。PSWとクライエントの間での相談の契約が締結されたことになります。

本事例の面接について

　この事例は，自分の異変や違和感に気づき，精神科を受診しようかと悩んでいるクライエントが，藁にもすがる思いで電話相談してきた場面です。電話越しからも緊張が伝わってくるクライエントに対して，最初に出会うPSWは，自分の存在が安全であることを保障する態度を示し，相手に安心感を提供しています。ソーシャルワーク面接での基本中の基本である「受容・共感・傾聴」の技術を最大限に活用して，クライエントとの関係性の構築を図ろうとしています。

第1節 信頼関係をつくる　　参照　第1巻 4章4節

05 思いを受け止め，必要な修正を図る

「どうしたら受診してくれるか，一緒に考えましょう」

● クライエント
谷さん（50代女性）は，27歳の息子の母親。息子は自宅にひきこもっていて，気に入らないことがあると暴れる。最近は「外から見張られている」などと言うようになった。息子を入院させようとして精神科病院に相談したが，連れて行く手段がなく，病院から保健所に相談するよう勧められた。相談することを息子に内緒にしている。

● 場面（面接者：鷹野PSW）
保健所のPSWが谷さんの電話を受けた保健師から相談の概要を引き継いだ翌日，谷さんから電話が入った。谷さんと話すのはこれが初めてである。話し始めてから5分程度経過し，谷さんの都合に合わせて面接の日時を決め終えた。

● 面接の意図
谷さんは，息子を強制的に入院させる段取りについて相談できると期待している可能性がある。しかし，強制入院ありきで相談を受けるわけにはいかない。切羽詰まって相談に至った谷さんの思いを受け止めつつ，息子の人権や心情を尊重した打開策を一緒に考える方向へと，相談で取り扱う内容をすり合わせる。

谷さんとの来所面接日時の設定を終えた後，面接で取り扱う内容を話題にした。
① 低めのトーンで，落ち着いてゆっくりと問いかけた。
② PSW　ご相談の内容は……，息子さんを受診させる方法について，でしたね。

Point ①〜⑤
すでに引き継いだ際に谷さんの相談内容を把握していますが，あらためてその内容を直接確認し，相談ニーズを明確化しようとしています。PSWは「受診」という言葉をさりげなく使いました。強制入院の段取りについて相

33

③谷　はい。連れて行かないと入院させられないと言われました。

④谷さんは少し意気込んだような口調で，答えた。

⑤PSW　ああ，病院にそう言われたと伺っています。入院，でしたね。

⑥谷　はい。どうかよろしくお願いします。

⑦少し間をおいて

⑧PSW　ところで，谷さんは息子さんが精神科の病気なのではないかと，そう思って心配されているということでしょうか？

⑨谷　え？　病気？……それはまあ……。それはそう，なんでしょうね。おかしなことを言いますし。

⑩予想外のことを聞かれて少しうろたえた，というような怪訝そうな声だった。

⑪PSW　どこかでお医者さんの診断をお受けになったことはありますか？

⑫谷　いえ，ありません。息子は病院なんか行きませんから。行こうなんて言ったら大変です。

⑬PSW　息子さんは病院に行きたがらないのですね。

⑭谷　行きません。そんなこと言ったら大変なことになります。

⑮少し口調が強くなった。

⑯PSW　なるほど，息子さんに受診を勧めると大変なことになるとお考えなのですね。

⑰谷　絶対だめです。そんなことできません。

⑱とんでもない，というような口調で即答だった。

談に乗ることは困難なので，「入院させる方法」という言い方を避け，反応をうかがったのです。谷さんは無意識に「入院」と言い換えました。やはり谷さんは入院しかないと決めていることがわかりました。PSW は，保健師に話した内容が共有されているという実感をもってもらい，谷さんに安心感を与えるために，「入院，でしたね」と言い直しました。

📝Point　⑦〜⑪

　時間的な「間」をおくことで場面転換を図り，話題を変えました。PSW は病院に入院するには要件があることを理解してもらおうと意図しています。まず，病気であることが前提となるので，息子が精神疾患に罹患しているかどうかを話題にしようとしました。ぶしつけな質問にならないよう配慮して，谷さんの感情に焦点を当てて確認しています。谷さんの戸惑った反応から，息子には精神科の診断がついていないことが推測されたので，今度は閉じられた質問をして受診歴を尋ねました。息子は精神科未受診だという情報が得られ，入院相談は慎重を期さなくてはならないことがわかりました。

📝Point　⑬〜⑲

　受診の有無を尋ねただけで，谷さんは息子に受診を勧めることをイメージした様子で，「行こうなんて言ったら大変だ」と返してきました。PSW は，谷さんの心情に寄り添うには，このことを取り扱っておく必要があると判断しました。繰り返しの技法を用いて，その大変さに焦点を当てています。すると谷さんは，絶対に息子に受診など勧められないと重ねて言いました。何か関連したできごとがあったのではないかと推測されます。尋ねると谷さん

⑲PSW （ゆっくりと噛みしめるように）よ
　ほど切羽詰まったお気持ちなんでしょう
　ね。

⑳谷　　そうです。だから，こうして相談し
　てるんです。でなかったらしません。

㉑PSW　勇気を出して，ご相談されたわけで
　すね。

㉒少し待ってみたが，返事はなかった。

㉓PSW　谷さんもご存じのとおり，病院とい
　うところは病気の治療をするところですか
　ら，まずは医師が診察をして，病気だと診
　断されることが第一となります。そして，
　治療するにあたって，入院したほうがよい
　ということになれば，医師が入院を勧め
　ま……。

㉔谷　　え？　入院させてもらえるとは限ら
　ないんですか？

㉕驚いたような声が返ってきた。

㉖PSW　そこは，ですね。医師の診断により
　ます。

㉗谷　　でも，ひきこもっておかしなことを
　言って暴れるのは普通じゃありません。

㉘PSW　はい，普通じゃない。つまり病気だ
　から入院するしかない，そうお考えなんで
　すね。

㉙谷　　そうです。入院させてもらわない
　と，大変なことになります。

㉚少しイライラした言い方になる。

㉛PSW　大変なこと。

㉜谷　　はい。ですからお願いします。

㉝PSW　（少しの間沈黙し，ゆっくりとした
　落ち着いた声で）谷さんが並大抵の覚悟で
　電話してこられたわけではないということ

は話してくれるかもしれません。しか
し，この電話の目的は来所面接に向け
た相談内容のすり合わせです。話を広
げるとこれが相談になってしまいま
す。そこで，切羽詰まった言い方から
伝わってくる谷さんの心情に焦点を当
て，<u>話題の転換</u>を試みました。<u>感情を
反映した言い換えの技法</u>を用いて，谷
さんの心情を受け止めていることを伝
えています。

✒Point ㉑

　共感を伝える問いかけに，谷さんは
肯定したものの心を開いた様子はあり
ません。PSWは，谷さんとの<u>関係構
築の糸口</u>を見つけるために，「切羽詰
まっていなかったら相談などしていな
い」という趣旨の谷さんの言葉を，
「勇気を出して相談した」と<u>ストレン
グス視点</u>で言い換えて返しました。し
かし，谷さんは乗ってきませんでし
た。

✒Point ㉓～㉝

　話題を戻し，入院するには要件があ
ることを，谷さんが理解できる言葉を
用いて<u>情報提供</u>し始めました。谷さん
は，入院が確約されるわけではないこ
とを知って驚き，反論します。PSW
は<u>繰り返しの技法</u>を用いて谷さんの言
い分に<u>着目</u>していることを示します
が，谷さんは次第にイライラした言い
方になります。谷さんの話は，入院さ
せてほしいという方向にどうしても向
いていきます。そこで，<u>話題を修正す
る</u>ために，<u>少し間をおく</u>とともに，谷
さんから伝わってくる気配を言語化
し，<u>共感を伝え</u>ました。そのうえで，
入院の要件の説明に戻りました。しか
し，入院同意のくだりで谷さんは再び
反論してきました。

は伝わってきました。少しご説明させてい
ただきますが，医師が診察して，病気だと
わかって，入院して治療したほうがよいと
いうことになったら，精神科の入院には法
律上の決まりがあって，ご本人の同意に基
づく入院が原則なんですけれ……。

㉞谷　（再び遮って）息子は入院に同意な
んかしません。お恥ずかしい話ですけど，
もう入院させるしかないんです。手に負え
ません。

㉟PSW　はい。

㊱谷　でもどうやったら入院させてもらえ
るか，見当がつかないんです。

㊲PSW　これまできっといろいろなことが
あって，そこまで追い詰められているので
すね。ご家族としてできることはもう残っ
ていない，お手上げ，そんなお気持ちで
しょうか？

㊳谷　はい，そのとおりです。もう限界な
んです。

㊴懇願するような言い方だった。

㊵PSW　限界……。これまで，ほかにどこか
ご相談されたことはありますか？

㊶谷　いえ，初めてです。

㊷PSW　そうでしたか。ずっと相談せずに抱
えてこられたんですね。でももう限界に
なって，それで，思い切って電話をくだ
さったんですね。

㊸谷　そうです。どうしたら病院に連れて
行けるか，保健所に相談しなさいと言われ
ました。

㊹PSW　どうしたら病院に連れて行けるか相
談しなさいと言われたんですね。なるほ

✎ Point 〉㊲

「お恥ずかしい」「手に負えません」
とこれまで言語化されなかった苦しい
思いが谷さんの口をついて出て，「見
当がつかない」と途方に暮れた気持ち
が表出されました。PSWは谷さんの
気持ちを大切に扱い，共感を伝えるた
めに，谷さんがおかれた状況を要約し
つつ，感情を反映した言い換えの技法
を用いて言語化しています。これが促
しとなり，谷さんが「限界です」と自
身の感情を表現しました。

✎ Point 〉㊹

谷さんが少し心を開いてくれた様子
がうかがえましたが，どうしたら病院
に連れて行って入院させられるかとい
う相談内容に揺らぎはありません。
PSWは，思い切って直接的に相談内
容の修正を提案することにしました。
これが大きな転換点となります。谷さ
んの言葉をそのまま繰り返し，それを
吟味する態度を示した後，主語を息子
にして言い換えました。谷さんの言い
回しを加工することで，少しでも谷さ
んにとって受け入れやすいものにしよ
うと意図しています。しかし，谷さん
は瞬時に否定的な言葉で反応しまし
た。

ど。では，○日は息子さんがどうしたら受診してくれるか，一緒に考えましょう。

㊺**谷**　え？　何て言ったんですか？　受診？　無理です。息子は受診なんかしてくれません。

㊻即座に抗議するような口調で少し早口に答えた。

㊼**PSW**（少し間をおいて，ゆっくり問いかけるように）そうすると，納得しないままで，誰かが強制的に連れていくしかないというふうに，そのようにお考えでしょうか？

㊽**谷**　（苛立った口調で早口に）ですから息子を入院させてほしいんです。

㊾口を挟む間はなかった。

㊿**谷**　（強い怒りを含む押し殺した声で）説得できるものなら，とっくにやってます。もう無理なんです。ほかに方法はないんです。わかってもらえませんか？

(51)しばらくの間，沈黙が続いた。間をおいて，ゆっくりと切り出した。

(52)**PSW**　こうして相談すること自体に，谷さんが大きな苦痛を感じていらっしゃるということが，言葉の端々から伝わってきます。相談したくてしていらっしゃるわけではないんですよね。ここまで至るには，きっと本当にいろいろなことがあって，ずっと長いこと抱えてこられて……，大変でしたね。

(53)突如，電話口で小さく「うっ」と詰まったような声が聞こえた。その後，鼻をすする音が聞こえてきた。

(54)しばらくそのまま待った。

Point ㊼

谷さんがこれまで具体的な内容までは言語化していない相談趣旨をあえて言葉にして伝え，直面化させることになる対決の場面です。「息子は受診なんかしてくれません」という谷さんの反論を受け，このままでは相談内容のすり合わせはできないとPSWは覚悟しました。そこで，「間」を使うことで仕切り直し，一呼吸おいて心の準備をし，言うのがはばかられて谷さんが言えなかったことを言い換えの技法を用いて伝えています。これはPSWにとっても相当勇気の要ることです。強制的な受診と入院を望む谷さんを決して責めてはいないことを示すよう，ゆっくりと話しかけています。

Point (51)～(52)

谷さんの言葉から，「あなたは何にもわかっていない」という激しい怒りと落胆，やりきれない思いが伝わってきます。PSWは，谷さんを遮らずに感情を受け止めるために沈黙しました。そして，谷さんがそれ以上話す様子がないとわかると，谷さんの怒りの表明の裏に隠れている，谷さん自身の語られていない心情を言い換え，言葉で返しました。そして，そんな谷さんが相談せざるを得なくなったということは，これまで自分が何とかしなくてはならないと思って，ずっと一人で抱えてきたのだと解釈し，共感と労いの言葉を伝えました。これによって，張り詰めていた谷さんの気持ちが緩んだのです。

㊄谷　（鼻声になり）すみません，ちょっと……。

㊅もう少し時間をおき，鼻をすする音がやむのを待った。

本事例の面接について

　強制入院しかないと覚悟して相談している谷さんに，その相談ができるわけではないことを早い時点で伝えると，谷さんは否定されたと感じて相談をやめてしまうかもしれません。そこでPSWは，繰り返しや言い換えの技法を用いて谷さんの心情を受け止めていることを伝えつつ，病院に入院するには要件があることを説明していきました。そして，機会をとらえて相談内容の修正を提案し，さらに，谷さんの反論を受けて対決の技法を用いました。谷さんの怒りが一気に噴出した場面で，一連の過程からアセスメントした内容をPSWの解釈として伝え，谷さんを労い，これによって局面が大きく動きました。

第1節 信頼関係をつくる　　　参照　第1巻 2章1節

06 PSWの思いを伝える

「私もつらかったです」

●クライアント
林さん（75歳男性）。5年前にアルツハイマー型認知症と診断された。妻や娘に対する暴力行為があり，外来診察で入院を勧められたが，拒否し，激しい興奮状態となったことから，妻の同意で医療保護入院となったばかり。症状は，物忘れや見当識障害，被害妄想等がある。自宅に退院したいという思いを強くもっているが，妻子の拒否感は強い。

●場面（面接者：海堂PSW）
PSWは，相談室のすぐ隣の外来診察室から聞こえてくる悲鳴を聞いて現場に駆けつけた。すると，興奮して暴れそうになっている林さんを男性医師と複数の看護師が押さえつけていた。PSWは事態をのみ込めないまま，スタッフに加勢するような形で林さんを押さえつける格好になった。それが林さんとの出会いとなり，数時間後に保護室を訪ねてあいさつをすませた。その2日後，一般室へ移った林さんから面接の希望があり，病棟を訪ねた。

●面接の意図
本人から面接希望があったことから，まずは林さんの思いや訴えを聴くことが一義的な面接の目的である。ただし，入院時のエピソードから本人とPSWのかかわりは「否定的なスタート」になってしまっているため，PSWがそこに関与した意図や状況を林さんに丁寧に説明するとともに謝罪も伝え，信頼関係の構築を図りたいと考えた。併せて，林さんの人となりや今後の希望を聴くことも重視した。

①PSW　こんにちは林さん。ソーシャルワーカーの海堂です。この前ごあいさつしたこ

 Point ①
初診時の林さんは，強い精神運動興

と，覚えていらっしゃいますか？

② 林　　あぁ，海堂さん。覚えているよ。来てくれたんだねぇ。入院した日に会っただろ。ちょっと相談あるんだけど，いいか？

③ 林さんの表情はやわらかく，入院時の険しい様子は感じられなかった。

④ PSW　相談を伺う前に，私から先に一つだけいいですか？

⑤ 林　　ん？　何だろう？

⑥ PSW　入院されたときのこと，覚えていらっしゃいますか？

⑦ 林　　あぁ，覚えているよ。検査するとか言って連れてこられて，いきなり大勢に囲まれて入院させられたんだ。俺は何もしていなかったのに。いきなり入院させられたんだ。

⑧ PSW　そうですか。実はその大勢のスタッフのなかに私もいたのです。林さんが興奮していらっしゃったので，誰かを傷つけては大変だと思って，腕を押さえつけてしまいました。

⑨ 林　　はぁ，誰に押さえつけられたのかはわからなかった。

⑩ PSW　押さえつけられたという記憶はありますか？

⑪ 林　　あぁ，はっきり覚えている。

⑫ PSW　そうですか……。林さんはつらい思いをされたと思いますが，私もつらかったです。すみませんでした。

⑬ 林　　何がなんだかわからなかった。でも，誰かが「ごめんね」って言ってるのは聞こえたな。

⑭ PSW　それが私だと思うのですが，私もつ

奮状態にありました。このような場合，曖昧で断片的な記憶しか残っていないことも珍しくありません。さらに，認知症の「BPSD（行動・心理症状）」の影響もあると考えられます。そのため，保護室でのあいさつのみでは，PSW の顔や入院当日の出来事を覚えていない可能性もあります。そこで，認知症の中核症状の一つである物忘れや記憶力低下の度合いを確認する目的で，答えやすいように閉じられた質問を投げかけながらあいさつしています。林さんは，PSW が入院時にあいさつしたことを覚えていました。ということは，PSW が押さえつけた行為についても記憶されている可能性があり，関係構築のためにきちんと謝罪する必要を面接の冒頭で再確認できたことになります。

Point ③〜④

ここでは，面接を希望した林さんの話を聴くことが一番の目的ですが，入院時，状況的に仕方がなかったとはいえ，押さえつけたことで林さんの自尊心を傷つけたままでは，援助関係の構築は困難と考えられます。あいさつへの応答で林さんが入院時のことを記憶していることや，表情からは十分に話し合える状態だと見て取れるので，PSW は事前に心づもりしていたとおり，林さんが相談事を切り出すより先に再度謝罪を伝えることにしました。その際，あくまで面接希望を出されたのは林さんであることを尊重するため，断りの一言をつけて意向を尋ねています。

Point ⑫〜⑭

PSW は自分もつらかったという感情の自己開示を行いながら謝りました。出会いの時点で両者の関係には不

らかったですよ。

⑮林　そうかぁ。でも，俺は興奮なんかしてなかった。普通に先生と話していただろ？

⑯PSW　私の目には少し興奮されていたように見受けられましたよ。

⑰林　そうか？　とにかく勝手に入院させられて，あいつらに腹が立った。あれでもぐっとこらえて我慢したんだ。

⑱林さんの声質が低くなり，表情を曇らせた。

⑲PSW　そうでしたか。ご家族に憤った気持ちをおもちなのですね。

⑳林　だって，あいつらのせいでこうやって入院させられたんだから。

㉑PSW　そうですか……。

㉒一呼吸おいて

㉓PSW　林さん？　それでは相談内容を聴かせていただけますか？

㉔林　退院したい。早く退院させてくれ。

㉕声のボリュームが一気に増した。

㉖PSW　退院したいのですね。それは，ご自宅に帰りたいということですよね？「すぐにでも退院したい」ということですか？

㉗林　当たり前だよ。なんで俺がこんな病院にいなきゃいけないんだ？　家でゆっくり過ごしたほうがよっぽどいいよ。

㉘PSW　そうですよね。入院したい人なんていませんね。早く退院したいというお気持ちは当然ですよね。

㉙林　そうだ。早く帰らせてくれよ。入院なんて必要ない。ただ，怒りっぽいとか殴ったからって，あいつは俺を入院させた

均衡が生じてしまっている状況を考慮し，正直な感情を開示することで林さんとの信頼関係の構築を促進したいという思いが表されています。その際，「I（アイ）メッセージ」を用い，一般化された「PSW」としてではなく，一人の人間である「私」としての主観的な思いを述べています。林さんがPSWに対して否定的な感情をもっていたかどうかは不明ですが，この後の林さんの言葉はPSWの謝罪を受け止めたと解することができ，PSWは少し安心して話を進めることができるようになります。

Point ⑱〜⑲

　診察室での林さんの興奮した様子を目撃しているPSWは，⑰の言葉（バーバルな表現）よりも，声質や表情などノンバーバルな表現に着目し，妻子に対する陰性感情を察知しました。その思いを受け止める必要があると直感し，「ご家族に対して憤った気持ち」と言い換えて感情の反映を閉じられた質問で投げかけ，林さんの真意を確認しています。ここでは，林さんが肯定することを想定して感情表出を促す目的も含め，あえて尋ねています。⑳で林さんが憤りの理由を語っていることからPSWの推察が正しいことがわかります。

Point ㉒〜㉕

　この後，林さんの家族に対する陰性感情をさらに掘り下げて尋ねる方法もあるかもしれません。しかし，入院直後で林さんの症状の内容や程度が不明な段階では，そうすることが精神運動興奮状態を再燃させる懸念や，家族に対する被害妄想を助長する危険性もあると判断し，開かれた質問で意図的に話題を転換しています。林さんはこの

んだろう。

㉚PSW　そうお思いなのですね？

㉛林　　でも，そもそもはあいつが悪い！俺の金を何百万も勝手に使い込んだり，俺の物を全部売ったり盗んだりして。最近は食事に変なものまで混ぜてやがる。娘までグルになりやがって。

㉜口調が乱暴になり，表情も険しくなっていった。

㉝PSW　奥さんや娘さんから何か盗まれたりしたのですか？

㉞林　　そうだ。

㉟大きくうなずき返しながら

㊱PSW　ご家族を信用できないのですね？

㊲林　　当たり前だろ。そんなことどうだっていいから，早く家に帰らせてくれ。この後しばらく，妻子への恨みを交えながら，退院したい気持ちを語気強く話し続ける。

転換にうまくついてきて，単刀直入な言葉で相談希望の主旨を述べます。

📝Point 〉㉖

　声のボリュームの変化と端的な表現から林さんの本心が容易に理解できます。この切実な訴えの背景には認知症の発症，家族関係の変化，望まない入院など本人を襲った複雑な状況があり，ここで退院したい理由や，退院後にしたいことについて開かれた質問をすると，とめどない思いが溢れてくるかもしれません。閉じられた質問を複数続け，PSWが会話のイニシアチブ（主導権）を取ることで話題を整理して情報を一つずつ引き出すことにしました。㉗で，「当たり前だ」と強く肯定したことから，林さんの思いの強さが鮮明になっていきます。

📝Point 〉㉟〜㊲

　PSWはうなずきと相槌というノンバーバルの表現で林さんの感情の「受容」に努めています。これは，無理やり入院させられたと感じている本人のつらい思いを理解しているPSWの存在を伝えたいという意図によります。林さんの発言は，被害妄想と思われる過激さも含みますが，ここではその内容に着目すると家族への否定感情を助長してしまう可能性があるので，本人の心情に焦点を当てています。そして，家族を信用していないと言い換えて，気持ちの受容を表現しますが，これは今回の面接が支援の導入段階であり，最も重視しているのは林さんとの信頼関係の土台を築くことであるためです。この後，林さんは，家族に対する陰性感情や退院したい思いを話し続けますので，PSWに対しては心を許し始めたといえます。

本事例の面接について

　非自発的な入院を余儀なくされた林さんと，本人の退院後生活環境相談員の役割も務めるPSWは，興奮する本人を押さえつけるという形で出会いました。PSWが林さんの入院当日に保護室を訪れて「あいさつ」し直したのは，今後の支援関係を結ぶための「出会い直し」といえます。病状が悪いときであっても，一人の人として敬意をもち丁寧にあいさつすることは，今後の支援関係を築くうえでも欠かせません。そして，このあいさつがあったからこそ，すぐに面接を希望された可能性もあります。今回の面接では，不幸な出会い方についてPSWから話題にし，両者の関係を仕切り直したうえで実質的なインテーク面接の要素をもつものへと展開しています。

第2節 ホンネを引き出す　参照 第1巻 2章4節

 07 主訴の明確化を図る

「サラリーマンって何ですか？」

● クライアント
東さん（50歳男性）は，妻と2人の息子の4人暮らし。二度の転職を経て大手建設会社の設計部門に勤務し，1年前より部長代理として事実上は設計部門を取りまとめる立場にいる。

● 場面（面接者：白浜PSW）
初回面接の開始から約10分が経過した。家族歴，生育歴，職歴等を簡単に聴取した後に来談目的を尋ねると，東さんは「私は会社に要らない人間のようです」と語り出した。その主訴を探っていく。

時間地点　0　10　　　　　30　40　50（分）

● 面接の意図
職場でのストレスチェックの実施後に産業医から受診を勧められたようだが，カウンセリングのみを希望して来談している。このため，疾患以外の相談事があるととらえ，主訴の明確化を図ろうとしている。長時間残業や重責によるストレス，または生活課題の存在などを探りながら，クライエントの働き方を一緒に考えることを目的としている。

①PSW　会社に「要らない人間」ということ，もう少し詳しくお話しくださいますか？
②東さんの言葉をそのまま使って質問を重ね，じっと反応をみることにした。
③東　うちの会社は，地方に営業用の関連会社があります。この秋からそこへ出向す

Point ①〜⑥
「私は会社に要らない人間のようです」というのは，東さんが最初に語った言葉（＝主訴）なので大事に扱う必要があります。この表現に込められた意味がまだわかりませんのでPSWによる解釈を加えるべきではありません。そこで，繰り返しの技法を用いク

るように言われました。

④PSW　まあ，それでは職場を移られるのですね。地方ってどのあたりですか？

⑤東　　場所の問題じゃないんです。大きな工事を請け負うと，現地の営業窓口となって顧客対応するわけです。

⑥吐き出すように言われた。口調もこれまでよりやや荒くなっている。

⑦PSW　営業所で顧客対応ということは，東さんの設計士としてのこれまでの経歴を活かして……。

⑧東　　通常は設計士が勤める場所じゃないんですよ。

⑨PSW　え？　ではどういう理由でしょう？　上司からはどのようなご説明があったのですか？

⑩東さんの目を凝視しながら真剣な表情で尋ねた。

⑪東　　説明も何も。ただこの秋からそっちへ行ってもらうと。

⑫PSW　それは驚かれたことでしょう。この秋と言ったら……もうすぐですよね。いつ聞いたのですか？

⑬表情を曇らせ，息を吸いながら質問を続ける。

⑭東　　6月末でした。

⑮PSW　それで何とお返事を？

⑯東　　まあ，サラリーマンですから，そう言われれば行くしかありませんしね。

⑰東さんが一瞬笑ったので，その表情を見つめ返しながら尋ねた。

⑱PSW　サ・ラ・リ・ー・マ・ン，ですか。でも通常は設計士が勤める場所じゃない，っておっ

ライエントの言葉をそのまま使って問いかけ，さらなる言語化を促しました。その後に続く言葉（⑤）を東さんが吐き出すように言われたことから，嫌悪感が込められた発言であることが推測できます。東さんの相談したいことと何らか関係しているだろうと想像できることから，PSWは注意深く観察しています。

✏ Point ⑨～⑪

　東さんの語調やPSWの発言を遮って述べられた発言には，明らかに嫌悪感や強い思いが表れており，主訴につながる可能性が大きいと思われます。また，東さんがこのような会社の仕打ちをどう受け止めているのかをよく見極めて聴き取る必要があります。そのことを東さん自身にも認識していただくため，PSWはあえて「え？」と驚き，目つきや真剣な表情などノンバーバルのメッセージも伝えています。そして，開かれた質問を用い嫌悪感の根本がどこにあるのかを探るための意図的な表現です。

✏ Point ⑫～㉔

　PSWが感情の反射により，共感的理解を表現して伝えました。そして，事実関係の確認のために閉じられた質問を続け焦点化を試みています。その結果，「サラリーマン」というキーワードが引き出されました。PSWは，この語句には東さんの固有の思いが込められていると分析し，真意に接近するため⑱でイントネーションをつけながら繰り返しの技法を使って質問を重ね，東さんの意識の焦点化を行っています。その後も⑳で要約を用いながら閉じられた質問で確認し話の展開を促しています。東さんの反応から出向を不服に感じていることがわかります。

しゃいましたよね。

⑲ **東**　ええ，そうです。設計部門とは畑違いですから。

⑳ **PSW**　ということは，東さんにも営業をしなさい，と言われているのですか？

㉑ **東**　そうはっきりとは聞いていませんがね。

㉒ 口の端をゆがめながら答える。

㉓ **PSW**　でも，東さんはそう受け止めていらっしゃるのですね？

㉔ **東**　そりゃ，営業所に行けということは，そういうことですから。

㉕ **PSW**　お話を伺っている限り……それと，今ご様子を拝見していて感じることなのですが……，東さんには納得のいかない人事なのではありませんか？

㉖ 多少，言葉を区切りながら伝え，東さんの表情を探るように見上げた。

㉗ **東**　納得なんて必要ありません。サラリーマンですから。

㉘ **PSW**　サ・ラ・リ・ー・マ・ンって，さっきもおっしゃっていましたね。どういう意味でしょう？

㉙ **東**　……。

㉚ およそ30秒の沈黙。

㉛ さらに待っても沈黙が続くため，こちらの考えを伝え，違う角度から話してみることにした。

㉜ **PSW**　まるで，意思や感情をもってはいけないとおっしゃっているように聞こえますが……。

㉝ **東**　サラリーマンとはそういうものですよ。特に役職ともなればなおさらです。

Point ㉕〜㉗

　PSWは，東さんが不服に感じていることやそこが相談の中心であることを確信しつつあります。しかし，東さんが語ろうとしないため，そこには東さんの大きすぎて受け止めきれない気持ちの存在があると想像しました。この場合，東さんの気持ちを解釈してPSWが早々に尋ねてしまうと，自分にとって重大なことを軽んじられていると東さんは受け取るかもしれません。そこでPSWも熟考していることを印象づけるために，言葉を区切りながら，たたみかけるように感情の反映技法を使って東さんの思いを代弁してみせました。しかし，ここでも「サラリーマン」というキーワードしか返ってきませんでした。

Point ㉘〜㉞

　PSWは「サラリーマン」という言葉に込められた思いを東さん自身が語ることこそ，自ら問題に向き合い解決していくことになると考えました。そこで，語りを促すことを意識した開かれた質問を㉘でした後，あえて沈黙し東さんの思考を統合するプロセスの援助を行いました。その後，このまま待ち続け，東さんが語ることを信じているPSWの思いを暗に伝える方法もあります。沈黙をいつどのように破るのかは，その都度判断する必要があります。今回の場合，PSWは長い沈黙で重たい空気を充満させないことを優先してそのタイミングを見計らい，㉜で東さんの思いを推測し㉘をさらに言い換え，閉じられた質問で語りを促しています。

㉞無表情を保ったまま答える。

㉟PSW　それでは，人事異動は命令だから断れないんですよね？

㊱もう一度，東さんの顔を覗き込むようにして，その目を凝視しながら尋ねた。

㊲東　　はい，断ることは考えていません。ただ……（一瞬口ごもり），いっそ転職しようかとも思っています。たまたま若いときに勤めた設計事務所の2代目が声をかけてくれまして。一度は断ったんですが，出向の話が降ってきたので考え直しました。そこなら設計士としてあてにされていますし，昔のなじみもありますから気安いと思ったんです。

㊳一気に語る東さんは，目の力が強さを増しているようにも，無表情を増したようにも見えた。

✏Point ㉟〜㊳

東さんが「サラリーマン」という一言で自分の気持ちを納得させようとしているのであろうことをアセスメントしたPSWは，人事異動を断れない現実にどう対処するつもりなのか尋ねることにしました。そこで，㉟でPSWの解釈した内容を要約し事実確認するように閉じられた質問でたたみかけ，東さんが本音を語ることを励ましています。すると，「サラリーマン」ではなく今後も設計士として自分は生きていきたいという思いを淀みなく一気に話されました。自分の気持ちや考えに触れることができ，東さん自身が一番驚いているのかもしれません。

本事例の面接について

　PSWは，東さんが最初に語った「会社に要らない人間」という言葉の真意を探るため，質問を重ねていきました。そして「サラリーマン」というキーワードに着目し，さらに東さんの思いにぐっと迫る質問をし，ついに「転職しようかと思っている」という言葉を東さんの口から引き出しました。このようにPSWは観察をもとにクライエントの心情を分析し，感情の反映の技術を用いて推測を積み上げ，言い換えや要約の技術を駆使して主訴の明確化を行っています。

第2節 ホンネを引き出す　参照 第1巻 5章3節

08 「言い換え」を駆使し，ツボを探し当てる

「今日はどのようなご相談ですか？」

面接編 — 第1章 "かかわり"の面接技法

● **クライエント**
一人暮らしの女性，萬さん（40代後半）は，相談支援事業所とは契約を結んでいないが，毎日のようにPSWに電話をかけてきて，「口がゆがんでいる，どうしたらいいでしょう」と同じ問いを繰り返す。一定程度話すと，「じゃ，切ります」と唐突に電話を切る。以前，「またいつもの話か……」と思って聴いていたら激昂したことがあり，以来，集中して耳を傾けるよう心がけ，長い付き合いになる。

● **場面（面接者：阪井PSW）**
ある日，スタッフ室で記録を書いていると電話が鳴り，同僚が出た。同僚から「萬さんからお電話です」と取り次がれ，電話に出た。ここ2〜3日は電話がなかった。

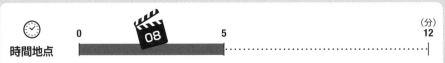

● **面接の意図**
同じ内容の悩みの訴えが習慣化された電話でも，聞き流すのではなく「相談」ととらえ，集中して聴くことによって，その時々に萬さんが伝えたかった事柄が予測できてくる。今日の電話は2〜3日ぶりなので，何かあったのかもしれないと推測しながら，本人の言葉に集中し，そのなかに隠れている情報に着目して，何を伝えたいのかを探索し今日の相談の的を絞っていきたい。

① PSW　はい，阪井です。
② 萬　　もしもし，萬です。
③ 声の感じは抑揚のない，いつものトーンだった。
④ PSW　萬さん，こんにちは。この2〜3日お電話がなかったので心配していたんです

📝 **Point ④**
「心配していた」というのは，PSWの「自己開示」であると同時に，萬さんへの関心を伝えることでもあります。電話面接では表情や身振りを用いることができないので，関係性を維持するうえで有効な技法です。毎日のよ

よ。今日はどのようなご相談ですか?

⑤背筋を伸ばし，電話口の向こうにいる萬さんに快活な声で語りかけた。

⑥萬　口がゆがんでいるんです。どうしたらいいでしょう?

⑦いつもと同じフレーズだった。

⑧PSW　口がゆがんでると感じていらっしゃるんですね?

⑨努めていつもどおりに返した。

⑩萬　そうなんです。口がゆがんでいるので買い物にも行けないんですよ。どうしたらいいでしょう?

⑪PSW　今日は，買い物の困りごとですね。口がゆがんでいると感じてしまって，買い物に出かけられず困っていらっしゃるんですね?

⑫萬　そうなんです。周りの人が口がゆがんでいる私をじろじろ見てくるから，気になって仕方ないんです。

⑬PSW　買い物客からどのように見られているかが気になって困っていらっしゃるんですね?

⑭萬　そうなんです。どうしたらいいでしょう?

⑮訴えかけるように声に力がこもった。

⑯PSW　それは困りますよね。

⑰萬さんはすぐに返事をしなかったので，5秒くらい沈黙を保った。

⑱萬　隣町のスーパーに行ったら，周りの買い物客がじろじろ私を見てくるから，すぐに帰ってきてしまったんです。買い物に行けなくて困っているんです。

⑲PSW　隣町のスーパーでの困りごとです

うに電話をかけてくる萬さんに対し，PSWはそうせざるを得ないニーズを汲み取り，「相談」として位置づけています。「どのようなご相談ですか?」と開かれた質問をすることで，何でも話してよいという保障を与えることができています。

✏Point ⑧

「口がゆがんでいる，どうしたらいいでしょう?」というフレーズは，萬さんの「定番の悩み」です。それは「私は困っている」というサインに過ぎず，本当の悩みは別にある場合が少なくありません。また，「口がゆがんでいる」というのは，精神障害による萬さんの思い込みである可能性があります。「ゆがんでいると感じているんですね」と言い換えることで，ゆがんでいることを事実として取り扱わないよう注意を払い，萬さんの悩みのサインに着目していることを伝えるとともに，さらなる発言を促しています。

✏Point ⑪〜⑲

「定番の悩み」に追加して出てきた情報をすかさず取り上げて，「○○の困りごとですね」と「ネーミング」をしながら言い換え，萬さんの話したいことを絞っています。萬さんの反応を見ながら言い換えを繰り返すことによって，主訴を明確化することができ，この過程が，「わかってもらえた」という安心感を与え，支援することにつながっています。

✏Point ⑯〜⑰

声を通じて萬さんが困っているのが伝わってきたので，萬さんの気持ちへの共感を伝えるために，感情の反映で返しています。その後，沈黙することで，萬さん自身が話し出すのを待つ姿

ね。スーパーでお客さんがじろじろと見てくるから、気になってゆっくり買い物ができなかったんですか?

⑳萬　そうなんです。周りの買い物客と比べて、口がゆがんでいるんです。スーパーの中で、私だけが口がゆがんでいるんです。どうしたらいいでしょう?

㉑PSW　それはおつらいですね。ところで、萬さん、今回はどうして隣町まで行かれたんですか?

㉒萬　そのスーパーで安売りをしていたから、晩御飯を買いに行ったんです。

㉓PSW　ほう、安売りですか。安売りは広告か何かを見て行かれたんですか? 萬さんは買い物が上手なんですね。

㉔萬　うまくなんかないですよ。

㉕萬さんの声はなんだかうれしそうだった。

㉖PSW　晩御飯には何を買ってこられたんですか?

㉗萬　アジのフライとわかめの酢の物を買って来たんです。

㉘PSW　それはいいですね。今日の晩御飯はアジのフライですか。

㉙萬　3日前です。

㉚PSW　え?

㉛萬　……。

㉜萬さんは黙ったままだった。

㉝PSW　今のお話は3日前のことですか?

㉞そっと聴いてみた。

㉟萬　そうなんです。

㊱少し怒っているようなぶっきらぼうな声だった。

㊲PSW　隣町に買い物に行かれたのは3日前

勢をとりました。これによって、萬さんから新たな話が出てきました。

Point 21

PSWは、「隣町のスーパーでの困りごと」に萬さんの具体的な困りごとがあると当たりをつけていたので、核心に近づくために開かれた質問をして、新たな展開をねらうことにしました。隣町のスーパーで何があったのかという質問ではなく、なぜ隣町まで行ったのかを尋ねたのは、これまでの萬さんとの関係から、行動範囲がそんなに広くないことをアセスメントしていたからです。かかってくる電話だけの関係でも、意識的に把握しようとする日ごろの姿勢が活きています。

Point 23

萬さんは「買い物に行けない」「困る」と言いますが、実際には安売りをしているスーパーに行く行動力があることがわかりました。PSWはそのことに焦点を当てて、肯定的な意味づけを伴った言い換えをして返し、萬さんにはそのような力があることへの気づきを促すと同時に、自信をもってほしいという励ましの効果をねらっています。その後の萬さんはうれしそうで、PSWも萬さんの気持ちに乗って一緒に会話がはずんでいきました。

Point 30〜38

萬さんが「3日前です」と答えたところにPSWは違和感を覚えました。「え?」というのは、クライエントの話に何かひっかかりを感じたときに用いる、注意喚起を促す聞き返しです。短く返すことで動きを止め注意を引く効果があり、ここから核心に迫る問いかけにつながる流れをつくり出します。そして、萬さんの「3日前です」

のことだったんですか？

㊳少し大きめの声で問いかけた。

㊴萬　　　そうなんです。

㊵声が大きくなった。

㊶PSW　じゃあ，この2～3日は買い物で遠出したから疲れてぐったりしていらっしゃったんですか？

㊷萬さんの声に合わせて，さらに大きな声で尋ねた。

㊸萬　　　そ～おなんです。

㊹声がさらに大きくなった。

という言葉を二度にわたって繰り返しているのは，萬さんの「そうなんです」という言葉の調子から，ここに気づいてほしいという思いを受け取り，共感を伝える効果をねらっています。その際，声の調子を合わせることでさらに効果を上げています。

📝Point ㊶～㊷

　萬さんの声が次第に大きくなったことで，PSWは，萬さんが伝えたかったのは「3日前のできごと」だとわかり，さらに，ここ2～3日電話がなかったことと関連があるとピンときました。自分から言語化することがなかなかできないクライエントに対しては，PSWの推測を伝えることで反応を確認し，クライエントの理解を進めます。推測が当たっていれば，わかってもらえているという安心感を与える効果があります。この場合は，実際，「大当たり」でした。

本事例の面接について

　萬さんは紋切り型の口調で，事実や気持ちをうまく言語化することができません。そこで，PSWは萬さんが発する言葉と声の調子に集中し，そのなかから手がかりを発見し，萬さんの言葉にPSWの補足を加えたり，言い換えたりして，反応をうかがうということを繰り返しています。こうして，萬さんが何を伝えたいのかを探索し絞っていく過程を根気よく続けて，援助関係を形成していくのです。定番のフレーズで電話をかけてくる「常連さん」を，PSWは何らかの相談ニーズがある人だと受け止めて支援する必要があります。

第2節　ホンネを引き出す

第2節 ホンネを引き出す　　　　　　　　　　　　　参照　第1巻 3章3節

09 本人のペースを尊重しつつ、新たな提案をする

「一人で解決するのは大変ですよね」

面接編　第1章 "かかわり" の面接技法

● **クライエント**
堀さん（40代男性）は、生活保護を受けながらアパートで単身生活をしている。30歳頃に統合失調症を発症し、精神科病院に入退院を繰り返している。日中は自宅で過ごしていることが多い。離婚しており、2人の子どもとは、緊急時以外は連絡を取らないことになっている。部屋の片づけ、掃除、家に届いた郵便物の確認や整理などがうまくできず、また地域に相談できる相手がいない。

● **場面（面接者：玉川PSW）**
3か月前の退院時より、相談支援事業所が見守りや生活の困りごとの相談目的で月に1度の定期的な家庭訪問を行っている。堀さんの部屋は、床が見えず足の踏み場もないほどに服や食べ物などが散乱している。玄関は開いた形跡のない新聞やチラシ、大量のボロボロの靴が積み重なっている。部屋の布団は黒ずんでおり、部屋全体から独特の生活臭が漂っている。堀さん自身もいつも襟の黄ばんだジャージを着ていて、洗濯や着替えをしている様子はない。3回目の訪問で、PSWが堀さんの部屋に通された。

● **面接の意図**
現在の生活状況やそれを堀さんがどのように感じているのかを把握し、今後の支援方針を決定していくために必要な情報収集を行うこと。また、一人では片づけられない現実を直視し、現状を振り返り、そこに問題意識をもってもらう機会をつくるとともに、そこに付随する支援の必要性について本人と検討し、共有を図ることを目的とした。

① 電気ストーブの前で寝てしまった影響か、堀さんの髪はチリチリに焦げている。

 ①〜③
ここでは、寝たばこや堀さんの焦げ

②そして部屋の床のあちこちには寝たばこの不始末による焦げ跡があり，ウトウトと布団以外でも寝てしまう堀さんの生活の様子がうかがえる。

③PSW　眠くて動けないということはありますか？　例えばフラつきがあるとか？

④堀　　はい。えっと，フラつきね……。特にないかな。

⑤頭を掻きながら話をしている。

⑥PSW　それと……，ストーブやたばこの取扱いは慎重にしてください。火の元には気をつけてくださいね。心配ですからね。

⑦押し付けにならないように，促すように伝えた。

⑧堀　　やることがないからさ，つい眠くなっちゃうんだよね。

⑨苦笑いをしながら答えた。

⑩PSW　普段，家ではどんなことをして過ごされているのですか？

⑪堀　　家で？　そうだなぁ，寝てることが多いかな。

⑫PSW　散歩とか家の外に出て過ごされることはありますか？

⑬堀　　いや～，ほとんど出かけないよ。何だか身体がおっくうだからね。

⑭PSW　そうですか，動かなくなると体力は落ちてきてしまいますからね。

⑮堀　　こう見えても，昔はもう少し動けたんだけどね。

⑯こちらを見ながら笑顔を見せている。

⑰PSW　そうですか。歳を重ねると体が思うように動かないこともありますよね。

⑱堀　　そうなんだよね。

た髪の毛を観察し，不精な生活スタイルを予測しています。また，堀さんは継続的な服薬をしていることから，薬が効きすぎている状態（過鎮静）を疑いました。定期的な訪問面接時には支援ニーズを把握するためにも，本人の精神症状だけでなく副作用や ADL（日常生活動作）を確認し，生活上の課題がないか確認することが重要です（クライエントの状態把握）。このような場面では，よく「最近どうですか？」とか「変わったことはありませんか？」などの抽象的な質問を用意しがちですが，ここでは答えやすいように「閉じられた質問」を使用し，具体的な症状を PSW 側から例示しました。

✐ Point〉⑩

⑧の発言を受けて，堀さんの興味関心を探り，そこに支援ニーズがあると考え，「開かれた質問」をすることで，堀さんの自由な発言を引き出そうとしています。結果として，「寝ていることが多い」という情報が得られたため，次の「外出」の有無を尋ねるという話題に移行しています。

✐ Point〉⑫

具体的な例を示しながら閉じられた質問を投げかけ，堀さん自身の普段の生活の様子をイメージしやすいようにしました。この会話は，支援が必要であろう状況の見立てがあるなかでも，急に直面化せず，ゆっくりと会話の内容を構成立てて緩やかに堀さんの気づきを促しています。

✐ Point〉⑰～⑲

⑮で自らの能力低下を口にした堀さんに対して，その思いを受容していることを表現するため，I（アイ）メッセージで体験や実感を示し，堀さんの

⑲PSW　私も同じように感じることがありますよ。でも，今だからこそできることもありますよね。

⑳PSW　先ほど，やることがないっておっしゃっていましたが，堀さんは何かやってみたいこととかはありますか？

㉑少しの沈黙の後，堀さんは視線を外し，ついたままのテレビに視線を送りながら話した。

㉒堀　　いや，ないかな。若くないし。

㉓表情が硬くなり，うつむいたように感じられた。

㉔PSW　そうですか。堀さんはまだ老け込む年齢ではないと思いますし，まだまだ十分にやりたいことを追求できると思いますよ。

㉕うなずきながら聴き，寄り添うような態度と穏やかな口調で話すことを心がけた。

㉖堀　　いやぁ～，厳しいな。自信がないなぁ。

㉗堀さんはボソッとつぶやいた。

㉘PSW　そうですか。自信がないというのはどうしてですか？

㉙堀　　昔みたいにやる気ないし……。新しいことは……ちょっと……。

㉚PSW　では，逆に今の生活のなかで困っていることはありますか？

㉛堀　　別に困っていることはないかな。

㉜表情一つ変えずに返答している。

㉝PSW　そうですか。恐縮ですが，堀さんのお部屋は物がたくさんあって，生活のスペースが狭くなっているように私は感じますが，いかがですか？

思いに寄り添う姿勢を見せています。そのうえで，「今だからできることもある」というリフレーミングをすることで，堀さんが自分の生活を前向きにとらえ直せるよう意識しています。

🖊 **Point** ㉔～㉕

　ここは，PSW の主観を直接的に I（アイ）メッセージで伝えています。もう少し強く発信する方法も考えられますが，堀さんの前段の態度，特にノンバーバルな表現から何かしら自分の希望をあきらめてきた経過があるのかもしれない，またはいまだに引っかかっていることがあるのかもしれないと推察し，堀さんの心の揺れに対して，受容し寄り添いの姿勢を表現するために何度もうなずきながら，穏やかな口調で話すことを特に強く意識しています。その効果として，その後の堀さんの発言が自然な形で引き出され，会話がスムーズに展開しています。

🖊 **Point** ㉚

　ここで，自身のなさについて掘り下げたり，やってみたいことについてさらに質問する展開も考えられますが，統合失調症の慢性期で同じような生活スタイルを長年続けている堀さんの障害特性からは，新たな希望を言語化する行為はハードルが高いと判断しました。そこで，「困っていること」への閉じられた質問で話題を転換しました。

🖊 **Point** ㉝～㉞

　㉛㉜から堀さんは体裁を考えているわけではないと考えられます。しかし，現実には生活スペースが無くなるほど片づけられていない状況であり，現実と認知が乖離している状態にあると判断できます。そこで，この状況を

㉞指導的な印象に取られないよう配慮し，丁
寧にゆっくり語りかけることを意識した。

㉟堀　　あぁ，別に大丈夫だけど。でも福祉
事務所からも部屋を片づけるように言われ
てはいるけどね。

㊱PSW　そうですね。

㊲堀　　でも，別に誰も来ないから大丈夫だ
よ。それに一人じゃどうにもならないし。

㊳眉間にしわを寄せながら苦笑いをしてい
る。

㊴PSW　確かに一人では大変ですよね。

㊵堀　　うん，そうなんだ。

㊶PSW　では，例えば誰かと一緒であれば片
づけてみたいとは思いますか？

㊷堀　　前にホームヘルパーさんを派遣して
もらうように提案されたけど，面倒だし要
らないなと思って断ったよ。

㊸手を横に振って，困った顔をしている。

㊹PSW　一人で解決するのは大変ですよね。
ましてや部屋の片づけなど，生活習慣を立
て直すのには結構な労力が必要です。

㊺堀　　うん……。

㊻PSW　今でもホームヘルパーの利用には抵
抗ありますか？

㊼堀　　確かに一人は無理だけど，手続きと
か面倒なことは嫌なんだよ。

㊽堀さんは腕組みをしながら，再び視線を下
に落とした。

㊾PSW　そうですか。そういうことであれ
ば，例えばこれから少しの時間，一緒に片
づけをしてみませんか？

㊿堀　　ん？（堀さんは驚きつつ，視線は落
とし続けている）

堀さん自身にあらためて考えてもらう
ために，一般論ではなくてⅠ（アイ）
メッセージを使ってPSWの主観を意
図的に伝えています。そのうえで開か
れた質問を投げかけました。部屋の掃
除や入浴のことなど，本人のプライ
ベートな領域を取り扱う場合は，特に
その言葉の選択には慎重を期する必要
があります。さらには指導的，あるい
は押しつけと取られないように丁寧な
言葉遣い，柔らかい表情，ゆっくりと
した声のスピードで会話を展開するな
ど，ノンバーバルな表現も駆使してい
ます。

✎ Point ㊵～㊶

　部屋が雑然としている事実に対し
て，PSWは現実を突きつけるような
言葉かけをしています。しかし，堀さ
んは「でも，別に誰も来ないから大丈
夫だよ。それに一人じゃどうにもなら
ないし」と発言しています。ここで
は，「家には誰も来ない」という堀さん
の「寂しさ」と，「一人じゃどうにも
もならない」という「あきらめ」の二
つの感情を確認することができます。
現実の生活状況を直面化した流れのな
かで，「一人じゃどうにもならない」
という言葉は，「本当は片づけたいけ
れども，どうにもならないからこのま
までよい」という意味合いであると判
断できます（アンビバレントな感情を
取り扱う）。この思いを本人と共有す
ることを優先しました。その後，本人
の言葉を要約してリフレーミングする
ことで潜在化されていた「片づけた
い」というニーズの掘り起こしを行う
ことを意識しています。

(51) PSW （ゆっくりとたたみかけるように）もしよろしければ私にお手伝いをさせていただけませんか？

(52) 堀　どうしようかな……。

(53) PSW　もちろん，堀さんの意向を聴きながら片づけますから。勝手に私が物を処分したりすることはありませんよ。

(54) 堀さんの顔を覗き込みながら提案した。

(55) 堀　でも……面倒だし，自分でできるから大丈夫だよ。

(56) PSW　一人だとなかなかやる気にならないですよね。

(57) 堀　そうなんだよなあ。

(58) PSW　堀さんがいいって言ってくださるのであれば，一緒にやらせてもらいますよ。

(59) 堀　じゃあ，ちょっとだけやるか。

(60) 堀さんは少しだけ笑顔を見せて立ち上がった。

本事例の面接について

客観的にみて部屋の片づけや自身の整容に何らかの支援や介入が必要であるにもかかわらず，「困っている」というヘルプサインを出さないクライエントとの自宅（生活場面）での面接です。観察できる客観的事実を伝えて，現実を直面化し，新たな提案に持ち込むプロセスの一つひとつにPSWの意図があります。自尊心を傷つけないよう，本人のペースとライフスタイルを尊重したうえで，現実的な提案を受け入れてもらうために質問の仕方を工夫したり，ノンバーバルな表現を駆使して面接を展開しています。

第2節 ホンネを引き出す　　　　　　　　　　　　　　　参照　第1巻　5章1節

10 緊急性を判断しながら，相談関係を構築する

「あなたを死なせるわけにはいきません！」

●クライエント
女性。自殺をほのめかす言動に対応しており，現状は相談者に関する情報はない。

●場面（面接者：玉川PSW）
女性から「死にたい」と保健センターに初回の電話相談が入る。電話対応をはじめて10分が経過し，次第に興奮状態は落ち着きつつある状況のなか，自殺企図の緊急性を判断しながら相談関係の構築を図っている。

●面接の意図
自殺企図のリスクや緊急性の有無を判断するため，本人の周辺状況を確認しながら事前準備の有無や計画性，方法の具体性についてのアセスメントを実施する。また，本人との信頼関係を深め，本人が死にたいほどつらいと感じている体験について語ってもらい，支援ニーズを具体的に検討したい。

①PSW　私はあなたに生きてほしくて話を聴いていますから，放っておけませんよ。
②女性の心に届くことを祈りながら，語気を強めて話した。5秒ほどの沈黙の後に再び
③PSW　先ほどから「死ぬ」とおっしゃっていますよね。私はあなたのことをとても心配しています。
④今度は先程の強い口調とは反対にゆっくりと優しい口調で話した。

Point ③〜④
　ここでは自殺の緊急性のアセスメントを意識し，まずは自殺の防止を第一に考えます。このような場合，「自殺」についての話題をあえて取り上げることで自殺のリスクを低下させることができます。「私はあなたを心配している」という「Ｉ（アイ）メッセージ」を繰り返し伝えること，また，切迫している心理面を落ち着かせるために，ゆっくりと優しい口調で言葉の調

⑤女性　そんなの……．（吐き捨てるように）どうせ口だけでしょ！

⑥PSW　そんなことはありませんよ。あなたを死なせるわけにはいきませんから！

⑦女性　そんなの私の勝手でしょ。私，いつだって死ねるんだから。

⑧興奮はしていないが，早口かつ攻撃的な口調で話されている。

⑨PSW　すでに何か準備をされているのですか？

⑩女性　まだ何も考えてないわよ！でも首を吊ってもいいし，練炭でもいいしね。

⑪こちらを挑発するように，受話器の向こうでは薄ら笑いが聞こえる。

⑫PSW　今，身の回りに紐とか練炭はあるのですか？

⑬女性　どうでしょうかね？　そんなものはどこでも売ってますから。

⑭早口で捲し立てるように話している。

⑮PSW　あなたのことが心配なので，そのあたりを詳しく教えてもらえませんか？

⑯女性　これから用意しようと思っていたところよ……。

⑰PSW　そうでしたか。そんなにも大変な思いをされていたなんて，とてもつらかったんじゃないですか？

⑱受話器の向こうから「ため息」が聞こえ，数秒の沈黙が訪れた。

⑲PSW　本当は誰かに話したいこと，伝えたいことがあるのではないですか？

⑳女性　え？

㉑数秒の沈黙。

㉒女性　私はどうせ一人なんだから，誰かに

子に抑揚をつけることで，「あなたに関心がある」というサポーティブな姿勢を間接的に伝えています。

✒ Point ⑪〜⑫

　女性はPSWの対応を確かめているかのような態度です。そこで，女性のゆさぶりには乗らずにぶれない姿勢を示すためにも淡々とアセスメントを続けました。ここでは，例示，閉じられた質問を使い，女性の返答を促し，情報を確認しやすいよう配慮しています。この一貫した態度は，女性にPSWが正面から向き合っている印象を与えることにつながります。

✒ Point ⑬〜⑮

　はぐらかすような答え方からは，女性の「心配してほしい」気持ちと，PSWを信用してよいか判断しきれていない様子の両面がうかがえます。そこで，PSWは，I（アイ）メッセージを用いて心配していることを伝えながら，開かれた質問を投げかけ，女性が心情を語ることを促しています。

✒ Point ⑰

　⑯の言葉から，自殺の具体的な準備には至っておらず，緊急性は高くないと判断しました。ここで女性の行動化を否定する方法もありますが，今は女性に安心して語ってもらうことを優先させるべきと考えています。そこで，女性の「死にたくなるほどの気持ち」に焦点化し，また女性がこれまでに感じてきたであろう感情を「つらかった」と言い換え，感情の反映によって女性の気持ちの理解者でありたいとする姿勢を示しています。

✒ Point ⑱〜⑲

　女性の「ため息」は，頭の中で思い

伝えることなんてないわよ。

㉓声のトーンは落ちてきており，寂しそうな声質に変化している。

㉔15秒ほどの沈黙。

㉕**女性** ふぅー。

㉖女性の長い息遣いが聞こえてくる。

㉗**PSW** 少し落ち着かれましたか？

㉘**女性** 少しだけ……ね。

㉙**PSW** これまでに大変な思いをされてきたのだと思いますが，私に話を少しでも聴かせていただけませんか？

㉚**女性** どうしようかな……，ちょっとだけね。

㉛**PSW** 私は玉川と申します。もしよろしければお名前を伺ってもよろしいでしょうか？

㉜**女性** えっと……，星といいます。

㉝憔悴しきった小さな声が聞こえてきた。

㉞**PSW** 勇気を出して話してくれて，ありがとうございます。

㉟**女性** あ，いえ。それでは少しだけ話してもいいかしら？

㊱星さんの声にわずかな覇気が感じられた。

を巡らせていると考え，あえて口を差し挟むことをせずに，間をあけて女性が考える時間をつくりました。さらに女性が「死にたい」と言いながらも相談の電話をかけてきていることから，「生きたい」けれど「生きるのがつらい」というアンビバレントな感情を抱えていると解釈し，その葛藤を扱うことにしました。そこで女性の本当の思いは「死にたい」ではなく「苦しくて誰かに話したい」ではないかということに言い換えることで，感情表出を促しました。

✏ Point ㉑～㉖

女性に興奮状態はなく，死にたい気持ちについて直面化した後も会話が途切れていないことから，このまま電話を続けられると判断しました。ここでは特にノンバーバルコミュニケーションに着目し，女性の声のトーンの落ち着きや口調が穏やかになっていく様子，PSWの質問に対する返答から，PSWの言葉が女性に響いている実感を得ています。そこで女性の頭の中を整理する時間をつくるべく，沈黙を活用して待つことを選択しました。

✏ Point ㉛～㉜

先にPSWから名乗った理由は，女性が名前を言いやすくするためです。また，ここまでは緊急性のアセスメントと自殺の回避が一義的な目的でしたが，ここからは相談の契約を交わし，次の展開につなげていくことになります。女性が名前を教えてくれたことは，PSWに「私」を認識してほしいという意思表示ともとらえられ，これが支援関係の始まりともいえます。この事実が相談関係構築のための大きな前進といえます。

本事例の面接について

　この事例での面接は自殺の実行可能性をアセスメントすることが不可欠な場面です。緊急性を早い段階で察知し，そのことに言及することは，自殺に関する相談を受けるうえで重要なポイントです。電話相談においては，まずは電話を切られることがないように細心の注意を払う必要がありました。会話を重ねるなかでわかってきたのは，PSW の質問にクライエントが少しずつ答えてくれてきたこと，アンビバレントな思いのなかに「死にたくない」という気持ちが見え隠れしていたことでした。これらをふまえ，緊急性のアセスメントを行っています。並行して，死にたいという言葉でしか表現されなかったクライエントの心情に接近し，語りを引き出し，相談関係を深めています。

第2節 ホンネを引き出す
参照 第1巻 4章2節

11 過去よりも今に焦点を当てる

「今いくら持っていますか？」

● **クライエント**
岡さん（30代男性）は，グループホームに入居して1年になる。診断は統合失調症である。月の前半に，岡さんは通院先の精神科病院に急に入院した。入院した理由は「死にたくなったから」だそうだが，最近変わった様子はなく，相談もなかった。岡さんは，数か月前にも「死にたくなった」と言って入院している。そのときは，生活保護で支給された1か月分の生活費が入った財布をなくして混乱したのがきっかけとのことだった。

● **場面（面接者：鷹野PSW）**
入院の連絡を受け，衣類等を持って世話人であるPSWが病院に行ったところ，看護師に付き添われて岡さんが面会室に来た。荷物の確認を終えた看護師から，「岡さんが小銭しか持っておらず，おやつも買えないので，事務所の窓口にお小遣いを預けてほしい」と言われ，岡さんに「預金を下ろせばありますか」と尋ねたところ，「いや……」と歯切れの悪い返事が返ってきた。そこで，面会室をそのまま使わせてもらい，「お小遣い」の件については岡さんと話し合うことにした。

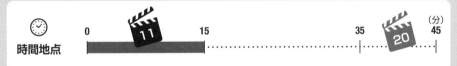

● **面接の意図**
今回の入院でもお金がなさそうで，岡さんがお金に関連した問題を抱えている可能性がある。が，PSWに相談せずに急な入院となっており，相談しづらかったようだ。「死にたくなって」入院した精神状態に留意しつつ，なるべく問い詰めたり干渉的になったりせずに，何かあったのか，あるいはどんな経過があって入院に至ったのかを聴かせてもらう機会をとらえる。

①看護師が退室し，面会室には岡さんとPSWの2人になった。荷物の確認をしたときの位置のまま，岡さんはテーブルの短い辺の側に座っていた。表情はやや硬く，体をわずかにこちらとは違う方向に向けて，両手を膝の上に置いていた。PSWは岡さんから見て，右側の長い辺の中ほどに立っていたが，少し岡さんに寄って座り，両手をテーブルの上に置いてリラックスし，岡さんのほうに体を向けた。視線は岡さんの首の下あたりを漠然ととらえていた。

②PSW　さて，と。（一呼吸間をおいて）お金，現金も預金も，あんまりなさそうですね。

③岡さんの顔に視線を向けて，普段世間話をするときと同じようにさらりと話しかけた。

④岡　うん。

⑤小さくうなずいて顔を少しこちらに向けた。

⑥PSW　（笑みを浮かべながら）使っちゃいました？

⑦岡　うん。

⑧うなずいてこちらの顔をちらっと見た。

⑨PSW　（軽い口調で）なるほどね。

⑩岡さんは何も言わず，ややうつむいたままテーブルの上を見ていた。

⑪PSW　ところで今いくら持っていますか？

⑫岡　え？　お金？

⑬顔を上げてこちらを向き，聞き返した。

⑭PSW　そう，お金。

⑮岡さんは，おもむろにジャージのポケットからくたびれた二つ折りの財布を取り出

📝 Point ①

　岡さんが緊張し構えていると推測し，それを和らげる位置取りを検討しています。座るときに少し岡さんのほうに寄り，テーブルの角を使って90度の位置に座ることで，面接空間を狭く設定しました。関心を向けていることを示すために岡さんのほうに体を向け，落ち着いた態度を表すよう両手をテーブルの上に置き，相手の目を直視せず，穏やかな雰囲気で話をする空気をつくろうとしています。

📝 Point ②〜③

　まず，岡さんがお金をあまり持っていないという推測を確かめるために，閉じられた質問をしています。その際，緊張感や警戒感を和らげるために，あえて普段どおりの口調で，「なさそうですね」と他人事のような問いかけをしています。お金がないという客観的な事実を一緒に眺めるようなのん気な態度は，非審判的な姿勢を表しています。

📝 Point ⑥

　お金がないとなれば，どうしたのかと尋ねたくなりますが，PSWは「使っちゃいました？」と単刀直入に閉じられた質問をしています。あれこれ詮索するよりも事実を把握することを優先し，PSWの推測を確かめました。岡さんは責められていないと感じたようです。素直に認めました。

📝 Point ⑪

　使ってしまったとわかれば，何に使ったのか尋ねたくなりますが，これ

し，膨らんだ小銭入れを開けてテーブルの上に逆さにしてお金を広げた。

⑯ **PSW** （おもしろそうに）小銭ばっかりずいぶんありますねぇ。

⑰ 岡さんは無言でテーブルの上の硬貨を選り分けて数え始めた。作業を手伝うように，一緒に選り分けた。

⑱ **岡**　これで1,000円。

⑲ 500円玉1枚と100円玉5枚を手のひらでほかの硬貨から区切った。

⑳ **PSW**　はい。

㉑ **岡**　あと，100，200，300，400……。

㉒ 100円ずつにまとめた硬貨の山を数えていった。

㉓ **PSW**　500，600，700……。

㉔ 岡さんと一緒に声を出して数えた。

㉕ **岡**　1,752円。

㉖ 最後に岡さんが，数えた金額を声に出して言った。

㉗ **PSW**　これだけあれば，ちょっとはおやつ買えますね。

㉘ ちらっとこちらを見て，岡さんはふっと息だけで笑った。

㉙ **PSW**　あとは，銀行に預けてある分はどのくらい残ってますか？

㉚ **岡**　銀行……。

㉛ つぶやいて，テーブルに置いてあった財布の札入れのほうから，レシートやATMの明細を出して，見比べた。

㉜ 口を挟まずに岡さんを見ていた。

㉝ **岡**　はい。

㉞ こちらへ1枚を差し出した。

㉟ **PSW**　いいんですか？

は岡さんにとって触れられたくないことかもしれません。岡さんの抵抗を予測したPSWは，過去に焦点を当てるのをいったん棚上げにし，「今，お金がない」という現在の問題に焦点を当てるために，話題を転換しています。そして，岡さんが答えやすいように，端的に，短く，事実を尋ねています。岡さんは少し戸惑ったようでしたが，応じてくれました。

📝**Point** ⑯〜㉖

質問に小銭を広げるという形で応じてくれた岡さんに対し，PSWは波長を合わせるように，「小銭ばっかり」という感想を伝え，一緒に声を出して数えました。小銭という媒体を使った共同作業を通じて，岡さんに寄り添う姿勢を示し，PSWとは共に課題に取り組む関係性であることが岡さんに伝わるのを意図しています。

📝**Point** ㉗

看護師が「おやつも買えない」と言っていたことに対応するPSWのユーモアです。「これだけある」「少しはおやつを買える」というのは，肯定的な意味づけでもあります。岡さんを励ましています。

📝**Point** ㉙〜㊱

少し笑った後に，よりシビアな事実確認に進みました。預金残高で経済状況が露わになるので，現金のときと違い，「どのくらい」と曖昧な（開かれた）質問で岡さんの心情に配慮しています。ここでも，どのくらい残っているかという「今」に焦点を当てる姿勢を伝えています。岡さんがATMの明細を取り出したとき，PSWは見せてとは言わずに待ちました。見せてもよい相手かどうかは，岡さんが決めるこ

㊱ATM の明細を岡さんから受け取り，印字面を見た。

㊲**PSW** ○日というと……5 日前ですね。2万円下ろして，残りが9,233円ですか……。ちょっときついかもしれないけど，工夫すれば，来月初めまで暮らせなくもないですね。

㊳**岡** へ？

㊴岡さんはきょとんとした表情でこちらを見た。

とだと考えています。それが，「いいんですか？」という言葉に表れています。

📌 **Point** ㊲

ATM の明細からわかった岡さんの<u>行動を言語化</u>することで，「<u>5 日前に 2 万円を下ろした</u>」行動について PSW が認識していることを岡さんに知らせていますが，ここではそれ以上触れず，残っている金額に着目しました。「暮らせなくもない」というのは，<u>肯定的な意味づけ</u>であると同時に<u>矛盾の指摘</u>にもなっています。金額だけをとれば，切羽詰まって入院するほどではないからです。岡さんにとって意表を突いた指摘だったのが，反応からわかります。

本事例の面接について

この面接は，お金に関する人には言えない問題を抱えている可能性がある岡さんに，安心感を与え，構えを解いていった過程です。緊張を和らげるよう面接空間を整え，普段通りの声かけをし，お金を使ってしまったのだと確認した後は，何に使ったかについてはいったん棚上げにし，「いくら残っているか」という「今」に焦点を当てました。財布の中身を広げるという行動で答えた岡さんに，PSW も小銭を一緒に数えるという行動で寄り添う姿勢を伝え，課題を共有し一緒に解決を図る関係をつくろうとしています。

第3節 状況を打開する　　参照 第1巻 2章4節

12 相談の核心に迫る

「お気持ちのやり場が どこにあるのか心配なんです」

●**クライエント**
東さん（50歳男性）は，妻子とマイホームに居住。二度の転職を経て30歳より大手建設会社の設計部門に勤務。数年前から役職者としての管理業務が中心となり，1年前に部長代理に昇格してからは設計部門を取りまとめる立場にある。関連会社への出向を命じられたが，営業窓口業務となることから，転職しようか迷っている。

●**場面（面接者：白浜PSW）**
企業と契約してリワーク支援やデイケアを併設する精神科クリニックへ，医師の診察ではなく面接相談のみを希望して来られた東さんとの面接の山場。東さんは，望まない出向命令を淡々と受け入れているような発言をしながらも，妻の反応や別会社への転職話などいくつかの思案事項を語った。そして，部下のミスの監督責任を問われての出向だという事実も判明。出向を受け入れるか転職するかで迷う東さんの真意に迫ろうとする。

時間地点 0　10　　30　 40　 50　
（01）　　（07）　　（12）　　（17）　　（18）（分）

●**面接の意図**
開始から30分近く経過し，信頼関係はできつつあるため，いよいよ相談の核心に迫ることが目的。ここまでの展開で見えてきたのは，東さんの部長代理という立場，また会社の都合や一家の主としての自覚などに縛られ，なかなか本音を話そうとしない性質。これらの面接で得られた情報をもとに推測し，心情にさらに踏み込むことで，東さんの心の奥底に封じ込められた声を聴こうとしている。

①**PSW** 東さんご自身のお気持ちのやり場はどこにあるのか心配です。
②膝に手を置き，東さんの目を見すえながら

Point ①〜⑥
ここからPSWが東さんの本音にぐっと接近していく場面です。PSW

伝えた。

③ 東　　私自身の気持ちですか……。

④ 動揺を表すかのように目を泳がせた後，視線を落とし，じっと考え込んでいる。

⑤ PSW　部下のミスの責任，業績が落ちてきた会社の経営，ご家族の生活など，多くのものを背負っていらっしゃる東さんの，ご自身のお気持ちはどこで受け止められるのかが心配なんです。

⑥ じっと東さんの顔を見つめながら，前のめりになってもう一度伝えた。

⑦ 東　　私自身の気持ち……。

⑧ 再度つぶやいた後で，目線を逸らした。そこで少し間を取り，胸の奥から声を出して

⑨ PSW　残念と感じているのではないですか？

⑩ たたみかけるように尋ねた。

⑪ 東　　残念ではありますが，しかし私はリーダーには向かないとわかっていました。

⑫ PSW　わかっていた，というのは性格的なことですか，それとも能力的な面ですか？

⑬ 東　　部下のミスの原因は，私が部下に任せきりにして，進捗をきちんと報告させたり確認したりしなかったことが関係しています。

⑭ PSW　（うなずきながら）なるほど。

⑮ 東　　私はそういう仕事の仕方を好みませんし。

⑯ PSW　つまり，管理の仕方ということですね。

⑰ 東　　ええ，部下のミスを未然に防ぐのは私の役割です。今回の出向命令は妥当な決

は東さんが自分の思いと向き合うことが苦手な人と推測したため，あえて感情の反映を意識して問いかけ，リアクションを見逃さない意思を表現するために注意深く観察する姿勢を見せています（②）。動揺し言葉が出てこないことから東さんは自分の心情（本音）を語ることには不慣れだとわかりますが，PSWの問いかけに真剣に考えている様子が伝わってきます。そこで，PSWはこれまでの面接過程のなかで重要と思われる語りをピックアップし，⑤で要約して伝え，東さんがさらに考えを深める過程を手伝っています。東さんの様子からは，考えるための間を取り意識を焦点化しようとしていることがわかります。

Point ⑧～⑰

　少し間を取り，PSWは感情の反映の技法を用い問いかけます。どうしても自分の口から言えない様子の東さんをこれ以上追いつめて「言わせる」よりも，PSWから伝えることを選択しました。東さんが自身の気持ちと深く向き合っている絶妙のタイミングといえます。東さんにとって大事なことを代弁してしまうことになるので，PSWはその重たさを表現するために胸の奥から絞り出したような声音を意識して伝えています。細やかな配慮と姿勢を意識的に表現しているのです。

　この後も閉じられた質問や相槌で問題の明確化を促したところ，東さんは会社の決定を受け入れていると主張します。しかし，ここまでの面接経過からは，東さんが本当に納得しているとは考えられません。もう少し真意を探る必要があると判断できます。

定だと思います。

⑱ **PSW** では，どうして相談に来られたのでしょう？

⑲ **東** それは……。

⑳ 口ごもる。

㉑ **PSW** ここまでは，お仕事の話が中心ですよね。「会社で要らない人間」だとおっしゃったことから始まって，出向を命じられたこと，グループリーダーになられてからは設計業務よりも交渉や指導が中心になって，長く勤める気はなくなったことも。

㉒ **東** ええ，そうでした。

㉓ しばらく黙って東さんの顔を見つめた。

㉔ **PSW** もしかしたら東さんは「グループリーダー」とか「部長代理」といった職位よりも「一設計士」として働いていたかったのですか？

㉕ **東** ハハハ……。

㉖ 乾いた声で笑いながら頭を掻き

㉗ **東** そんなことはね，思っていたことも忘れていましたね。

㉘ 次の言葉を待っていると東さんはハッとしたように真顔に戻った。

㉙ **東** いや，そうなんですよ，以前いた事務所に移れるなら，そのほうが営業所よりいいと思ったんですね，直感的に。

㉚ **PSW** 最初にご自分のことを「会社で要らない人間」とおっしゃった意味はそこにあるんですね。

㉛ 東さんは無言で怪訝そうに顔を少し上げてこちらを見た。

㉜ **PSW** 私は最初，東さんが出向させられ

Point ⑱

そこで PSW は，対決の技法を用いた開かれた質問で東さんにあらためて来談目的を問い直しました。東さんの感情の矛盾を見事に突いた質問となっています。このように，話題の転換時やここぞというポイント（問題を焦点化していくときなど）では対決の技法を用いることが多く，言い換えや問題の焦点化をしてクライエントに考える題材と時間を提供し，語りを促して次の展開をねらいます。特に重要な面接技法といえます。「本当に妥当な決定だと思いますか？」と，直前に東さんが語った言葉を用いて質問する方法もありますが，開かれた質問のほうが思考を促すにはより効果的です。

Point ㉑

PSW は，東さん自身の感情に焦点を当てていくための布石として，東さんが語る「仕事に関する現状説明」を「お仕事の話」と言い換えて確認しています。ここは精神科のクリニックですから，一般的には仕事の相談をする場所ではありません。しかし東さんがここを相談場所に選んだ理由，つまり，実際に話題にすべきなのは仕事にまつわる東さんの「心情」であって「まだ語られていないことがありますよね？」という PSW の解釈が言外に込められています。

Point ㉔～㉙

PSW はここまでの面接でアセスメントした結果を要約し，閉じられた質問で投げかけました。東さんに来談意図を語ってもらうために，東さん自身に感情の自覚を促しています。明確に答えていただくことができれば次は支援計画を検討する段階に移れるポイントなので，職位を象徴する単語を用い

る，今の会社から追い出されるという意味で「要らない人間」と表現されたのかなと思っていました。

㉝ 東さんは表情を変えず，先を促すようにうなずく。

㉞ PSW でも今の言葉を伺っているとちょっと違う。東さんはあくまで設計士でありたい，そういう形でご自分が必要とされるような職場を求めていらっしゃる，ということではないでしょうか？

㉟ ここまでの面接記録のメモと東さんの顔を交互に見比べるようにしながら伝えた。

㊱ 東　うむ。

㊲ 唸るような声を出した後

㊳ 東　私自身が封印していた感情に気づかせていただきました。

㊴ ハリのある声で言われた。

てアイデンティティの比較を意識化し，東さんの心の奥底の気持ちに接近するための閉じられた質問です。㉗以降の反応から，東さん自身がずっと抑圧していた思いと向き合ってもらうことに成功したと判断できます。

📝 Point 〉㉚〜㊴

　PSW は東さんの心情を推測しながら解釈した内容を伝え東さんの本心に迫ることができたので，記録を見返してここまでの面接経過をたどり，東さんの言葉や態度から総合してアセスメントした結果を伝えました。そして，㉞の閉じられた質問で，東さんと共に向かうべきゴール（東さんの希望）を明確化しようとしています。面接記録を見ながら解釈を伝えているのは，PSW はあくまでも伴走者であり，東さん自身が語ったことをもとに導き出せた成果であることを伝える意図があります。東さん自身が「封印していた感情」と表現するくらい抑え込んでいた思いに2人でたどり着けたことで，なかなか真意を自覚して話せなかった東さんがこの後率直に語り出す展開が予想されます。

本事例の面接について

　自らの心情を自覚して語ることに慣れていない人は珍しくありません。まして，初めての相談場面では PSW をどこまで信頼できるか判断しかねて躊躇することもあるでしょう。本事例では，PSW は，東さんの非言語表現を含む些細な反応も見逃さないようによく観察しながら質問を重ね，絶え間なくアセスメントしています。また，PSW の解釈を早すぎないタイミングで伝え，東さんが自身の思考を深めることに伴走しています。PSW は，クライエントの主訴をしっかり把握しなければ支援できませんから妥協できない場面です。

第3節 状況を打開する　　参照　第1巻 3章3節

13　共同作業をしながら、心情に接近する

「本音が聴けてよかったです」

● クライエント
堀さん（40代男性）は、生活保護を受けながらアパートで単身生活をしている。30歳頃に統合失調症を発症し、精神科病院に入退院を繰り返している。日中は自宅で過ごしていることが多い。離婚しており、2人の子どもとは緊急時以外は連絡を取らないことになっている。部屋の片づけ、掃除、家に届いた郵便物の確認や整理などがうまくできず、また地域に相談できる相手がいない。

● 場面（面接者：玉川PSW）
3か月前の退院時より、相談支援事業所が見守りや生活の困りごとの相談目的で月に一度の定期的な家庭訪問を行っている。堀さんの部屋は、床が見えず足の踏み場もないほどに服や食べ物などが散乱している。玄関は開いた形跡のない新聞やチラシ、大量のボロボロの靴が積み重なっている。部屋の布団は黒ずんでおり、部屋全体から独特の生活臭が漂っている。堀さん自身もいつも襟の黄ばんだジャージを着ていて、洗濯や着替えをしている様子はない。3回目の訪問で、PSWの提案により堀さんの部屋の片づけを手伝いながらコミュニケーションを展開していく。

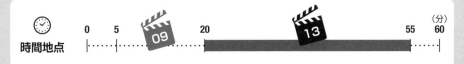

● 面接の意図
一緒に部屋の片づけをしながら生活場面面接を展開し、本人との関係性の構築、生活上でのニーズ把握とアセスメントを実施する。構造化された面接では表出されない本人の潜在化された本音を汲み取り、今後の支援の展開を検討することを目的とした。

①一緒に作業を再開し、手を動かしながら堀さんにゆっくりと話しかけた。

📝 Point ①〜②
堀さんの普段の生活について知る

②PSW　最近，暖かくなってきましたけど，外に出たりはしないのですか？

③堀　あんまり行かないねぇ。

④表情を変えずに淡々と答えている。

⑤PSW　そうですか。外に行かない理由は何かあるのでしょうか？

⑥堀　そりゃあ……おっくうだからさ。

⑦手を止めることもなく，考える間もない程に時間をかけずに堂々と答えている。

⑧PSW　そうですか。確かに外に出るには支度をしたりエネルギーを使いますよね。でも，例えば散歩をしたり買い物をしたりして外に出ると気分転換にもなりますよ。

⑨楽しい様子を伝えるために堀さんの目を見ながら笑顔で伝えた。

⑩堀　昔はよく行ったけどね。今は病院に行くことぐらいしか用事はないよ。

⑪PSW　へー，そうでしたか。昔はよくお出かけされていたのですね？

⑫堀　（一瞬手を止め，笑みをうかべて）うん。

⑬PSW　例えばどんなところに行っていたのですか？

⑭堀　子どもがいたからね。家族で休みの日はあちこち行ったね。公園なんかは毎週だよ。

⑮昔を思い出して，手を止めて笑顔でこちらを見ながら話している。

⑯PSW　（大きくうなずき）なんだか，楽しそうですね。

⑰こちらも作業の手を止めて堀さんに向かって笑顔で話しかけた。

⑱堀　でも，今は結局一人だからね……。

きっかけとして，外出の頻度やその内容について把握することが目的です。指導的な印象を与えないように，手を動かしながら，また捲し立てることなくゆっくりとした口調で話すことで，自然な会話を進めるように意識しています。また，閉じられた質問をすることで，堀さんの応答を促しています。

Point ⑧〜⑨

⑥では堀さんが時間をかけずスムーズに返答していることから，機械的で表面的な反応に思えてもその奥には考えや思いのあることが考えられます。「散歩」や「買い物」という具体的な例を挙げることで堀さんの思考を助け，もう一度考えてもらおうとしています。また，楽しい雰囲気を醸し出すためにアイコンタクトを使用し，こちらの笑顔を堀さんに見せるように工夫しています。

Point ⑬〜⑰

⑫の反応から，PSWは堀さんが導入時より会話に集中していると感じています。そこで，すかさず堀さんのポジティブな感情を「楽しい」と言い換えて感情の反映をしています。さらに，受容と共感の姿勢を意識し，うなずきを入れながら堀さんの態度と合わせるように，PSWも手を止めて堀さんのほうを向いて笑顔で応対しました。

Point ⑳〜㉑

⑮から⑲への堀さんの変化から，現実に戻り一人であることの寂しさを抱え，それを言語化できない様子が感じられます。そこで，今の状況をどのようにとらえているのかを，堀さん自身に考えてもらうために，開かれた質問を用いて率直に尋ねました。しか

⑲ 笑顔が一転し，現実に立ち返ったのか，再び視線を落とし片づけを始めた。

⑳ PSW　堀さんは今の生活をどのように感じているのですか？

㉑ あえて堀さんの顔を見ないように，作業する手を止めずに話しかけた。

㉒ 堀　　えっと……そうだな……なんだか寂しいね。

㉓ 元気なく話すと，堀さんは視線を下げ，寂しそうな表情で作業を続けた。

㉔ PSW　そうですね。確かに一人だと何をしてても寂しいですよね。

㉕ 堀　　なんでこんな話しちゃってんだろう……。

㉖ 恥ずかしさを隠すように笑みを浮かべながらボソッとつぶやいた後，一呼吸おいて

㉗ 堀　　いつもはこんなこと全然考えないのに，昔話をしたら急に寂しくなっちゃったなぁ……。

㉘ PSW　それはきっと素敵な思い出をたくさんもっているからなのでしょうね。

㉙ 堀　　そんなことないけど……。大変なこともあったけど，でも楽しかったかな。

㉚ 数秒の沈黙。

㉛ 堀　　こんなことを話すのはやっぱり恥ずかしいな。

㉜ PSW　寂しい気持ちをもつのは恥ずかしいことではないと思いますよ。私は堀さんのお気持ちよくわかります。

㉝ 堀　　なんだか……（照れくさそうにボソッと短く）ありがとう。

㉞ PSW　今日，私は堀さんの本音が聴けてよかったです。

し，堀さんにとって重たい質問と判断し，視線を逸らし，「作業」というツールを間に挟んで堀さんの逃げ場をつくり，堀さんが心情を吐露しやすいように配慮しています。

📝 Point ＞ ㉘

　堀さんの「寂しい」という気持ちに焦点化し，それを「素敵な思い出」と言い換え，現在の堀さんの感情を別の表現と言葉で返しています。過去の楽しい思い出をもっていることは，堀さんのストレングスであるととらえ，堀さんがポジティブに感じてもらえるように意図的な変換となっています。その結果，㉙の「楽しかった」という発言を引き出すことができました。

📝 Point ＞ ㉜

　㉛の「こんなこと」について，PSW は，「楽しかった」ではなく「寂しい」という発言を指していると受け止めました。ここまでの堀さんの語りや態度を観察し，家族と過ごした時間が楽しい思い出であるからこそ，「寂しさ」が込み上げてきたと推測したためです。こうした場合，陰性感情を誘発したと思って話を変えてしまいがちですが，ここでの堀さんの感情表出は人間として自然なことであり，否定したり恥ずかしいと感じる必要はないとPSW は考えています。そこで，堀さんの深みのある思いへの共感をI（アイ）メッセージを用いて真っすぐに伝えています。

㉟ **堀**　　こんな話をしたの，最近ではあまり
記憶にないよ。なんか懐かしいような寂し
いような複雑な気持ちだな。

㊱堀さんの表情は穏やかで落ち着いて見え
た。

> ### 本事例の面接について
>
> 　この事例は，関係性を築きつつあるクライエントの自宅で，本人のニーズ
> や生活課題を明らかにしながら，支援のためのアセスメントを実施し，同時
> にラポール形成に努めているところです。部屋の「片づけ」というクライエ
> ントとの共同作業には，コミュニケーションを深め，クライエントの感情を
> 引き出すねらいがあります。バーバルおよびノンバーバルなコミュニケー
> ションを使い分け，自室というプライベートな空間であればこそ語られたク
> ライエントの心情をPSWがしっかり受け止め，共感を示したことで，両者
> の関係性が深められました。

第3節 状況を打開する　　　　　　　参照　第1巻 4章4節

14 見過ごしていたことへの気づきを引き出す

「○○さんと，もっと話が したかったのではありませんか？」

●クライエント
谷さん（50代女性）は，秀さん（27歳男性）の母親。秀さんは自宅にひきこもり，気に入らないことがあると暴れる。最近は「外から見張られている」などと言うようになった。秀さんを入院させようとして精神科病院に相談したが，連れて行く手段がなく，保健所に相談するよう勧められた。これまでどこにも相談したことはなく，相談に行くことは秀さんに内緒にしている。外出の際はどこに何をしに行くのか報告するよう，秀さんに強制されている。保健所に電話してPSWと話し，事態を打開する方法を探るという趣旨で相談の予約をとった。

●場面（面接者：鷹野PSW）
保健所での谷さんとの初めての面接。あらかじめ設定していた面接時間は60分で，後半を過ぎたところ。秀さんが妹に精神科受診を勧められて大暴れした直近のできごとや，秀さんの生い立ちから現在に至るまでの経過などを，要領が悪く，進学も就職もうまくいかず苦労したといったエピソードと共に振り返りながら一通り聴いてきた。これらをふまえ，面接の終結に向けて焦点を絞る。

●面接の意図
谷さんに肯定的な関心を寄せながら耳を傾け，安心して話すことができる雰囲気を保つ。これまでの経過を思い出しながらとらえ直し，これからの対処法につながる新たな気づきが得られるようにする。

① 少しの時間，聴き取ったことを書き留めた記録に目を通していたが顔を上げ，谷さんの顔を見てゆっくりと，少し低めのトーン

 Point ①〜②
　PSWは，秀さんの経過を軸に起きている状況を把握してきましたが，面

で問いかけた。

②PSW これまでのお話を伺うと，秀さんが暴力をふるうようになってからずっと，波風を立てないように，秀さんの顔色をうかがって過ごしてこられたんですね。

③谷 （うなずいて）それはもう，ちょっとした表情の変化とか，足音とかドアの閉め方とか，今機嫌はいいのか悪いのか，神経を尖らせてきました。

④PSW （気遣うように）気持ちをすり減らして，疲れてしまったでしょう？

⑤谷 ああ，そう……ですね。疲れているかもしれません。そういう感覚がよくわからないんです。もうこれがいつもの当たり前の日常なので。感覚が麻痺してしまいました。

⑥少し首を傾げて，考えながら，ゆっくりと答えた。

⑦PSW ご自身の疲労感も感じなくなってしまっているんですね。

⑧谷 はい。そうならないと，とてもやっていられなかったと思います。言い訳に聞こえるかもしれませんが……。

⑨谷さんは苦笑するような表情を浮かべた。

⑩PSW 感覚が麻痺することで，起きている事態に対応しようとされていたと。

⑪谷 だと思います。

⑫谷さんは少し目を伏せた。

⑬PSW 何か，その他に手立てを考えたりもされましたか？

⑭谷 手立て，ですか。

⑮視線を上げてこちらを見た。

⑯PSW はい。起きている事態への対応の手

接は後半を過ぎており，情報収集の過程をいったん終えます。区切りを設けるために，手を止めて顔を上げ，谷さんにもこれが面接の節目だとわかる動作をしました。そして，谷さんが語った内容を秀さんのストーリーではなく，谷さんのストーリーとして要約して返し，谷さんに焦点を当てました。面接の方向性が「秀さんをどうするのか」に傾くのを避け，「谷さんは何ができるのか」をこれから一緒に考えるためです。

🖊Point ④

これまで秀さんのことを相談したことがない谷さんには，弱音を吐く相手や機会がなかったと推測されます。そこで，神経を尖らせてきたという谷さんの言葉を，「気持ちをすり減らして」と言い換えると共に，「疲れてしまったでしょう？」と感情の反映の技法を用いて問いかけています。これが促しとなり，谷さんが自分自身の感覚や感情に目を向けて吟味し，それを言語化することにつながっていきます。

🖊Point ⑦

谷さんの極度の疲労感への共感を伝えるために，「感覚が麻痺した」という谷さんの表現をいったん「疲労を感じなくなっている」と言い換えています。そのことが，「そうならないとやっていられなかった」という谷さんの内面の振り返りを促し，気持ちが吐露されることにつながりました。

🖊Point ⑩〜⑬

「言い訳に聞こえるかもしれませんが」と言った谷さんは，「結局何もしなかった」と，自分自身に対し批判の目を向けている可能性があります。谷さんが過去の経過を別の視点でとらえ

立てとして，何か。

⑰谷　手立て……，考えても何も浮かびませんでした。機嫌のいいときは，一緒にテレビを観て笑ったりすることもありましたし。そういうときはホッとして，私も少し気持ちが楽になって……。その日を平穏に過ごすことで精一杯でした。

⑱谷さんは目頭を押さえた。

⑲PSW　精一杯，やってこられたんですね。

⑳しみじみと噛みしめるように返した。

㉑谷　……。わかりません。どこをどう間違ってしまったのか……。

㉒PSW　というと？

㉓言いながら顔をくいっと少しだけ上げて，あらためて谷さんの目を見た。

㉔谷　仕事を辞めたとき，もっとちゃんと話を聴いておけばよかったとか，もっと前から，私の育て方がいけなかったのかなとか……。

㉕PSW　（語尾を下げて）自問自答することがおありですか？

㉖谷　しょっちゅうです。いろいろ考えます。いつも堂々巡りになってしまって。

㉗PSW　ご自身を責めてしまうんですね。

㉘谷　誰かのせい，というわけではないとは思うんですけれども，やっぱり，最後は私がいけなかったのかというところに行き着いてしまいます。

㉙PSW　おつらいでしょうね。

㉚谷さんを思いやるような表情と共に返した。

㉛谷　はい。でも，自分を責めたところで，どうにもなりません。よい考えが浮か

直し，今後の対処法につながる新たな気づきを得られるよう，「やっていられなかった」を「起きている事態に対応しようとした」と肯定的な意味づけに言い換えて返しました。そして，「他に手立ては？」と谷さんが工夫したことが思い起こされることをねらって，続けて質問しました。しかし，谷さんからは出てきませんでした。

Point ㉒〜㉓

涙ぐむ谷さんの様子と㉑の「どこをどう間違ってしまったのか」という言葉から，谷さんのつらい気持ちや自責の念が伝わってきます。PSWは，安易に肯定的な方向に修正を図ることは谷さんに寄り添うことにならないと考え，谷さんの思いを聴く必要があると判断しました。そこで，顔を上げ谷さんの目を見る動作で関心を向けていることを伝え，谷さんの自由な語りを引き出すことをねらって短い言葉で開かれた質問をしています。すると，谷さんの思いが言葉になって出てきました。

Point ㉕〜㉚

谷さんの語りから抱いている心情を推測し，短いフレーズで感情を反映した言い換えをして返しています。谷さんの気持ちを言い当てていたのが相槌のような働きとなって，谷さんの感情や思考が整理されていきます。また，抑揚を調整し，谷さんへのいたわりの気持ちを表情で表すなどして，受容的，共感的な姿勢を表現しています。

ぶわけではないですし。

㉜PSW　自分を責めたところで，よい考えが
浮かぶわけではない。

㉝谷　　はい。自分にも言い聞かせていま
す。でも，気がつくとぼんやり考えていた
りします。あのときこう言ってやれば，息
子は違う受け答えをしたんじゃないかと
か，もっと話してくれたんじゃないかと
か。

㉞PSW　（ほんの少し間をおいて）秀さん
と，もっと話がしたかったのではありませ
んか？

㉟谷さんは，はっとしたような表情になっ
た。

㊱谷　　ああ，そう，そうなんです。でも話
せませんでした。つらいことがあったの
を，ことさら聞くのははばかられて。聞い
てしまうと，もっと傷ついてしまうんじゃ
ないかって。

㊲PSW　そうでしたか。（一呼吸おいて）谷
さんはずっと長いこと，秀さんが傷つかな
いよう，秀さんの気持ちを気遣ってこられ
たんですね。

㊳谷　　（一瞬，意外そうな表情になって）
ああ，そうです。そうでした。本当はとて
も傷つきやすい子だと思います。ずっとそ
う思ってきました。

㊴谷さんは考えながら言った。

㊵PSW　（うなずきながら）はい。

㊶谷　　こんなこと言ったらおかしいと思わ
れるかもしれないんですけど……。

㊷谷さんはそう言って言葉を止めた。

㊸PSW　どんなことでしょう？

✐ Point ㉜

　谷さんは，自分を責めたところでど
うにもならず，前向きな解決方法では
ないと認識しているかのように発言し
ています。しかし，これまで語られて
きた内容からは，谷さんの感情がすで
に整理されているものとは考えにくい
とPSWは推測しています。谷さんの
言葉をほぼそのまま繰り返したのは，
これに着目し，再度吟味し，本心を確
認するためです。谷さんから，アンビ
バレントな感情がさらに語られまし
た。

✐ Point ㉞

　㉝の「もっと話してくれたんじゃな
いか」という言葉の裏には，「もっと
話がしたかった」という気持ちが隠れ
ていると推測できます。PSWは谷さ
んの過去の感情に焦点を当て，感情を
反映した言い換えをして，確認のため
の閉じられた質問をしました。これは
解釈を伝える役割も同時に担っていま
す。谷さんがすでに語っていること
を，谷さんを主語にし，視点を変えて
返すことによって，谷さん自身が気づ
いていない自分の気持ちに焦点を当て
る効果をねらっています。

✐ Point ㊲

　秀さんが傷ついてしまうと思うと話
せなかったという谷さんの話を受け
て，これまで聴き取ってきた経過と関
連づけて「谷さんがしてきたこと」を
要約して返しました。秀さんにかかわ
るこれまでの経過を一通り聴き取った
ときに，PSWは一度要約しています
が，このときは「波風を立てないよう
顔色をうかがって過ごしてきた」とい
う消極的な内容でした。それがここで
は「傷つかないように気遣ってきた」
という，より積極的な内容に変化して

㊹谷　　秀が大暴れするのは，傷ついた心が刺激されるからなんだろうって，恐怖心のどこかで，何となく感じてました。言葉にするのは今日が初めてですけど。

います。谷さんは，自分の耳を通して聴くことでさらに気づいたことがあったようです。続けて語り出しました。

> ### 本事例の面接について
>
> 　初回面接で情報収集を一通り終えた後の展開です。このときの要約は，面接を方向づけるうえで重要です。「秀さんをどうするか」ではなく「谷さんは何ができるか」を一緒に考えるのが面接の目的なので，谷さんに焦点を当てて要約しました。その後はPSW自身の言葉の抑揚や表情に留意し，言い換えや繰り返しの技法を用いた感情の反映を行うことによって，谷さんに安心感を与えると共に自身の気持ちに目を向け語ることを促しています。また，谷さんの語りに基づく解釈を伝え，気づきを引き出していきました。

第 3 節　状況を打開する

第3節 状況を打開する　　　参照　第1巻 3章4節

 15　共感的な姿勢を表現する

「○○さんの主張をみんなで理解したいと思っています」

面接編 ── 第１章　"かかわり"の面接技法

● クライエント

・角さん（45歳男性）は，双極性障害を患っており，リワークデイケアに通っている。現在は無職で，通所開始から2年が経過し就職への焦りがある。性格はもともとぶっきらぼうで乱暴なところはあるが，優しい一面ももち合わせている。最近はメンバーの入れ替わりに伴う孤独感から苛立っていることが多い。通所歴が長いため，威張るような言動も目立つ。

・西さん（29歳女性）は，うつ病のため休職中。1か月前に通所を開始した。性格は大人しく内気で，言葉遣いの乱暴な角さんに苦手意識をもっている。

● 場面（面接者：海堂PSW）

相互コミュニケーションに主眼をおいたオープン形式（毎回希望者が参加できる）のグループワークで，今回の参加者は6名。スタッフはリーダーのPSWとコ・リーダーの臨床心理士の2名である。全体で2時間のうち開始から約1時間が和やかに経過した。後半に皆で話し合いたいテーマとして，西さんが「ここは私のように休職中の方々が多いので，復職に向けて頑張っているお話とか，ここでの就労訓練のお話を聴いてみたい」と発言し，ほかの休職中のメンバーが話し出そうとしたところ，角さんが興奮気味に大声でストップをかけ，空気が一転した。

● 面接の意図

本グループワークは，話し合いのなかでグループダイナミクスを活用することにより，参加者個人の自己表現力の向上や対人コミュニケーションのスキル獲得を目指すプログラムである。今回は，特に角さんのイライラや孤独感の解消と，西さんが自信をつけるための支援を重視していた。西さんが積極的に発言し，他メンバーもサポーティブな雰囲気でグループワークが展開しようという矢先に角さんが強い口調でストップをかけた。PSWは瞬間的にまずいと感じ，全員の動向に注視しながら介入のタイミング，方法を模索する。

① **角**　おい，みんなちょっと待てよ！

② 角さんの表情が一気に強張り，口調が激しくなった。

③ **角**　さっきから我慢して聞いていればみんなで好き勝手言いやがって。俺は無職だ。当て付けかよ？　俺だけが無職だからってこんな話しているのか！

④ 角さんの視線は西さんに向けられている。

⑤ **PSW**　（間髪入れずに周りを一度見回しながら）角さんっ？

⑥ 大きめの声で，角さんに体ごと向けて呼びかけた。

⑦ **角**　あっ！

⑧ 角さんは少し驚いた様子で，こちらに体を向けながら反応した。

⑨ **PSW**　角さん，どうしたのですか？　そんなに大きな声を出して。びっくりしてしまいましたよ。

⑩ 冷静にあえて自然な態度で，ゆっくりと優しく語りかけた。

⑪ **角**　いや，その……。

⑫ **PSW**　これは就職に関する体験談を伺いたいという意見であって，無職だから話せないとかそういうことではないのですよ。

⑬ **角**　そこの女が休職中の人がここに通っている目的を知りたいとか，復職するにはどうしたらいいかとか言い出しただろ。

⑭ 言葉遣いは乱暴ではあるが，口調や表情はいくぶんか和らいでいる。

⑮ 一方で，西さんは完全に萎縮してしまっている。

⑯ **PSW**　それは，西さんが純粋に皆さんから参考意見を聴きたいと思っただけではない

Point ⑤〜⑧

　PSW はあえて間髪入れずに角さんの名を呼び，自分に関心の矛先を向ける形で西さんへの攻撃を回避しようとしています。このとき体の向きを変える動作で角さんの目線を自分に向けさせ，西さんから意識を逸らすことに成功しました。この迅速な介入は，うつ病で休職に至り自信が低下している西さんに対して，角さんの攻撃的な発言の影響が大き過ぎることを懸念し，また，瞬間的に見渡したほかのメンバーの動揺した様子から，メンバー間での支え合いは難しいと判断したための選択です。

Point ⑨〜⑩

　角さんが自分に注目したのを見届けると，すかさず I（アイ）メッセージで PSW 自身がびっくりしたと表現しています。皆が驚いたと客観的に伝える方法よりも，この危機的状況では PSW の驚きを自己開示し，今起きている問題に PSW が率先して対峙する決意と態度を表明しています。緊迫しがちですが，口調を穏やかに保つことで，この場に安心感も提供しています。西さんを含めてメンバーは，誰しも驚いていいのだと保証された気持ちが広がり，同時に，自分を客観的に見ることもでき，冷静さを取り戻すことができます。また，スタッフから「驚いた」と言われることは，それを意図していなかったであろう角さんの感情の昂ぶりに対し，冷静さを取り戻すきっかけを与えることになります。

Point ⑯〜⑰

　PSW の介入によって態度を多少軟化させた角さんですが，西さんに対する陰性感情の表出は続き，西さんが恐怖感からかすっかり萎縮してしまって

でしょうか。もちろん角さんの意見だって聴きたいと思っていたはずですよ。

⑰角　　うそだ！　そいつは，ここには休職中の人しか通ってはいけないって言っている。俺はこのプログラムに参加するなって言っているのかよ！

⑱PSW　西さんの発言からはそのような意図は感じられませんでしたよ。

⑲角　　いいや，こいつは俺のことを見下しているに違いない。みんなだってそうなんだろ？

⑳西さんの表情は固まって，不安と恐怖で体が震え，目からはポロポロと大粒の涙がこぼれ落ちた。

㉑角　　なんだ？　俺がそいつを泣かしたみたいじゃないか。俺はこのグループにはふさわしくないって言いたいのか。

㉒ほかのメンバーも驚きを隠せずに動揺しながら，一様にこちらを見ている。

㉓PSW　そうですか。私は角さんの主張はちゃんと理解しましたよ。

㉔角　　俺はこのデイケアに通ってはいけないってことか？

㉕PSW　いいえ。もちろん違いますよ。それではちょっと皆さんにも聴いてみましょうか。皆さんは，角さんの主張，角さんが言いたかったことはわかりましたか？

㉖できる限り自然な笑顔でほかのメンバーにゆっくり話しかけた。

㉗角　　え？　何言ってるんだよ？

㉘PSW　私は角さんの思いが皆さんにちゃんと伝わったか尋ねただけですよ。

㉙角　　俺のことなんか誰も理解できるわけ

いることに PSW は着目しました。そこで，言葉を発することのできない西さんを代弁します。しかし角さんはこれを受け入れるよりも，西さんに投影しながら，無職であることに引け目や焦りのある自身の感情をあからさまに表現します。これは一見すると PSW の発言が角さんの怒りを助長したかのように見えますが，理不尽な怒りを暴発させた角さんの真意を引き出すための発言の促進作用をもたらしています。

✎Point〉㉓

　西さんは泣き出し，角さんの激しい口調は収まらずグループワークは中断した格好です。ここで PSW は角さんの問いかけに直接応答することを避け，代わりに角さんの真意を理解したことを示すために「主張を理解した」と言い換えて応答します。表現された言葉とは異なり，角さんには一人だけ無職であることへの引け目や，就職が決まらないことへの焦りなどを抱えながらも，「自分を認めてほしい」「見下されたくない」「グループの一員でありたい」という思いがあると推測し，PSW はそれらを理解したことを伝えたのです。このあたりの対話は PSW と角さんの1対1で進行しており，面接におけるやり取りを聴衆（グループメンバー）の前で行っている構図ともいえます。

✎Point〉㉕〜㉖

　しばらく PSW と角さんの二者によるやり取りを展開したところ，角さんはすっかり PSW のペースに乗って応答するようになりました。そこで，今度はこのインシデントをグループに戻して相互作用させることをねらい，PSW は閉じられた質問でメンバーに

ないだろ。

㉚ **PSW** 角さん，落ち着いて聴いてください
ね。角さんの主張をみんなで理解したいと
思っています。それはきっと西さんだって
望んでいると思いますよ。

㉛ **角** そんなことあるわけないだろ……。

㉜ 角さんの声のトーンが下がり，表情が少し
和らいだ。

㉝ すると今度はメンバーの一人が角さんに話
しかけた。

㉞ **メンバー** 角さん？ 西さんは休職中かどう
かじゃなく，みんなの就労経験やデイケア
に来る目的を聴いてみたいって言っただけ
ですよ。角さんの意見も聴いてみたいっ
て。私も角さんのこれまでのお話を聴いて
みたいわ。働いているときの苦労話もある
でしょう？

㉟ 角さんの表情が一気に軟化した。

㊱ さらに別のメンバーが角さんの目を見なが
ら発言した。

㊲ **メンバー** 僕も，働き始めて間もなく病気に
なってしまって……，たいした経験はない
ので，よかったら皆さんが働いていたとき
のことを聴かせていただきたいです。

㊳ **PSW** 角さん，いかがですか？

㊴ **角** ……。俺は，なんとなくここにい
ちゃいけないような気がして……。無職だ
し再就職先も決まってないし。みんなとは
違うと思ってよ……。

この後，グループは和やかな空気を取り戻
し，角さんは過去の就労経験やデイケアで
の出来事を語り，西さんの表情も和らいで
いった。

問いかけます。角さんの一つひとつの
ネガティブな質問に応答するのではな
く，角さんの発言の趣旨を要約して言
い換え，それをグループが受容する形
で，角さんのアンビバレントな感情を
取り扱おうとしました。グループに疎
外感を感じている角さんは，否定され
たくないために㉗で真っ先に発言を
しますが，ここにはグループへの期待
感も込められており，PSW の見立て
が当たっていることを物語っていま
す。

✏ **Point** ㉘〜㉚

　　グループで起こった問題は参加者に
返し，皆で解決することがグループ
ワークの原則です。冒頭ではグループ
の危機的状況だったために，PSW が
積極的に介入しました。しかし，危機
を脱しつつあると判断できた時点で意
図的にメンバーの感情や思いを代弁し
て，この問題に各自が主体的にかかわ
るべきであることを気づかせます。こ
うして問題の直面化と課題の明確化を
行い，かつメンバーの発言を促進する
ことができると，しばらく沈黙して事
態を傍観していたメンバー一人ひとり
がこの後口を開き始めます。角さんの
攻撃的な大声というインシデントがグ
ループメンバーにとっての課題とな
り，さらに疎外感を抱いていた角さん
を支える場へと展開していきます。

本事例の面接について

　本事例は，一般的な「面接」とは異なる場面ですが，グループリーダーの
PSW が各メンバーとの間で言葉を交わす際も，状況を読み，相手の発言を
受け止め，瞬時の判断により適切な技法と言葉を選んで応答するスキルは面
接と共通しています。ここでは，メンバー間の衝突が発生した場面での
PSW の応答から，グループワークにも用いられる面接技術を学ぶことがで
きます。メンバー間に衝突が生じたとき，スタッフには沈黙を守ってしばら
く状況を観察する，グループの進行を中断して仲裁に入るなどいくつかの選
択肢がありますが，今回は，即介入しつつ衝突というインシデント（出来
事）も活用してグループの目的を達成しようとしています。

第3節 状況を打開する　　　参照　第1巻 4章3節

 16 可能性を支持する

「とても素敵な夢だと思いますよ」

● クライエント
柴さん（44歳男性）は，精神科病院に24歳から20年間入院しており，家族とは疎遠な関係で孤独である。統合失調症で，思考障害があり現実検討能力も低下している。「俳優になりたい」と口にすることが多いが，主治医や看護師は妄想とみている。ネガティブな思考に陥りやすく，退院希望について尋ねても「このままでいい」と現状維持の意向を示す。

● 場面（面接者：海堂PSW）
前任PSWの退職の際，退院に対して消極的な意見ばかり話す柴さんとどう向き合っていけばよいのかわからず，思うように退院支援を進められなかったとの申し送りを受けている。引き継ぎのあいさつをすませて間もない，2回目の面接の冒頭。

● 面接の意図
2日前に柴さんにあいさつを兼ねて面接したときは，病棟のホールで声をかけて自己紹介し，関係づくりのきっかけをつかむことを主目的としていた。ただし，ホールでの面接だったこともあり，プライバシーに踏み込んだ内容の会話には至らなかった。そこで，今回はあらかじめ日時を約束し，病棟の面接室も手配し，退院の意思確認や支援ニーズの把握のためにじっくり話そうと考えている。まずは信頼関係を構築し，柴さんの語りを引き出すことを目指す。

① PSW　柴さん，おはようございます。今からお時間大丈夫ですか？
② 柴　　お，お，おはようございます。だ，大丈夫です。

Point ①〜⑨
柴さんとは2日前にあいさつしたばかりですが，今日は初めて構造化した面接に臨むため，柴さんの緊張をほぐそうと丁寧に意向を確認し，気分や体

③PSW　面接室を取っていますので，そちらでお話を伺ってもよろしいですか？

④柴　　は，はい。

病棟のホールから面接室へ移動した。

⑤PSW　少し表情が強張っていらっしゃるようですね。緊張されていますよね？

⑥柴　　い，いえ。そんなことはありません。だ，大丈夫です。

⑦PSW　まだ私と出会って間もないし，緊張するのは当たり前ですよ。私だって緊張しています。申し訳ありませんね。

⑧柴　　ほ，ほんとに，だ，大丈夫です。

⑨PSW　ありがとうございます。体調や気分の調子はいかがですか？

⑩柴　　いやー，それが，ちょ，ちょっと，い，い，嫌なことがあって……。

⑪PSW　嫌なことですか？　どうなさったのですか？

⑫柴　　き，昨日，先生に，ま，また怒られちゃいました。な，なんか，その，滝さん（病棟の患者友達）から言われたことが気になって眠れないと言ったら，そんなの気にするからいけないんだって。もっと気持ちを強くもちなさいって。ぼ，僕が全部悪いから仕方ないんですけど……。

⑬PSW　そうですか。それはつらかったですよね。大丈夫ですか？　落ち込んだりしていませんか？

⑭柴さんの顔を覗き込むようにして尋ねた。

⑮柴　　あ，ありがとうございます。だ，大丈夫です。

⑯PSW　よかったです。それで，滝さんには何と言われたのですか？

調についても尋ねています。閉じられた質問と開かれた質問をバランスよく用いることで，適度に枠組みをつくりながら話しやすい尋ね方をしています。約束した日時と場所での面接であっても，あらためて柴さんの了解をとってから開始する姿勢や，緊張していることを慮った言葉をかけて柴さんの気持ちを和ませようとする姿勢は，特に面接の導入時に必要な配慮です。

✐Point　⑬～⑭

柴さんは，ここで複数の出来事を語っていますが，PSWはそれらの内容よりも気持ちに焦点を当て，主治医に怒られた出来事を「つらかった」と言い換え，柴さんの感情を受け止めたことを表現しています。このように共感的に受け止めることで，柴さんの気持ちを和らげ，PSWに対して心を開いてよいという安心感を提供しようとしています。また，このことの影響を考慮し，柴さんのコンディションを確認するにあたっては，動作も交えて最大限の関心を表現しています。

⑰柴　な，な，なんか……，突然，お，お，お前はダメな人間だって。も，も，もう生きてる，か，か，価値ないって……それが気になって，ね，眠れなくなってしまったんです。

⑱話しにくそうに，一層どもりながらも一生懸命答えてくれた。

⑲PSW　それはひどい言い方ですね。柴さん，嫌な思いをされましたね。

⑳顔をしかめながら，伝えた。

㉑柴　はい。でも，そのー，なんていうか，あのー，じ，自分が悪いんだし，滝さんにはよいところもあるんです。

㉒声のトーンが下がり，焦って訴えるような表情で早口になった。

㉓PSW　そうなんですか。ひどいことを言われたのに，滝さんのよいところもきちんと認めているなんて，なかなかできることじゃありませんよ。素敵だと思いますよ。

㉔笑顔をつくって見せながら伝えた。

㉕柴　滝さんは，い，いろいろなことを教えてくれるし，飴とかお菓子とか，わ，分けてくれるんですよ。優しいんです。

㉖PSW　そうなんですね。滝さんには優しい一面があるのですね。それで，先生から言われたことについてはどう思っているのですか？

㉗柴　せ，先生はちょっと，き，厳しいです。診察の前はいつも，その，ドキドキして，なんていうか，ス，ストレスなんです。あ，先生には内緒でお願いします。悪いのは自分なんですから。

㉘表情を曇らせ口先を尖らせている。

✒ Point 〉⑲〜⑳

　患者友達の滝さんの言葉には過激で否定的な表現が多く，柴さんの表情の曇りやどもりが顕著になっていることからは，柴さんの自尊心が傷つけられたことが懸念されます。そこでPSWは，滝さんの言葉を繰り返すことなく，「ひどい言い方」という表現に置き換えながら共感を表情で示し，柴さんの思いを受容していることを伝えています。

✒ Point 〉㉑〜㉔

　柴さんからは，滝さんのよい面が具体的には語られませんが，「自分が悪い」という言葉からは，滝さんを庇おうとする様子がうかがえます。話し方からも，PSWが滝さんを悪く言うことを避けようとしている柴さんの意向を感じます。これを柴さんの優しい一面と解釈し，ストレングス視点で励ましの応答をしています。ノンバーバル表現である笑顔を見せることも効果的です。勇気づけられた柴さんは，次に，恐れている主治医への陰性感情をPSWに対して発することができていきます。

㉙ PSW　そう，診察では緊張するのですね。お気持ちはわかりますよ。大丈夫です。ここで話すことは誰にも伝えませんから。

㉚ 柴　は，はい。ありがとうございます。で，でも，先生はよくしてくれます。だから，ぼ，僕は一生この病院にいますよ。だって，僕なんか何やってもダメだし。それに，そのー，なんていうか，退院して幸せになってはいけないと思います。

㉛ PSW　え？ 柴さんは，自分が幸せになってはいけないとお思いなのですか？

㉜ 柴　んー。わ，わかりませんが，でも，げ，芸能人にはなりたいです。近いうち，オ，オーディションを受けに行きます。

㉝ PSW　芸能人ですか？ それにオーディション？ 何のオーディションですか？

㉞ 柴　え，映画のオーディションです。映画スターになります。

㉟ 少し恥ずかしそうに頬を赤らめつつも，笑みを浮かべ，はっきりとした口調である。

㊱ PSW　そうですか。芸能人というのは俳優さんのことだったんですね。（呼応するように明るい声で）柴さんは映画スターを目指しているのですね。

㊲ 柴　は，はい！ 映画スターになりたいんです。

㊳ 目の輝きが増し，口調に力が入った。

㊴ PSW　柴さん，表情が明るくなりましたよ。ずっと憧れていたのですね。私も小さい頃は憧れていたんですよ。とても素敵な夢だと思いますよ。

㊵ 柴　え？ ダ，ダメって，言わないんですか？ オ，オ，オーディション受けに

⟡ Point ㉙

　所属機関内の支援チームにおいて面接内容を他職種等へ伝達することは日常的に行われています。しかし，PSW とクライエントの信頼関係を構築する途上では，<u>あえて守秘義務を強調して発言を促す</u>ことも必要です。PSW は，ここでの柴さんの発言を主治医等に伝える必要はないと判断し，柴さんへの<u>安心感の提供</u>を最優先しています。

⟡ Point ㉞〜㊴

　柴さんの表現を「素敵な夢」と言い換え，PSW が本人の大切な夢を応援する支援者であることを言葉や声の調子，笑顔で伝えています。柴さんの発言は「妄想」とも受け取られかねず，現に否定された経験をもつことがこの後の応答からもわかりますが，PSW は柴さんとの関係性を深める目的で，その思いを<u>肯定</u>しています。この場面は，実現可能性や現実的かどうかではなく，柴さんの思いに共感し，<u>肯定的に受け止めていく営みのなかでラポールを形成</u>しようとする PSW の意図が前面に表れており，この後，柴さんは自分の抑圧していた思いを饒舌に語り始めます。

⟡ Point ⑤,㉑,㉓,㉙,㉞,㊱

　PSW は，<u>柴さんの表情の変化に着目</u>しています。冒頭では緊張している様子や曇った表情だった柴さんが，夢の話を語り始めると明るさを見せました。柴さんにもこれらの客観的事実を<u>伝え，自身の感情の動きに意識を向けることを促し</u>ています。同時に，そうした感情（④「緊張」，㉜「憧れ」）を肯定的に受け止めた応答をしています。こうすることで，柴さんの<u>素直な感情表現を促している</u>のです。

行ってもいいんですか?

㊶PSW ん? ダメ? どうしてダメと言う必要があるのですか?

㊷柴 や,やめなさい,とか,無理だとか,馬鹿なこと言うんじゃないとか……。そんなこと,言われるのかと,お,思っていました。

㊸柴さんの声が大きくなった。

㊹PSW ……そうでしたか。今まではそのように言われることが多かったのですね。簡単ではないですが,決してダメとは思いませんよ。本当に素敵な夢だと心から思っていますよ。

㊺柴 ほ,本当ですか? じゃあ,こ,このまま話を続けてもいいのですか?

㊻PSW もちろんです。もっと聴かせてください。

この後,柴さんは生き生きと好きな映画の話や俳優について語ってくれた。

本事例の面接について

　この事例は,柴さんとPSWによる構造化された初めての面接場面です。これから支援関係が始まることを考えると,主訴の把握といった「インテーク」の要素も含みます。ただし,すでに長期入院中の柴さんは,主訴を有して面接を希望したわけではなく,またPSWも家族歴や生育歴,治療歴などはあらかじめ把握していますから,型通りのインテーク(初回面接)とは異なります。柴さんにとっては日常の風景のなかでの面接ともいえます。一方,PSWは前任PSWのほかに,主治医や看護師からも柴さんに関する情報を得ていますが,先入観を排し,新たに出会うつもりで柴さんの言葉を丁寧に聴き,人となりを理解しようと努めています。そのため,受容的な応答や共感を示す言葉かけを多用し,柴さんの語りを引き出しています。

第4節 成果へつなぐ　 参照　第1巻 2章4節

 17 面接の成果を実生活へつなげる

「そのお顔を見せて ご相談なさったらいかがですか？」

面接編 ── 第1章 "かかわり"の面接技法

● **クライエント**
東さん（50歳男性）は，妻子とマイホームに暮らし，大手建設会社の設計部門に勤務していたが，1年前に部長代理に昇格，この秋からは関連会社の営業窓口へ出向するよう命じられている。設計士として働き続けたいという思いから，転職に対する迷いを抱えて来談した。

● **場面（面接者：白浜PSW）**
東さんは，産業保健師から紹介され，企業と契約してリワーク支援やデイケアを併設する精神科クリニックへ医師の診察ではなく面接相談のみを希望して来た。初回面接を開始してから40分近く経過し，終了に向かっている。当初は，「サラリーマンだから会社の出向命令に従うしかない」と言っていたが，面接を通じて自らの封印していた感情に気づき，出向を断って以前働いていた設計事務所への転職を決意した。

● **面接の意図**
面接を終えて東さんが戻っていく環境を想定しながら，相談を終結させる。ここまでの面接により，設計士としてのアイデンティティの存在に自ら気づき，営業所へ出向するよりも設計士として転職すると決めた東さんと，今後の計画について確認する。また，精神科クリニックへの相談希望のニーズが満たされたか確認する。

①PSW　先ほどの話に戻りますが，東さんは設計士として職業人生を歩まれたいのですよね？

②東　　お話ししているうちに，そう思えて

きました。これまでは会社のため，部下の
ため，家族のためと自分に言い聞かせて，
与えられた仕事を粛々と進めることに専念
してきましたが，ここへきてもう一度自分
らしい働きをしてみたいと思うようになり
ました。

③PSW　では，今後のことは……？

④東　　はい，出向先へ行くのは断ります。
当然会社にはいられなくなるでしょう。転
職します。声をかけてもらっている事務所
に早速連絡しようと思います。

⑤きっぱりと言って手帳を取り出した。

⑥PSW　東さん，その前に奥様とお話しされ
てはいかがでしょうか。

⑦右手を東さんの前に踏み出し，勢いを制す
るように発言した。

⑧東　　（手帳を持つ手を机に下ろしなが
ら）えっ？

⑨PSW　きっと東さんのお気持ちをご理解く
ださるのではないでしょうか。

⑩東　　理解，ですか……。

⑪PSW　（椅子に深くかけ，目を伏せなが
ら）そうです。私，なんとなく思うんで
す。出向の話について，奥様に「納得も何
もない」とおっしゃったそうですよね。

⑫東　　はぁ……まあ。

⑬PSW　奥様としては，東さんが怒ったり
がっかりしたり，そういう表情をもっと見
たかったのではないかと思うんです。

⑭東さんを見ながら一呼吸おき

⑮PSW　東さんは，奥様のこと，何を考えて
いるんだかわからないとおっしゃいました
が……。専業主婦が急にパートに出るのも

Point ④〜⑦

東さんは自身の真意に気づいて元気
づけられ，即行動に移そうとします
が，PSWはその勢いを手で制止して
注意喚起し，妻と話をすることを提案
しました。戸惑う東さんに閉じられた
質問をし，妻の気持ちを推察するよう
意識化を促すとともに，PSWの話を
聴く態勢を求めています。PSWがあ
えてこのような行動をとり提案したの
は，妻が不機嫌になることや，妻の行
動を理解できないことも東さんの悩み
であったためです。東さんが転職に向
けて即行動してしまえばまたしても妻
は置き去りとなり，うまくいかないの
ではないかという見立てがあります。
妻との関係の再構築は，東さんが自己
実現を達成するうえで大切だと考えて
いるのです。

Point ⑩〜⑬

しかし，東さんが提案に同意する確
信はありません。ましてやPSWに
とっては会ったこともない妻の話，推
測を話しているに過ぎないという面が
あり，この見立てが的を射ているとは
限りません。ただ，PSW自身の考え
を一人の生活者として東さんに伝えて
もよいのではないかと判断し⑪で
I（アイ）メッセージを伝えています。
これは専門的な助言というより，率直
に「私は〜と思う」と伝え，人と人と
して相対しながら，クライエントにも
考える機会を提供しているのです。そ
こで，表情や態度に注意を払い，東さ
んの様子を観察するものの，態度はさ
りげなさを装って，椅子に深くかけ直
したり，目の動きに変化をつけたりす
る「演出」を意識しています。

Point ⑭〜⑰

一呼吸おくことで，適度な「間」を

89

大変です。東さんが転職されたら，ローンはないとのことでしたけど失礼ながら収入は下がるでしょう？ それを支えてくださるおつもりの表れではありませんか。

⑯もう一度目を伏せ考え込むようにしながら伝えた。

⑰東　　いや……，そう……，そういえば家内は，それでいいの？ とか，頭に来ないの？ と言っていました。

⑱PSW （顔を上げ）それで？ どうおっしゃったんですか。

⑲東　　そう言われてもこっちもやりきれない思いが先立ってて……。

⑳PSW （うなずきながら）「やりきれない」，当然ですよね。よくわかります。東さんの経歴からは，あまりに急な大転換ですもの。

㉑東　　ええ，どう考えたらいいかわからなくて。

㉒頭を掻いている。

㉓PSW （大きくうなずき返して）ごもっともです。ご紹介くださった御社の保健師さんからは，よく眠れないとか気分の落ち込みがあるようだと伺っていました。そうした反応も，この状況ではむしろ当然だし人間らしいと思います。

㉔東　　そうですか。いやぁ，実際眠れなくて参ってました。

㉕PSW では，やはり眠れないことがあったのですね？

㉖東　　はい，考え込んでしまって寝つけないし，朝は早くに目が覚めて，また考えるし。

取りPSWのペースで話を展開させることをねらっています。また，目を伏せてPSW自身が考え込んでいる姿勢を見せることで，東さんも「う〜ん」と考えるはずです。逆「ペーシング」といってもよいでしょう。クライエントに考えてもらうための「演出」には，じっと目を覗き込んで「どうです？」と考えるよう促す場合もあります。しかし，ここでは「一緒に考えてみましょう」という雰囲気を「演出」したほうが東さんを問い詰める感じにならなくてよいと思われます。ねらい通り東さんも考え始めます。

🖊Point ㉓

　一般的に医師から精神科受診を勧められたら，悪い病気かなと心配するものです。でも東さんは受診を希望しませんでした。だからといって自分が健康だと胸を張って言えるものでもないのでしょう。東さんの不眠等の「症状」は，複雑な心情の表れと見るべきで，受診を促すことや受診の意向があるか尋ねることも可能ですが，そこまでは必要ないと判断できます。PSWは東さんに不眠等の事実は肯定しながらも，過度に心配することではないと伝え安心感を提供しています。このような反応が表れたことは東さんの転職意思の強さの表れであると伝え，この「症状」を乗り越えるには現実の生活のなかでの東さんの行動が必要であるとアセスメントし，そのことを言外に伝えて励まそうとしているのです。

🖊Point ㉔〜㊱

　東さんは，不眠の原因や自分が考えていたであろうことを吟味し始めました。これは保健師からの紹介の際に伝えられた主訴でありながら，なかなか東さんの口からは語られなかったこと

㉗PSW　悩まれたんですね。おつらかったでしょう。それで受診を？

㉘東　　ええ，会社でも勧められましたし。

㉙PSW　はい。

㉚東　　いや，まあメンタルってことはないだろうとは思いましたが……。

㉛PSW　ええ。

㉜東　　でも，どうにかしなくてはと焦ってまして。

㉝PSW　お一人で解決を？

㉞東　　ええ，家内が不安定なので私がしっかりしなければと……。

㉟PSW　そうでしたか。奥様にご心配をかけないようにとお考えだったのですかね？

㊱東　　（苦笑しながら）まあ。でも考えれば考えるほどどうしていいかわからなくて。

㊲PSW　（つられるようにして笑いながら）頼られる上司が板についちゃってるみたい。

㊳東　　は？……参ったな。

㊴頭を掻いて，もう一度苦笑した。

㊵PSW　そのお顔を奥様にも見せて，ご相談なさったらいかがですか。決めたことだけ告げられるよりもよほど安心されると思いますよ。

㊶東　　そうですね。いやぁ，ちょっと話しにくいですけど。でも転職となれば苦労もかけますしね。

㊷今度ははにかんだような笑顔になった。

でもあります。そこでPSWは㉕で東さんの発言を繰り返して聴いていますよというメッセージを発し，㉗では感情の反映を用いて東さんの気持ちを推測し語りを促しています。心配の根が深く，なかなか言語化できなかったことを東さん自身が語り始めたわけですから，PSWはそれを励ますために㉙㉛㉝では短い相槌のみとし，語りを遮らないようにして先を促しています。こうして東さんは次第に正直な気持ちを話すようになりました。

✒Point ㊲～㊴

東さんにとって精神症状で受診を勧められたことは，拒否しながらも不安だったはずです。そこで，この不安を払拭するために空気を和らげようと，PSWは東さんにつられたふりをして意図的に笑いました。東さんが苦笑いしたのは「自分はメンタルの不調ではない」と思えて安心でき，やっと緊張がほぐれたためでしょう。ここで，真顔で応じてもよいでしょうが，PSWが笑顔を見せたほうが東さんの安心は強化されます。続けてあえてフランクな言い方を選んで，東さんにはそういう傾向があることの自覚を促そうとし，東さんもその意図を察した様子で応じています。

✒Point ㊵～㊷

東さんは無表情で自己の感情も押し殺して語るクセがあり，こうして妻にも相対している様子がうかがえます。これは妻にとっては残念なことであるに違いないとPSWは考えました。そして，東さんの話から妻の人物像を推測し，今後の助言として妻への自己開示を勧めました。東さんのはにかんだような笑顔からは，PSWの助言を前向きにとらえて受け入れ，自らのこととして考え始めたことがわかります。

本事例の面接について

　終盤では，そこまでの面接過程で見えてきたクライエントに関するアセスメントも活用して展開します。ここでは，面接を終えて実生活に戻っていく東さんの生活場面での行動について，PSW は一緒に考える姿勢を「I（アイ）メッセージ」「感情の反映」「目を伏せる」「相槌」「笑顔」など多様な技法を駆使して演出しています。これらの働きかけが奏功し，東さんも自分で考え，答えにたどりつきました。PSW が教え助言するよりも，東さん自身が考えて気づくことのほうが，実生活での実現可能性は格段に高まります。

第4節 成果へつなぐ　　　　　　　　　　参照　第1巻 2章4節

18 必要な確認をして終了する

「お話しされたかったことは話せましたか？」

● **クライエント**

東さん（50歳男性）は，妻子とマイホームに暮らし，大手建設会社の設計部門で1年前より部長代理職に就いていた。この秋から関連会社へ出向するよう命じられて以来，眠れないことがあり産業医の勧めで来談。面接の過程で自身の本音（設計士として働き続けたい）に気づき，出向を断って退職し，転職することを決意する。

● **場面（面接者：白浜PSW）**

東さんは，企業と契約してリワーク支援やデイケアを併設する精神科クリニックに産業保健師の紹介で初めて来談した。これまで会社や部下，家族の生活を守るために「サラリーマン」に徹してきたが，面接のなかで自身の設計士としてのアイデンティティに気づき，活力を取り戻した。精神保健福祉士との初回面接（1回50分の枠）を間もなく終えようとする。

 時間地点　0　　10　　　30　　40　　(分)50　
　　　　　　　　　01　　　　07　　　　12　　　17　　　　18

● **面接の意図**

不眠や気分の落ち込みがあり，産業医から精神科への受診を勧められたものの，診察ではなく面接相談のみを希望して来談したクライエントだったが，その来談目的が達成されたかどうかを確認しながら本日の面接を振り返り，今後の実生活に戻って行くことを支持し励ます。

① 東さんのはにかんだような笑顔を見て一呼吸ついてから尋ねた。

② PSW　東さん，お約束の時間を少し過ぎてしまいました。お話しされたかったことは

Point ②〜④

50分の枠が終了であることをそのまま告げるより，東さんの来談目的達成の手応えを感じたところで，閉じられた質問で焦点を絞って面接終了の合

93

話せましたか？

③東　　はい。いえ，思っていた以上に話せました。ありがとうございました。

④両手を膝に乗せ，頭を下げた。

⑤PSW　それはよかったです。

⑥笑顔を見せながら続けて

⑦PSW　念のため伺いますが，会社でのストレスチェックの後，産業医の先生とお話しされていたという不眠や気分の落ち込みについて，こちらの医師に受診なさらなくていいんですよね？

⑧東　　はい，元々メンタルじゃないと思っていましたし。解決の糸口がつかめましたので。

⑨PSW　そうですね，封印していたお気持ちに気づいた，とおっしゃっていましたものね。

⑩東　　そう，それが今日の予想外の収穫です。

⑪芯のある声を出した。

⑫PSW　では，御社の保健師さんにはこちらからは特に何もお伝えしませんが，必要でしたら東さんからご報告なさってくださいますか。心配されていたので。

⑬東　　わかりました。報告を兼ねて，紹介していただいたお礼を申し上げたいと思います。

⑭PSW　（手元のファイルを閉じながら東さんの顔を見て）私も東さんのお話を伺いながら，今の日本の企業のありようや，この領域で働く精神保健福祉士の役割についても考えさせられました。私ももっと頑張らなくちゃ，と思います。

図を示しています。このまま相談を終結するか次回に引き続く課題があるかを確認する意図も含んでいます。この質問に対して，否定的な反応であれば次回の面接相談の予約を入れるか，よほど緊急性があると判断すれば次の業務の予定を順送りにしてこのまま対応，または一度終了して同日の空いている時間を探すなどの対応も考えられます。

🖊 Point ⑦

受診の必要はないとPSWは判断していますが，ここで東さんに再確認します。委託元の産業医が受診を勧めたにもかかわらずPSWの判断のみでそれを退けることを避ける意図もあります。クライエントの利益のためという判断基準を第一としつつ，所属機関の職員であることも念頭に置いた対応です。東さんにとっては受診の有無で費用も異なりますし，本当に受診不要と思っているのか，閉じられた質問で意思を明確に確認しています。

🖊 Point ⑫〜⑬

面接の終結にあたり，紹介元への対応を東さんと確認しています。紹介者へ結果を報告するのは自然な発想ですが，東さんは転職という大きな決断をしたのですから，伝え方には慎重さを要します。特に東さんは産業保健師に相談内容を伝えていなかったこともふまえるとPSWが東さんを飛び越えて何かを報告することは控えるべきで，東さんに判断を委ねご自身で報告してもらうように促すのが妥当です。

⑮一拍おき，東さんが無言でうなずくのを見て

⑯PSW　ありがとうございました。

⑰東　　こちらこそ，お世話になりました。

⑱立ち上がり，再度深々と頭を下げられた。

⑲こちらも立ち上がって一礼してからドアを開け，廊下まで東さんを見送った。

⑳東さんの背中がピンと伸び，後ろ姿に力強さを感じた。

✎Point ⑲〜⑳

PSW は面接室を出て東さんを見送りました。多くの PSW が同じ行動を習慣的にとっていることでしょう。クライエントにとって相談に訪れることはとても勇気のいることです。初対面の PSW に対して，どれほど役立つかわからないなかで，自分の傷ついた体験や苦渋，そしておそらく恥と思っていることをも語られます。PSW はこのようなクライエントの心情や背景に敏感でなければなりませんし，そんなクライエントへの感謝と労いの気持ちは，真摯に相談に応じていれば自然と湧くはずです。退職して新たな道を歩むという東さんの決断の行く先は，決して楽ではないでしょう。そこへ踏み出すことへの応援の気持ちや，これまでの歩みへの敬意もこの「見送る」姿勢が表現しています。

本事例の面接について

PSW は，クライエントの人生に影響を及ぼす存在といえます。それは重荷というより PSW の存在意義であり，クライエントが悩み決断する道筋の証人のようなものです。この面接で PSW は，東さんがしっかり悩み迷いながら考え，自分と向き合って答えを見出すプロセスを共にし，もとの生活に戻ってもこの頑張りを力に変えて歩むことを応援します。必要時はまた相談できると東さんも感じたはずです。かかわりの双方向性を実感して PSW が感謝を述べたことも，東さんへの応援のメッセージとなるでしょう。

第④節　成果へつなぐ

95

第4節 成果へつなぐ　参照 第1巻 2章2節

19 共に考え，ニーズを引き出す

「理由はこれから一緒に考えていきましょう」

面接編
第1章　"かかわり"の面接技法

● クライエント
森さん（20代男性）は，学業優秀で順調に大学へ進学し，就職活動では筆記試験は合格するものの，面接が苦手で100社以上が不採用だった。就職先が見つからないまま大学を卒業し，卒業後も引き続き就職活動を行うが，どこにも決まらないうちに次第に足が遠のき，現在は日雇いのバイトを転々としている。就職が決まらないことから不安や不眠が出現し，心療内科を受診したところ「発達障害」と診断された。

● 場面（面接者：玉川PSW）
森さんは治療を受けて不安や不眠が改善したため，就職活動を再開しようとハローワークに相談に行ったところ，就労支援センターを紹介された。面接の序盤で体調の話題から，心療内科への通院歴があることや発達障害と診断されていることが本人より語られている。

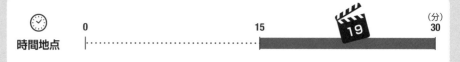

● 面接の意図
森さんが相談に来たきっかけや経過を把握し，現実の状況をどう受け止めているのかなどを聴くことにより，相談支援のニーズを明らかにする。また，これまでの経過を共に振り返り，考えながら森さんの課題を明らかにし，関係性を構築する。そして，PSWの所属する相談機関の機能を説明しながら，ニーズと提供できることのマッチングをすることを面接の目的とした。

---

① **PSW** 100社も受けたという話がありましたが，粘り強く努力をされたのですね。ですが，なかなか結果が出ずにつらい思いを

Point ①〜②
これまでの話を要約して伝えながら本人の努力を評価し，一方で結果が出

されたのではないでしょうか？

② これまでの努力を労う言葉を本人の顔を見ながら伝えた。

③ 森　つらいというか……，早く結果を出したかったので焦りました。

④ 絞り出すような声で話している。

⑤ PSW　ご自身のこれまでの経験のなかで，周りの方との違いやご自分の特徴を意識したことはありましたか？　それが就職活動に何らかの影響を与えたと感じたことはありましたか？

⑥ 森　特徴かどうかはわかりませんが……。どうして自分だけが合格できないのかがわからなくていつも戸惑っていました。

⑦ PSW　そうですよね。戸惑われたり，焦ったりするのも当然だと思います。もしよろしければ，私も一緒に考えさせてもらいたいと思っていますが，いかがですか？

⑧ 森　就職するためにここに相談に来たので……お願いします。

⑨ 森さんは一直線にこちらを見ている。

⑩ PSW　（うなずきながら森さんに視線を合わせて微笑みかけて）わかりました。よろしくお願いします。

⑪ 森　今回，ハローワークに行ったのは，両親から，「いい歳なんだから仕事を探してこい！」と言われて，やはり仕事をしないと認めてもらえないと思ったからです。確かに大学まで出してもらったので，就職するのが当然ですよね。でも，自分ではどうしたらいいのかわからないのです。

⑫ 森さんはうつむき加減で話した。

⑬ PSW　そうですか。森さんはご両親の気持

ずにつらい思いをしたことに対して感情の反映により，寄り添う姿勢を表現しています。またアイコンタクトを活用し共感的な姿勢を示すことにより，森さんの感情表出を促しています。

Point ⑤

森さんが実際に今の状況をどうとらえ，どう感じているのか，自分のおかれている状況をどのように認識しているのかを推し量りたいと考えていますが，切り出すにはデリケートな内容も含むことからコミュニケーション上の課題に焦点化して閉じられた質問で語りかけています。

Point ⑦

まずは，相槌を打って森さんから表出された「戸惑う」というネガティブな気持ちを受け止め，それを肯定する言葉を返しています。そして，森さんの悩みや気持ちを共有したい，共にその困難に立ち向かっていきたいというPSWの気持ちを素直に伝え，閉じられた質問で，森さんの意思を確認しています。

Point ⑧〜⑩

森さんの「お願いします」という言葉とアイコンタクトによる決意表明に応えるべく，すかさずうなずき，また少し微笑みました。こうして安心感を与え，共に考えていきたいという寄り添いの姿勢を示しています。森さんの「就職したい」という真剣な言葉が支援ニーズの中核をなすと考え，森さんの思いを受け止めたことを強調するために，こちらも意図的に視線を合わせています。

ちを十分に理解されていて，期待に応えた
いというお気持ちがあるのですね。

⑭ 森　は，はい。

⑮ PSW　では，就職に向けてこれからどうし
たいという希望がありますか？

⑯ 森　正直な気持ちとしては，早く働きた
いです。結果を出して稼ぎたいです。そう
しないといけないと思います。

⑰ 森さんは，語気を強めてはっきりと答え
た。

⑱ PSW　そうですか，わかりました。早く就
職したいという気持ちは当然ですよね。早
く結果を出すためには，森さんはどうした
らいいと思いますか？

⑲ 森　まずは就職面接に通過することが必
要です。原因はわかりませんけど，必ず試
験に落ちてしまうので……。

⑳ PSW　理由はこれから一緒に考えていきま
しょう。これまで誰かに理由を指摘された
り，もしくはご自分のなかで何か心当たり
はありますか？

㉑ 森　前に言われたことは服装のこと，そ
れと質問に対する答え方が課題なのかなと
思ったことはあったので，そこをうまくや
れるようになりたいですね。

㉒ PSW　今まで誰かにこのことを相談したこ
とはありますか？

㉓ 森　いいえ，まだ誰にも相談したことは
ありません。

㉔ PSW　そうですか。それでは今話されたよ
うなご自分の課題はどうやって克服してい
けばいいと思いますか？

㉕ 森　うーん……，自分では原因がわから

✎ Point ⑬

⑪の言葉から，森さんの苦悩や意向
を解釈して閉じられた質問で返してい
ます。このとき，森さんのできている
こと，感じられていることをポジティ
ブな表現に変換しています。特に「親
思い」と解釈できる一面を取り上げ，
それをストレングスととらえて，肯定
的にフィードバックしています。その
結果，「就労意欲」がより明確に本人
の口から語られています。

✎ Point ⑱～⑳

ここでは森さんの失敗体験を想起さ
せ，現実を直視してもらうことを意図
して開かれた質問をしました。「面接
で落ちてしまう理由がわからない」と
言う森さんに対して，一緒に考えてい
く姿勢を見せています。この共同作業
はこの後，PSWが的を絞った質問を
重ね，森さんに考えるヒントを示すと
いう形で展開していきます。

ないことなので，誰かに教えてもらうしか
ないですね。誰かいませんかね？

㉖PSW （ニコッと笑いながらうなずき，よ
り丁寧な口調を意識して）ええ，もちろん
いますよ。私でよければ，面接の練習や必
要な知識やスキルをお伝えすることもでき
ますよ。

㉗森 え？ そうなんですか？

㉘PSW それに，必要であれば就職に向けた
支援を受けることもできますよ。

㉙森 そうなんですね。よかったです。

㉚PSW （声のトーンを上げて）今後，どこ
でどのように練習していくのか一緒に考え
ていきませんか？

㉛森 ええ，ぜひよろしくお願いします。

㉜いつしか森さんの表情はやわらかくなって
いた。

✎ Point ㉖

㉕で「誰かに教えてほしい」と話す
森さんに対し，PSW 自身がそのお手
伝いができること，また森さんさえ望
めば，支援の選択肢が複数あることを
伝えています。また「教えてもらえる
人がいないのではないか」という不安
をもたれないよう，うなずきや笑顔な
どを交えて森さんを支援する人が目の
前にいるということを伝えています。

本事例の面接について

　発達障害の人は一般的に，場の空気を読んだり臨機応変な対応が苦手で曖
昧な表現は伝わりにくいという特徴があります。そこで，コミュニケーショ
ン上では「具体的な表現で伝えること」を意識します。本事例では，森さん
との関係性を構築するために，PSW が森さんの思いに寄り添い，共感的に
かかわる姿勢を明確な言葉やわかりやすい態度で表現しています。さらに，
数々の失敗体験から抑うつ的になっている可能性も考慮し，森さんが安心し
て自分の目標に向けて進むことができる環境を保証しようとしています。具
体的で順を追った質問は森さんの主体性を引き出し，自己決定を促していま
す。

第4節 成果へつなぐ

参照 第1巻 4章2節

20 自ら解決する力に働きかける

「私が言わなかったら，言わないでいられるんですか？」

● **クライエント**
岡さん（30代男性）はグループホームに入居して1年になる。診断は統合失調症である。月の前半に，岡さんは通院先の精神科病院に急に入院した。入院した理由は「死にたくなったから」だそうだが，最近変わった様子はなく，相談もなかった。岡さんは，数か月前にも「死にたくなった」と言って入院している。そのときは，生活保護で支給された1か月分の生活費が入った財布をなくして混乱したのがきっかけとのことだった。

● **場面（面接者：鷹野PSW）**
入院の連絡を受け，衣類等を持って世話人であるPSWが病院に行ったところ，看護師から岡さんが小銭しか持っていないことを聞き，面会室をそのまま使わせてもらって面接を始めた。面接は終盤で，岡さんがパチンコにはまっており，それでお金がなくなってしまったということがわかり，解決に向けて支援することを岡さんとの間で合意したところである。

● **面接の意図**
面接終了にあたり，取りこぼしていることがないかどうか確認する。岡さんは自分からはなかなか相談できない傾向があるので，ほかにも困っていることがあるかもしれない。こちらから尋ね，何か出てきたら一緒に解決策を探る。

①PSW　ほかに，何か気になっていることとか相談しておきたいことはありますか？
②岡　　このこと……，先生たちに言わないで。

③岡さんはつぶやくように言った。

④PSW　主治医の榎本先生と病院のソーシャルワーカーの天田さんですか？

⑤岡　　　そう。

⑥PSW　知られたくない，ですか？

⑦あえてゆっくりと，岡さんの顔を見て尋ねた。

⑧岡　　　（ぶっきらぼうに）そりゃ……。

⑨PSW　そりゃそうか……。榎本先生も天田さんも，岡さんにとっては大事な人ですもんね。

⑩岡さんはふてくされた表情で黙ったまま，財布を両手でもてあそんでいる。

⑪PSW　榎本先生と天田さんに知られないようにしたいんですね。

⑫岡さんはふくれっ面のような表情で，無言でうなずいた。

⑬PSW　岡さんの気持ちは，何となくわかります。パチンコにはまりましたなんて，ほめられた話ではないですもんね。

⑭終わりの部分は，明るい声で返した。

⑮岡さんは，口を閉じてふくれっ面のような表情を崩さない。

⑯PSW　まあ，榎本先生も天田さんも最初に入院したときからだから，ずいぶんとお世話になってきたんですもんね。

⑰他人事のように，岡さんから少し目を逸らしてつぶやいた。

⑱岡さんは，黙ってうなずいた。相変わらず財布を両手でもてあそんでいる。

⑲PSW　（少しとぼけた調子で）私が言わなかったら，岡さんは言わないでいられるんですか？

Point ⑥〜⑦

　岡さんとの間には守秘義務がありますが，岡さんが実はパチンコにはまってお金に困っていたというのはほかの支援者と共有すべき重要な情報なので，PSWは板挟みになります。また，「言わないでほしい」をそのまま岡さんのニーズととらえると，PSWが言うか言わないかがテーマになってしまい，相談支援の構図ではなくなります。そこで，相談支援で取り扱うことのできる内容にニーズの転換を図ろうとしました。岡さんが「言わないで」と言ったことに対し，そこに込められた岡さんの気持ちに焦点を当て，短い言葉で感情を反映した言い換えをし，確認のため閉じられた質問をしています。ゆっくりと顔を見て話しかけることで，岡さん自身に焦点が当たっていることを伝えています。

Point ⑨〜⑰

　岡さんのぶっきらぼうな言い方から，明言はしたくないようですが，当たっているのが伝わってきました。そこで，岡さんが知られたくないと思う理由や気持ちなどを推測して言語化しました。こうすることで，岡さんの立場や気持ちへの共感を伝えるとともに，岡さんの反応をうかがい，次の展開への材料を探すことをねらっています。しかし，岡さんは表情や仕草では表現するものの，言葉を発しません。

Point ⑲

　岡さん自身の立場や気持ちに焦点を当てても次の展開の糸口がつかめないと判断したPSWは，全く別な角度から岡さん自身が取り組める課題を思いつきました。「知られたくない」というニーズが満たされるには，PSWが言わないだけでなく，岡さん自身が言

⑳岡　　（顔を上げて）え？

㉑少し意外そうに言った。

㉒PSW　急に入院になってどうしたの？　何かあったの？　って，聞かれたらどうします？

㉓岡　　（口を尖らせて）何もないけど，急に死にたくなったって言う。

㉔PSW　（不思議そうに首をかしげながら）何もないのに？

㉕岡　　そう。急に死にたくなったって。

㉖PSW　（やはり不思議そうに首をかしげて）突然？

㉗岡　　そう。夜，一人でいたら，急に死にたくなったって。

㉘PSW　（不思議そうな表情のままゆっくりと）ふーん，そう。それは困ったね。ところでお金持ってないって看護師さんから聞いたけど，それは関係あるんじゃないのって，そう聞かれたらどうします？

㉙岡　　……。

㉚考え込んでいる。

㉛PSW　お金，どうしたの？　前のときは，お財布落としたって言ってたけど，って聞かれたら？

㉜岡　　……。

㉝まだ考え込んでいる。

㉞PSW　（困ったような表情を浮かべて）誰かにゆすり取られたことにしますか？　財布をなくしたって2回も言いにくいし。第一お財布はなくしてないし，持ってるわけだし。

㉟岡　　……。

㊱だんだん口元が尖ってきた。

わないことが必要となります。そこで，「岡さんは言わないでいられるんですか？」と課題設定を試みました。とぼけた調子で尋ねることで肩の力を抜いた雰囲気になり，ふくれっ面の岡さんの気持ちをほぐすねらいもありました。

✎Point ㉒〜㊲

　方針転換をしたPSWは唐突に，榎本先生や天田さんが岡さんに質問するという設定でシミュレーションを始めました。いきなり始めることによってPSW主導で流れをつくる効果があり，岡さんも質問に答え始めました。岡さんの答えの不自然な箇所に対し，「何もないのに？」，「突然？」と，繰り返しや言い換えの技法を用いて短くたたみかけるように矛盾の指摘をしています。その際，岡さんを責めたり問い詰めたりするつもりではないので，純粋に何があったのかを探索しようとする榎本先生や天田さんを想定し，表情や口調で配慮しています。さらに，「岡さんがお金を持っていない」という，すでにオープンになっている支援者間で共有し得る事実も動員して，岡さんの返事を待たずに次の質問をしていきました。それによって，何か言えば矛盾が生まれ，言い逃れるのは難しそうだということに岡さんが気づいていきます。

㊲PSW　（少し茶化したような言い方で）黙ってたら，何かあったなって気づかれちゃいますよ。
㊳岡　（口を尖らせたまま）じゃあ，どうすればいい？
㊴PSW　（笑いながら）え？　どうやってごまかすか，私が相談に乗るんですか？
㊵岡　だって……。
㊶PSW　（少しおどけたような言い方で）そりゃ，岡さんの力になってあげたいのは山々だけど，私の立場っていうのもちょっとは考えてもらえるとありがたいんですけど。
㊷岡　そう言われたって。
㊸PSW　私だって，そう言われたって。
㊹岡　まいったな。
㊺PSW　まいりましたね。
㊻岡　言ったほうがいいの？
㊼PSW　さあ。
㊽岡　（ムッとして）なんだよ。
㊾PSW　（おもしろそうに問いかけるように）私が決めていいんですか？
㊿岡　言ったら怒られるよな。
(51)PSW　そしたら？
(52)岡　いやだ。
(53)PSW　確かに。
(54)岡　じゃ，どうすればいいの？
(55)PSW　どうしましょうか？
(56)岡さんはため息をついた。
(57)岡　言うしかないかな。
(58)PSW　言うしかない，でしょうか？
(59)岡　（自分に言い聞かせるように）言うしかないね。

Point ㊴〜㊶

答えに窮した岡さんは，どうすればいいかとPSWを頼ります。頼られたPSWは，岡さんが自ら答えを見つけようとせざるを得なくなることをねらいました。「どうすればいいか」を「どうやってごまかすか」と，言い訳をして欺くことを指す内容にして意識的に言い換えています。それによって，「その相談に乗るのは立場上難しいのでわかってほしい」という，自己開示を用いた婉曲な断りにつなげました。少しおどけたような言い方にしたのは，PSWに頼りたい岡さんにとっては少々厳しい回答になるので，受け入れられるよう，空気を和ませることが目的です。

Point ㊼〜(64)

岡さんのほうから「言ったほうがいいの？」と聞いてきたことから，岡さんがほかに方法はないかもしれないと感じ始めているのが推測されます。同時に，PSWの反応をうかがうような言い方から，岡さんがまだ自分自身の課題として十分に認識できていないことも推測されます。あえてそっけない返事をしてかわしましたが，冗談めかした言い方で，突き放してはいないことを伝えています。岡さんの発言が実際に言う場面をイメージしたものになっていくと，PSWは，相槌や繰り返しの技法を用いて，岡さんの思考を妨げずに寄り添っていきました。短い掛け合いで岡さんの思考を促進したことにより，次第に岡さんの気持ちが固まっていきました。

(60)PSW　じゃ，言いますか？
(61)岡　怒られるかな？
(62)PSW　そしたら？
(63)岡　いやだ。
(64)PSW　そうですね。
(65)岡　……。
(66)岡さんが何か言うのを待った。
(67)岡　仕方ないね。
(68)岡さんは両手でいじくり回していた財布をテーブルの上に置いた。
(69)PSW　言うんですか？
(70)岡　だって，言うしかないでしょ。
(71)PSW　本当に？
(72)岡　本当に。
(73)PSW　（岡さんの目を見てうなずきながら）そうですか。よくぞ，決断しました。岡さん，応援してますよ。
(74)岡さんは，はにかんだような笑顔になった。

Point (66)～(69)

岡さんの言葉が止まったとき，岡さんが答えを出そうとしていると判断し，沈黙を用いることで考える時間を保証し，次に出てくる言葉を待ちました。そして，岡さんの「仕方ないね」という言葉と財布を置く動作の意味するところを理解したPSWは，「言うんですか？」と言語化して閉じられた質問で確認しました。PSWのほうが先に結論を言葉にしたことになりますが，これには岡さんに決断の瞬間を共有したことを伝える意図があります。

Point (73)

岡さんが(72)で「本当に」と返してきたので，言葉のうえでも決心を確認したPSWは，アイコンタクトを使い，うなずきながら伝えることで，敬意と共感，支持を大きく表現しました。

本事例の面接について

黙っていてほしいと頼まれたときに，PSWが言うか言わないかということではなく，岡さん自身が取り組む課題に転換したのがポイントです。岡さんは言わずにいられるのかと想定問答を始め，岡さんの回答に矛盾の指摘をし，答えに窮した岡さんがPSWを頼るのをかわし，自分で考えるよう促します。PSWは，岡さんが葛藤しつつも取り組めるよう，終始言葉の調子や表情で和ませています。相槌や繰り返しの技法を用いて岡さんが考えるのを励ました結果，岡さんはついに自ら事実を伝える覚悟を決めました。

第5節 家族にかかわる　　参照　第1巻 3章2節

21 ひるまずに向き合う

「本当にそれでうまくいくとお思いですか？」

●クライエント

辻さんは，病院デイケアの利用者である辻花子さん（30代女性）の母親。高校中退後，飲食店に住み込み就労していたが，20歳で妊娠し出産。一度は実家に戻り親の支援を受けたが，まもなく再び家を出て水商売等を転々とする。以来，実家とは絶縁。現在は持病のため就労せず，生活保護を受給中。娘の花子さんは，軽度知的障害とアルコール依存症で入退院を繰り返している。

●場面（面接者：白浜PSW）

花子さんがデイケアの利用を開始して1か月半が経過し，この間のPSWの働きかけにより隣市の女性AA（アルコホーリクス・アノニマス）グループに参加してみることになった。しかし，母親から「早く仕事を見つけなさい」と反対されたとのことで，連絡を取りデイケアの面接室にて初対面した。花子さんが「自分のいないところで母と話してほしい」と希望したため，PSWと母親との面接となる。母親は，早く仕事を探させたいという発言を繰り返し，PSWの提案には否定的。言葉の端々には生活保護受給中であることを恥じている様子が垣間見られる。

●面接の意図

花子さんの入院中の担当PSWからは，「母親は，花子さんの病気や障害に関する理解が低い」との申し送りを受けていた。デイケアでの花子さんへのかかわりを経て，PSWは花子さんが就労にこだわるのは母親の影響が大きいことや，就職先での不適応がこれまでの多量飲酒の一因であるととらえるようになった。花子さんには，無理せずありのままの自分を受け入れられる体験が必要だと判断し，自助グループの利用を検討するに至った。しかし，母親の反対にあい花子さんが困惑していることを把握したため，母親に情報提供を行い，支援方針を伝えて理解を求めたい。併せて，花子さんとの母子関係のアセスメントも行いたい。

① 同じ話の堂々巡りになってきているため，一息ついたうえで背筋を伸ばして言った。

② PSW　繰り返しになりますが，花子さんは「働きたい」とおっしゃっているんです。でも，いつも長続きせず辞めてしまい，その原因にはお酒の問題もあるそうなので，そちらもケアしたほうがいいのではないかとお伝えしているのです。おわかりいただけませんか。

③ 母　それは働きながらではダメってことですか？

④ PSW　ダメとは言いませんが，最初は毎日のようにAAに通ってみることをお勧めしたいです。

⑤ 母　1週間くらい？　それとももっとかかるんですか？

⑥ PSW　（ため息交じりに）なぜ，そこまで急がれるんです？

⑦ 母　さっきから言ってるように生活保護だからですよ。

⑧ PSW　（母親の顔をじっと見つめながら）ええ，それは伺いました。でも生活保護のケースワーカーも今回の退院時に花子さんにはデイケアへ通うことを強く勧めたと聞いています。

⑨ 母　そんなこと……。だいたい花子がもう飲まないって言いながらこんなことばっかり繰り返すから。

⑩ PSW　そうですね。花子さんもおっしゃっていましたよ。いつも「もう飲まないって言う」と。お酒についてお話を伺っていると，好きで飲んでいるというより何かから逃げようとしているように聞こえました

Point ②～⑤

このようにある種の強気な態度を可能としているのは，花子さんとのかかわりにPSWが手応えを感じ，花子さんのアルコール依存症からの回復にとっての最善を優先しているためです。母親に花子さんの疾患や障害に対する受け入れがどこまでできているかアセスメントしつつ，これまでの話の経過を要約して母親に伝え直しています。これは，堂々巡りを打ち切り，母親の本音を引き出そうと，対決の技法を意識した問いかけです。この状況で母親がすんなり受け入れられるとは思えないため，②で冒頭にクッション言葉を付加し，母親と敵対することが目的ではないこともやんわりと伝えています。母親の返答からは花子さんのケアは念頭になく，働くことだけを重視していることが明らかになります。

Point ⑩～⑭

生活保護であることを恥じているのではないかという推測のもと，母親に質問し切り込んでいくという方法もありますが，母親と敵対することが目的ではないため，PSWは花子さんに対するアセスメントをもとに，飲酒理由に着目し，解釈の技法を使って母親に花子さんがなぜ飲酒を繰り返してしまうのか考えてもらうよう促しています。母親の態度からは，何かしら思い当たることがあると推測できるため，問題の核心に迫る踏み込んだ質問を投げかけて母親の気持ちを揺さぶり，本音を話せるように水を向けています。母親の怒りの表現からは，内面の動揺が伝わってきます。

ね。

⑪ 母　　……。

⑫ 無言。見るとハンカチを握った手が微かに震えている。

⑬ PSW　何かお心当たりはありませんか？

⑭ 母　　なぜ私に聞くんです？

⑮ それには答えず，手をつけていなかったお茶を一口飲んだ。母親もつられて湯のみを取る。

⑯ PSW　今回，お母様にお越しいただくことになって，私は当然花子さんもご一緒に面接するつもりだったんです。でも花子さんは「自分抜きで話してほしい」と言われました。なぜかなと思いまして。

⑰ 母　　知りませんよ。なぜそんなことを聞かれなくちゃいけないんですか？

⑱ 少し黙って母親の顔を見つめた後，花子さんとの対話を思い返しながら

⑲ PSW　花子さんは「お母さんから怒られることが多い」とおっしゃっていました。

⑳ 母　　それはあの子がちゃんと働かないからです。いい歳した大人が……，おかげでいつまで経っても生活保護が切れやしない。

㉑ PSW　花子さんのこと，女手一つで育ててこられて，ご苦労もおありでしたでしょう。生活保護を受け始めたのは，お母様の病気がきっかけだそうですね。

㉒ 母　　花子が働いてくれれば，何とか2人でやっていけるはずだったのに。

㉓ PSW　苦痛に感じていらっしゃるのですか？

㉔ 母　　（うつむきながら）好きで生活保護

Point ⑮～⑯

母親の反応に対して PSW はあえて「間」を取り，いったん仕切り直すため，母親からの追及の矛先をはぐらかすようにお茶を飲んでいます。つられて母親もお茶に手をつけました。このように緊張を少し和らげ，異なる角度からの質問を展開していきます。単刀直入に尋ねても母親のほうにはまだ答える準備ができていないことがわかったため，母親に花子さんが飲酒する理由を考えてもらえるよう，言い換えを用い問題を明確化して再度質問しました。花子さんの言葉を使って事実を伝えることで，花子さんの飲酒には母親の影響があることに母親自身が向き合うよう，問題への直面化を促しています。

Point ⑱～㉔

⑱で PSW はあえて沈黙しました。これは，母親に考える時間を提供する意味と，「知りません」という母親の答えに納得していないことを表現しています。このまま母親が話し始めるまであえて待つという選択肢もありますが，より問題に直面化してもらいやすいように⑲で花子さんの言葉を引用して母親に重ねて投げかける選択をしています。そして，これまでの面接で把握しているエピソードや推測をもとに母親の苦労を想像し，㉑で PSW が母親の気持ちを理解していることを伝えています。押したり引いたりすることで腹を割って話してもらうことをねらう，感情の反映を意識した交渉の手法といえます。母親の㉒の言葉は直接的ではないものの，PSW の投げかけに対する肯定的な応答であり，関係ができつつあることが感じられます。

になる人なんかいません。

㉕ PSW 花子さんもおっしゃっていました。うちはお金がない，私が働かなくちゃいけない，って。

㉖ 母 （語気を荒げて）それなら，なんで早く仕事を紹介してもらえないんですか?!

㉗ PSW （目をしっかり見つめ返しながら）お母さん。本当に，それでうまくいくとお思いですか？

㉘ 努めてゆっくりと丁寧に，しかし太い声を出して尋ねた。

㉙ 母 どういう意味です？

㉚ PSW （さらにゆっくりと噛んで含めるように）花子さんは，アルコール依存症だけでなく，軽度とはいえ，「知的な障害」も，おもちですよね？

㉛ 母 （挑むような低い声で）だからなんですか。

㉜ PSW ずっとご一緒にお住まいのお母様ですから。花子さんが無理や背伸びをして就職しても，うまくいかないことにお気づきではありませんか。

㉝ 母 クッ。

㉞ 唇をかみしめて，言葉をのみ込んだように見える。

㉟ PSW 花子さんは，お母さんが怒るのは「私がバカだからじゃないかな」とも言ってましたよ。

㊱ 母 それは……。

㊲ 母親はうつむくと，再び膝の上のハンカチを握り締めた。

㊳ PSW 花子さんは，働きたいとおっしゃっ

📝 Point ㉖～㉘

母親が開きかけた心を再度語気荒く訴えることで閉ざそうとしますが，PSW はひるむことなく，また，母親の反応をしっかり見るために，目を逸らさず真剣に<u>目を見つめ返し</u>，母親の<u>誠意・親心に訴えかける</u>問いかけをしました。<u>対決姿勢</u>を取りつつも，花子さんの支援におけるパートナーシップを母親との間に築きたいと意図した勝負どころの問いかけです。このようにPSW が踏み込んでいるのは，母親が女手一つで娘を手放さずに育てて今に至ること，花子さんが母親の期待に応えようと懸命であることから考えて，母子の間には一定の愛情と信頼があるという<u>アセスメント</u>があります。つまり，母親も花子さんの回復を願わないはずはなく，その方法がこれまで誤っていただけだと考えているのです。

📝 Point ㉙～㉜

母親の挑むような反応に対してPSW は，母親の理解度を確認する目的をもって，花子さんの疾患と障害に焦点化するため<u>閉じられた質問</u>をしました。母親が質問に答えず挑戦的な態度で尋ね返してきたのは精一杯の抵抗と考えられます。ここで PSW は母親自身も気づいていない矛盾した気持ちを推測し，㉜で代弁して問いかけました。この段階では母親は同意できないと思われますが，この発想を受け止めることで母親自身も解放されて楽になれるはずであり，PSW はその後の支援をするつもりであるということをこの後伝えようと考えています。

ています。お母さんを支え，おふたりの生活を支えなくてはと思っていらっしゃるんです。でも重荷になりすぎてはいないでしょうか？

㊴母　そんなこと……，（挑戦的な目を向けて）あなたに言われなくてもわかってます。

㊵PSW（その目を覗き込むように前かがみになり）やはりおわかりなんですね。では，どうして……。

㊶母　仕方がないでしょう，あの子に働いてもらうしかないんですから！

㊷語気がますます強まるが，それには同調せず，低めの穏やかな声を出して

㊸PSW　花子さんには重荷だとわかっておられて，それでも働いてほしいと言い続けるのは……，お母さん，つらくないですか？

㊹たたみかけるように言った。

㊺母　……。

㊻唇をぎゅっと結んで天井を見上げ，何かをこらえている。

㊼数十秒間沈黙を保った後

㊽PSW　花子さん，お料理がお好きですね。調理プログラムをいつも楽しみに来られます。

㊾母　（上を見たまま）……私が働いてたから，小さいときから夕飯の支度をしてくれて。

㊿PSW　そうだったんですね。お母さんが教えてあげたんでしょう？

(51)母　休みの日には一緒に作ったり……。

(52)PSW　花子さんからも聞きましたよ。楽しそうに話してくれて。

Point ㊳～㊹

この時点でPSWは母親も支援対象であることを意識しています。母親に初回の面接でここまではっきり伝えているのは，母親の態度や表情をしっかり観察したうえで，その必要があると判断したためです。また伝えれば時間がかかっても受け止めてもらえるだろうという確信もあります。後に続く母親の言葉によってその分析と伝えた内容が正しかったことが証明されています。ようやく母親の本音が引き出せそうな勝負どころの場面です。PSWは母親の言葉や態度に合わせることなく，開かれた質問や閉じられた質問をたたみかけ，母親に感情と思考の統合を促しています。

Point ㊼～(54)

PSWは，数十秒という長い沈黙によって母親の思考と感情が統合される時間を保証しました。そして母親の態度や表情を観察しながらタイミングを見計らい㊽で母親の感情に訴えかけます。母子関係を象徴するようなエピソードを選択したことにより，㊾(51)で母親の構えがとれて花子さんとの暮らしを振り返り始めました。この後，(53)をきっかけに母親のこともクライエントととらえ直した面接を展開していきます。

㊓**母**　うっ……（泣き出す），私さえ……
元気でいられたら……。こんなはずじゃな
かったのに……。

㊔絞り出すように言い，ひとしきりしゃくり
あげた。その後，こちらの尋ねるまま，ぽ
つりぽつりと苦労話を語り始める。

本事例の面接について

　初対面でもあり，率直に語ることのない母親と対峙している場面です。母
親の希望はあくまで花子さんが働くことですが，PSW は母親の希望に沿っ
て花子さんの就労に向けた支援を展開するのではなく，あくまでも花子さん
の希望を重視して母親にかかわっています。PSW はこの支援方針を伝える
ためやや強気な態度で面接を進めていますが，母親に本音で語ってもらうこ
とを重視しようという意図もあり，そこに支援ニーズを見出せれば母親もク
ライエントとしてとらえ直し支援関係を結んでいく必要が生じることも想定
しています。優しく話せば信頼関係がつくれるというものでもありません。
この事例のように時には強い姿勢によって，クライエントと真剣に向き合う
ことも必要です。それを支えるのは的確なアセスメントと，クライエントの
ことを本気で支援する PSW としての覚悟です。

| 第5節 | 家族にかかわる | 参照 第1巻 2章3節

22 本人を置き去りにしない

「入所したいのはお母さんですか？ それとも……？」

● クライエント
生活訓練事業所の見学に突然訪れた原さん（50代女性）とその息子である太さん（20代男性）。PSWが2人に会うのは初めてで，手がかりとなる情報が何もない状況。

● 場面（面接者：阪井PSW）
20代半ばに見える若い男性が連れ添った50代くらいの女性が事務員に声をかけた。ほどなく，事務員より2人が親子であること，見学を希望していることを知らされる。早速事務員から引き継ぎ，2人と会うこととなった。2人はオープンスペースにあるベンチに少し離れて腰かけている。

時間地点　0　6　10　18　26　　　　　　　　　　　　　　　　　（分）60

● 面接の意図
ここへ足を運ぶに至った思いを想像しながら，初対面の出会いを大事にする。事業所を利用するかどうかにかかわらず，この出会いが何らかの支援になるよう意識する。見学希望を伝えてきたのは母親だが，利用が想定されるのは息子であることが考えられ，まずは誰の利用を想定した来所かを確認し，見学に来たきっかけや今日は何を望んでいるのかを聴き取る。それに応じて事業所の説明や見学の案内をし，面接の経過に応じて，今後かかわる方向性を考えていく。

① ベンチに座っている2人のほうへゆっくりと近づき，笑顔を向けて声をかけた。
② PSW　初めまして。私は管理者をしている阪井と申し……
③ 母　　（母親が立ち上がり，遮って）ここ

Point ①～②

初めて相談に訪れる人は，どのような対応をされるのか，内心不安を覚えているかもしれません。こちらから名乗り，相手を尊重する態度で迎え入れる姿勢を表現することは，出会いにお

はどんなところなんですか？

④**PSW** えっと……。

⑤**母** （こちらを気に留めることなく慌てた口調で）息子にインターネットで調べさせたら，一番に名前が出てきたんですけどね。

⑥**PSW** はあ，そうなんですか……。

⑦**母** （事業所内を遠慮なく見回しながら）案外と近いじゃないと思って来たんですよ。ここにはすぐ入れるのかしら？

⑧**PSW** （母親に向かって手でまあまあと制止しながら）ちょっと落ち着いてください。えっと，入所したいのはお母さんですか？ それとも……？

⑨**母** （顔をしかめて）あらやだ。この子の相談に決まってるじゃない。私がここに入ると思って？

⑩息子はベンチに座ったままで，顔をそむけている。

⑪**PSW** 息子さんの入所に関するご相談ですね？

⑫**母** そうに決まってるじゃない。

⑬**PSW** わかりました。（息子の顔を見ながら）えっと，お名前は？

⑭**母** 太です。（母親が答えた）

⑮**PSW** はい。（腰をかがめて，快活に）太さん，あらためまして，阪井と申します。どうぞよろしく。

⑯**太** ……。

⑰太さんは顔をそむけたままで，少し顔をしかめている。

⑱**母** （母親が太さんの肩に手をかけ，甲高い声で）太，あいさつくらいしなさい！

けるマナーです。

Point ⑧

　母親がPSWを遮っていきなり話し出したので，母親を落ち着かせるために，母親の勢いにたじろいだような声を返し，誰の入所の話かを尋ねた後に「まさかお母さんでは？」という含みをもった投げかけをしました。そうすることで，単に相談趣旨の明確化を図るだけでなく，相手を圧倒するような話し方になっていることや，息子のことを自分のことのように区別せず話していることへの気づきを促し，母親の勢いにブレーキをかけるねらいがあります。

Point ⑪

　母親の反応を受けて，相談趣旨の言い換えをして返すことで，相談趣旨の共有ができ，散漫になっていきそうだった会話に一つの柱ができました。また，相談趣旨を声に出して特定することによって，息子にも耳を通して認識してもらうことをねらっています。つまり，「あなたのことですよ」という息子へのメッセージも込められています。

Point ⑮

　太さんの入所に関する相談だということが共有されたので，PSWは座っている太さんに直接声をかけ，自己紹介をしました。出会いの場面では2人にあいさつをしていますが，今回は太さんにしています。利用するとしたらその主体は太さんなので，太さんと話す必要があるとPSWは考えています。

⑲ 太　（母親の手を避けるように体を遠ざ
　　　けて）……。

⑳ 母　（うんざりしたような表情で）本当
　　　にこの子は世話が焼ける。まったく。あい
　　　さつもできないのかしら。

㉑ PSW　お母さん，大丈夫ですよ。ところ
　　　で，今日は見学に来られたと伺ったのです
　　　が？

㉒ 母　　そうです。意外と近いから，外泊で
　　　連れ出すついでにと思ってきたんです。

㉓ PSW　そうだったんですね。外泊……。
　　　（中腰になり，太さんに向かって）太さん
　　　も見学をご希望ですか？

㉔ 太　　……。

㉕ 太さんは口をぎゅっと閉じたまま，視線も
　　　合わせず，同じ姿勢で座ったままだった。

㉖ PSW　（再度太さんに向かって）じゃあ，
　　　まず面接室でお話を伺いましょうか？

㉗ 太　　……。

㉘ 眉根を寄せて，嫌そうな表情にも困ったよ
　　　うな表情にもとれる顔をしている。

㉙ 母　　この子に聞いたって無駄ですよ。そ
　　　れよりいろいろと聞きたいことがあるんで
　　　す。

㉚ PSW　はあ。

㉛ 母　　（じれったそうにたたみかけるよう
　　　に）ここを利用するにはいくらかかるのか
　　　とか，食事はどうなっているのかとか。そ
　　　れといつ頃入れそうなんですか？

㉜ PSW　（まあまあと身振りをしながら）わ
　　　かりました，わかりました，お母さん。で
　　　は，まず面接室でお話を伺いましょう。

㉝ PSW　（顔を見て，はっきりとした口調

✏ Point ㉑

　母親が太さんを叱り出してしまった
ので，PSW は話題を修正する効果を
ねらって，来所趣旨の明確化を行いま
した。「息子さんの入所に関する相
談」だということが共有されたので，
そのまま入所相談として続けていくこ
とも考えられましたが，太さんの無言
と母親の叱責によって流れが中断して
しまったので，最初に戻り，母親が事
務員に申し出た来所趣旨を確認する方
法をとっています。

✏ Point ㉓

　外泊という新たに出てきた単語か
ら，どこからどこへの外泊なのか等，
気になりますが，ここで話題を広げて
しまうと，話題を修正し見学目的で来
所したことを確認したところなのに，
面接構造の柱を見失いそうです。ま
た，ここはオープンスペースのベンチ
なので，踏み込んだ話題に進むのも避
けるべきです。そこで，PSW は「外
泊……」と繰り返しを行うことで，着
目したことを示し，次に機会が訪れた
ときに話題にするための布石を打つこ
とにとどめました。

✏ Point ㉖

　母親は見学に来たと言いますが，太
さんの意向はわからないので，PSW
は太さんに向かって尋ね，無言のまま
の太さんに，さらに問いかけていま
す。無言の太さんを置き去りにして母
親だけと会話をしてしまうと，太さん
がいなくてもよいことになってしまい
ます。PSW には，あくまでも利用す
るとしたら主体は太さんだというメッ
セージを伝え続けるねらいがありま
す。PSW の問いかけを全く無視して
いた太さんからも，自分に焦点が当
たっていることはわかっている様子が

で）太さんも，それでよろしいですね？
㉞ 太　　……。
㉟ 無言だが，うつむいたまま太さんは小さくうなずいた。
㊱ PSW　（快活な声で，手の平を上にして進行方向へ動かしながら）あちらにお部屋がありますのでご案内します。どうぞ。
㊲ 母親はすぐに歩き始め，太さんはゆっくりと立ち上がり，遅れてついてきた。
㊳ PSW　どうぞ，お入りください。
㊴ 母　　（母親が先に入りながら）はい。
㊵ PSW　（手の動きで面接室の奥の席を勧めて）お母さんは，そちらにおかけください。
㊶ 母　　ここで，いいのかしら……。
㊷ PSW　（手の動きで，母親の隣の席を勧めて）太さんはこちらにどうぞ。
㊸ 太　　……。
㊹ 太さんは視線を上げないまま，母親の隣に座った。
㊺ PSW　じゃあ，私はここに座らせてもらいますね。
㊻ 2人から90度の位置にある手前の椅子にゆっくりと座り，両手をテーブルの上で軽く組んだ。

【面接室の図】

㊼ PSW　それでは，あらためまして。精神保健福祉士の阪井と申します。ここでお聞きした内容は，事業所外に漏らすことはあり

感じられます。

Point ㉜〜㉟

「この子に聞いたって無駄ですよ」という母親の言葉から，母親は太さんの意思に関係なく見学をするつもりだということがわかります。PSW は，このまま見学に回ると，母親ばかりが質問して PSW がそれに答え，太さんが完全に置き去りになってしまうと予測しています。そこで，見学ではなく面接室に移動して話を聴くことにしました。母親と PSW が立っていて，太さんは座ったままという位置関係で会話を続けるのも限界だと判断しています。面接室という閉じた環境で，太さんも含めた面接を構造化しようと考えた PSW は，太さんにも面接室で話すことの承認を求めています。太さんがうなずいたのは，大きな収穫でした。

Point ㊵〜㊻

率先して歩いてきた母親を奥の椅子に，その隣に太さんを誘導したのは，面接室で面接を行うにあたり，効果的な環境設定をしようと考えたためです。PSW は，正面から目が合うのは緊張感を生じる可能性があるので，2人には90度の角度の席に座ってもらうことにしました。そして，太さんの話を聴くために，太さんには PSW に近い側に座ってもらうこととしました。太さんと母親が隣同士になることで，お互いの存在が視界に入りにくくなることにも配慮しています。

Point ㊼

物理的な面接構造が整ったところで，仕切り直しの意味であらためて自己紹介をしています。冒頭のあいさつでは「管理者」でしたが，ここでは「精神保健福祉士」と名乗りました。

ませんので，安心してお話しください。

㊽母　　あ，はい。

㊾太　　……。

相談支援に臨む専門職としての意識の変化がうかがえます。インテーク面接を始めるにあたり秘密保持の約束をしています。安心して話していただくためには欠かせない約束です。

本事例の面接について

　出会った途端，PSW は立ち上がった母親から矢継ぎ早に質問を受け，一方，息子の太さんは座ったまま黙り込んでいるという状況にあいました。PSW は，身振りも使って母親の勢いを和らげ，主訴を確認し，無秩序になりがちな会話を制するよう努め，また，利用が想定される太さんを置き去りにすることなく話しかけ続けました。そして，PSW は太さんを尊重した配置を意図した面接構造をつくり，面接室での面接を進めていきます。誰がクライエントなのかを意識したかかわりが PSW には求められるのです。

第5節　家族にかかわる　　　　　　　　　参照　第1巻 2章3節

 23 対決することで事態を進展させる

「この段階では，入所できるかどうかのお答えはできません」

面接編 ── 第1章　"かかわり"の面接技法

● クライエント
息子の太さん（20代男性）を連れて，原さん（母親）が生活訓練事業所へ入所相談に来た。母親は事業所についてあれこれ質問してくるが，太さんは黙ったままである。母親の話から，太さんは大学受験に失敗してからひきこもっていること，今回，父親に暴力をふるって精神科病院に入院となったこと，今日は入院中の病院から自宅に外泊する途中であることが，断片的にわかった。

● 場面（面接者：阪井PSW）
太さんとのコミュニケーションの糸口を探るために，面接室に誘導する際に太さんと母親に並んで座ってもらい，PSWは太さんに近いほうの直角の辺の中ほどに座って面接を始めた。しかし，太さんに声をかけても下を向いたままで，母親が「この子に聞いたって無駄ですよ」と横から口を挟み，代わりに答えてしまう。母親は，太さんにぞんざいな態度をとるだけでなく，PSWに対しても話を遮り，「部屋は空いているのか？」「すぐに入所できるのか？」としきりに尋ねてくる。

● 面接の意図
ひきこもってきた太さんには，他者への不信や苦手意識がある可能性がある。また，母親から「ダメ出し」をされても黙ったままでいるのは，これが日常になっていることと，自分の代わりに前面に出て仕切ってくれる母親に依存する気持ちがどこかにあることが推測される。また，母親のほうもこのようにならざるを得なかった経過があるはずだが，入所を迫るばかりで具体的な事情や母親自身の気持ちはまだ語られていない。ただ，太さんが父親に暴力をふるって入院したということは，父親との関係に何か事情があると推測できた。そこで，黙ってはいても太さんが聴いていることを意識しつつ，まずは母親が何を抱えてきたのかに焦点を当てて引き出し，機会をとらえて太さんの発信を促そうと考えた。

①母　　（同じ質問をもどかしそうに）すぐに入れるでしょうか？

②PSW　（語尾を下げ，ゆっくりと）お母さん。先ほどから「すぐに」とおっしゃっていますね。

③母　　（眉間にしわを寄せて）はい？

④PSW　すぐに入所できるかと聞かれるわけを教えていただけませんか？

⑤母　　（ぶっきらぼうに）それは，病院から退院するように言われてるからですよ。

⑥PSW　（素直に疑問を投げかけるように）ご自宅には退院されないんですか？

⑦母　　あ……。

⑧不意を突かれたような表情になった。

⑨PSW　何か，自宅に退院できない理由があるんですね？

⑩母　　……。

⑪無言のまま，視線を逸らした。

⑫PSW　（控えめにゆっくりと）もしかして，お父さんと太さんとのことが関係しているのではないですか？

⑬母親はハッとした表情に変わり，太さんの肩がビクッと動いた。

⑭PSW　よかったら，お聞かせください。

⑮気遣うような表情を母親に向け，ゆっくりと語りかけて言葉を待った。

⑯しばらくして母親は，言いにくそうに低い声を絞り出し，つぶやくように言った。

⑰母　　実は……。主人は……，この子が家に退院することを嫌がっているんです。前のようなひきこもりの生活に戻すのか，また甘やかすのかって……，えらい剣幕で……。そこで，どこか入所できる先を探

Point ②

PSW は，母親の勢いに押されて質問に答えるのではなく，注意深くアセスメントしながら面接をコントロールしています。母親が「すぐに」を連発するのには理由があるはずだと考え，焦点を当てることで，注意喚起を図っていますが，その際，「お母さん」とまず呼びかけて，母親の勢いを断ち切っています。

Point ⑥〜⑧

PSW は，「すぐに」の理由を尋ねれば，なぜ入所を希望するのかについても続けて話すだろうと予測していました。退院するからといって事業所への入所を希望することにはならないことは，通常は話しながら想起できるからです。しかし，母親からその話が出なかったということは，母親は何の疑問もなく退院＝入所と考えているようです。つまり，自宅に退院できない事情があることを意識しておらず，意識に上らせることを抑圧している可能性があると考えられます。だとすると，正面から尋ねるのではなく，母親が身構えないようさりげなく切り込むのが効果的です。

Point ⑫

PSW は，黙り込んだ母親の様子から，開かれた質問では答えが返ってこないだろうと予測したので，「自宅に退院できないのはなぜですか」とは聞かず，太さんが父親に暴力をふるって入院したことを根拠にした推測を伝えるとともに，それが合っているかどうかを確認するための閉じられた質問をしました。反応によってそれが合っているかどうかがわかるからです。母親だけでなく，太さんからも言葉にはならない反応が得られ，父親との関係に

そうということになったんです。

⑱PSW　（顔をしかめ，驚いたように抑揚をつけて）そんなひどい言われ方をしたんですか。

⑲母　　……。

⑳PSW　よく……打ち明けていただけましたね。

㉑母親の表情が少しだけ緩んだ。

㉒PSW　今日は外泊ですよね？　だったら，お父さんも太さんが家に帰ってくることを受け入れているのではありませんか？

㉓母　　2〜3日くらいなら。ですが，前のような暮らしに戻るのはもうたくさんだと主人は言うんです。

㉔PSW　前のような暮らし。太さんがひきこもってお父さんに暴力をふるうような生活のことですか？

㉕母　　はい。

㉖PSW　また，前のような暮らしに戻るだろうと？

㉗母　　ええ。

㉘PSW　だから，すぐに入所できる見通しがほしい。

㉙母　　そうです。そうでないと困ります。

㉚顔を上げこちらの目を見てきっぱりと言い，口元をキッと締めている。

㉛PSW　お母さんご自身はどう思うのですか？

㉜母　　（一瞬，ひるんだような表情になったが，すぐに強い口調で勢いよく）主人にはこの子が目障りなんです。私だって気が休まるときがないんですよ。

㉝PSW　お母さんも，気が休まらない。

事情があるとアセスメントすることができました。

✒Point　⑭〜㉑

「よかったら」という控えめな表現や，「お話しください」ではなくPSWの聴く姿勢を伝える「お聞かせください」という表現は，配慮した促しとなっています。沈黙を用いることによって母親が話し出すのを待ったのも，励ましの意図があります。そして，言いにくいことを話してくれたことに対し正当な反応を返すのは，関係をつくるうえで不可欠です。まず，PSWは声の調子を用いることで共感を伝え，続きを待ちました。しかし，母親はそれ以上続けませんでした。ここで，話題を別の方向に向けてしまわず，労いの言葉を返し，PSWの促しに応えて話してくれた母親の心情に寄り添ったことで母親にも変化が現れました。

✒Point　㉔

「前のような暮らし」と言われても，それがどんな暮らしを指すのか，まだ共有できていません。わからないままにしておくと，母親はPSWがわかっているものとみなし，今後も「前のような暮らし」というフレーズを使って話をする可能性があります。そこでPSWは，推測を交えた言い換えをして確認しました。「太さんがひきこもる生活」を指すことは確認できていますが，「父親に暴力をふるう生活」のほうは推測です。暴力をふるったのが入院のきっかけだったようですが，暴力が常態化していたかどうかは不明です。閉じられた質問によりPSWの推測が当たっているかどうか，母親の反応で確かめようとしています。

㉞母　　（投げやりな感じに）そうですよ。

㉟PSW　だから太さんを入所させたいと。

㊱母　　だから，さっきから入れるのかって聞いてるじゃないですか。

㊲PSW　そうでしたね。申し訳ありません。（できるだけ静かに，穏やかに）でも，この段階では入所できるかどうかのお答えはできません。わた……

㊳母　　（母親は憤りと驚きの混じった目をこちらに向け，両手で握りこぶしをつくり）なぜですか。それじゃあ，困るんです。病院は退院しろって言うし。すぐに入所できるかどうか，教えてください。

㊴PSW　（できるだけ静かに，穏やかに）私は，何より太さんご本人の意思を大切にしたいと思っています。ですから，太さんから話をお伺いできないうちに，ご家族の都合で入所ができるとかできないとかのお答えはできません。

㊵母　　どうしてわかってくれないんですか。この子のことは私だけが見なきゃいけないんです。食事も用意して，掃除もして。私の生活はどうなるんですか。一生この子を見てなきゃいけないんですか？

㊶言い終わり下を向いた。肩がかすかに震えている。太さんが母親のほうに顔を向けた。

㊷PSW　ご苦労が大きいのですね。でもなぜ，お母さんがお一人で太さんのことを背負わなくてはならないのですか？

㊸身体を少し乗り出して母親のほうに向け，いたわるように語りかけて一呼吸おいた。

㊹PSW　これは私の想像ですが，お母さん

✏ Point ㉛～㉜

　入所できないと困ると母親が言っているのに，母親はどう思うのかと尋ねています。PSWは，「入所できないと困る」が母親の真意かどうかを疑っています。短く単刀直入に反応を引き出すために開かれた質問をしました。ストレートな問いかけは母親の意表を突いていて，母親は反射的に夫を引き合いに出して応じ，途中で気づいて「私だって気が休まらない」と答えました。母親自身の気持ちを語るにはまだ抵抗があることがうかがえます。

✏ Point ㊱～㊵

　母親はPSWに対して「戦闘態勢」です。こうなると，PSWのほうが母親の勢いに押されてしまいます。母親と渡り合うPSWの「手札」も少なくなってきています。そこで，これまでずっと答えずにおいた「すぐに入れますか？」という母親の問いへの答えを返しました。これは，ずっと黙ったままの太さんに向けられたメッセージでもあります。母親にわかってもらえるよう，できるだけ感情を逆なでしないような言い方で話しましたが，母親は拒絶されたと感じ，大きく反応しました。

✏ Point ㊷～㊼

　太さんが聴いていることもお構いなしに，母親は太さんを抱える重さについて感情を吐露しており，これまでずっと苦しい日々であったのがうかがえます。PSWはそれについて共感を伝えるとともに，そこまで一人で責任を負う気持ちになっているのはなぜなのかと，責めているようにとられないように語りかけました。そして，一呼吸おくことで母親が心の準備をする時間をつくり，PSWの解釈を伝え，母

は，太さんのことを守らなければならない
と思っていらっしゃるのではないですか？

㊺ 母親が顔を上げた。

㊻ **PSW** 私には，太さんをお父さんからでき
るだけ遠ざけるために，入所を希望されて
いるのだと聞こえました。

㊼ 母親は感情を堪えているような表情をして
うつむいた。

㊽ **PSW** （母親に向けていた顔を太さんのほ
うに向け）太さんは，どう思われますか？

㊾ **太** ……。

㊿ 太さんがこちらを向いた。表情は硬く何か
考えごとをしているようだった。

51 **PSW** （目を見ながら）太さんには太さん
の言い分があるのではありませんか？

52 そして待った。

53 **太** お，お母さんは悪くない。お母さん
を，責めないで……。

54 太さんが声を絞り出した。

親に何かが伝わったのを確認し，さら
にそう解釈した理由を伝えました。母
親の反応から，おそらくこれが母親の
真意ではないかと推測されます。

🖊 **Point** 48〜51

PSW は太さんにターゲットを当て
るため，<u>姿勢を向ける</u>とともに，名前
を呼び，何についてかを限定せずに<u>開
かれた質問</u>をしました。「どう思われ
ますか？」は何通りにもとらえられま
す。「お母さんはあなたを守ろうとし
ているように見えるけど，どう思いま
すか」「入所することについてどう思
いますか」「ずっと黙っているけれ
ど，それでいいのですか」等です。太
さんは無言でしたが，その様子から，
何かを発する準備が整いつつあると
PSW は判断しました。そこで，<u>最後
のひと押し</u>をするために51で問いか
けました。そしてついに，太さんが言
葉を発しましたが，それは意外な一言
でした。

本事例の面接について

PSW は，母親が連発する「すぐに」に着目し，母親が積極的には語ろう
としない背景状況や心情を理解しようと試み，状況を打開しようとします。
しかし，母親は入所を焦り，PSW に答えを迫ります。繰り返される質問を
かわし続けるのはかえって不誠実だと感じ，ついに PSW は「入所の可否は
太さんから話を聴かなければ判断できない」という立場を伝えました。時
に，対決の姿勢を示すことで事態が進展することが少なくありません。そう
して，PSW は母親の思いを受け止め，太さんの言葉を得ることができまし
た。

第5節 家族にかかわる

参照 第1巻 2章3節

24 「制止」と「促し」で発信を待つ

「今は黙っててください」

● **クライエント**
太さん（20代男性）とその母親の原さん。太さんは大学受験に失敗してからひきこもり，父親に暴力をふるって精神科病院に入院となっている。病院から退院するよう言われたが，自宅に退院することを父親が拒んでおり，病院から自宅への外泊期間に母親が太さんを連れて生活訓練事業所に見学に来た。母親は太さんの入所を希望して焦り，PSWの話を遮ってあれこれ質問し，PSWが太さんに質問すると，「この子に聞いたって無駄ですよ」と代わりに答えてしまう。太さんは，つい先ほどまで，ずっと黙ったままだった。

● **場面**
面接室では，太さんと母親が並んで座り，PSWは太さんに近いほうの直角の辺の中ほどに座っている。黙っている太さんにも聞こえていることを意識し，PSWは母親のペースを制し，入所を焦る事情や母親自身の気持ちに焦点を当てて面接を進めたところ，葛藤関係にある父親から太さんを遠ざけることで，太さんを守りたいと母親が思っていることが推測された。しかし，太さんの意思がわからない段階では入所の可否は答えられないと伝えたところ，母親が感情的になり，それを機にずっと黙っていた太さんが初めて口を開き，母親を擁護する言葉を発した。

● **面接の意図**
太さんが，自らの意思で他人であるPSWに発信できたということは，それがどんな内容であれ，本人の自立に向けて将来を開くきっかけになると推測した。また，母親が真に望んでいるのも，太さんの自立であろうと推測した。そこで，太さんが言葉を発することができるよう促し，その際，母親がいつもの習慣で太さんに代わって口を挟もうとしたときには制止することとした。そして，太さん自身のニーズを把握し，PSWとして支援できることを伝えたいと考えた。

① 太　　お，お母さんは悪くない。お母さんを，責めないで……。

② うつむいたまま，太さんは絞り出すように言った。母親は，ハッと目をみはって太さんの顔を見た。

③ PSW　わかりました。

④ うなずきながら静かに返して沈黙し，太さんの次の言葉に耳を傾けた。

⑤ 太　　……。

⑥ 太さんはうつむいたまま語ろうとしなかった。

⑦ PSW　太さん，続けていいんですよ。

⑧ 穏やかにゆっくりと語りかけた。

⑨ 太　　（うつむいたまま）……。

⑩ PSW　今後どうしていきたいのか，太さん自身も困っているんじゃないですか？

⑪ 少し間をおいて，ゆっくりと穏やかに語りかけた。

⑫ 太　　……。

⑬ 太さんは黙ったまま考え込んでいるようだった。

⑭ 母　　この子は……。

⑮ 母親が割って入ろうとした。

⑯ PSW　（すかさず母親のほうを向き）すみません，お母さん。今は黙っててください。

⑰ 落ち着いたはっきりした声で，母親を制した。

⑱ 母　　……。

⑲ 母親は反射的に開いた口を手で押さえた。太さんも驚いた表情でこちらを見たが，またうつむいた。

⑳ PSW　ごめんなさい。今は，太さんのお話

Point ③〜⑪

太さんは PSW のことを，母親を責める人ととらえたようですが，PSW は否定せず，ずっと黙ったままの太さんが言葉を発したことのほうを尊重しました。太さんの発言を受け入れる姿勢を示した後，沈黙によって待つ姿勢をとることで，さらなる発言の促しをしています。しかし，太さんが続けなかったので，⑦で後押しとなる表現を選んで語りかけました。それでも太さんが続けなかったので，PSW は，太さんも困っているのではないかという推測を伝えることで，まったく別の角度から閉じられた質問をし，太さんの反応を促そうとしました。

Point ⑯〜⑰

太さんの語りを引き出そうとする試みに割って入ろうとした母親に，PSW は対決の姿勢で臨みました。ようやく声を上げた太さんが，母親に頼って再び黙ってしまうことは，太さんが他者とつながって現状を打開する可能性を摘んでしまうことになりかねません。PSW の毅然とした態度は，強いインパクトを与えました。

Point ⑳〜㉑

当然ながら PSW は，母親や太さんを萎縮させたり本当に対決したりすることを望んではいません。母親が太さんの味方であり，太さんもそう感じているということを，PSW は理解しています。2 人の反応を受けて PSW は，誤解のないよう真意を説明する必要があると判断しました。気持ちを伝える手法として I（アイ）メッセージを用いています。申し訳なさそうな「ごめんなさい」は，PSW 自身の気持ちが率直に表れた自己開示になっています。

が聴きたいんです。

㉑ 申し訳なさそうな表情で伝えた。

㉒ しばらく沈黙の時間が流れた。

㉓ PSW　太さん。お父さんのいるご自宅に帰りたいと思っていますか？

㉔ うつむいている太さんに静かに語りかけた。

㉕ 太　　……。

㉖ PSW　お母さんは，太さんを守りたいと思っているのだと思いますよ。

㉗ 太　　……。

㉘ しばらくして顔を上げた太さんが，意を決したように勢い込んで。

㉙ 太　　ぼ，僕は，家に退院したいです。

㉚ PSW　ええ。

㉛ 大きくうなずき，太さんの目を見た。

㉜ 太　　でも……。

㉝ 太さんは目を逸らした。

㉞ PSW　でも？

㉟ 太　　お父さんがいると思うと……。

㊱ PSW　思うと？

㊲ 太　　あの家に帰るのは……。

㊳ PSW　帰るのは？

㊴ 太　　どうしたらいいか……。

㊵ PSW　どうしたらいいか？

㊶ 太　　……。

㊷ 太さんは言葉に詰まり，考えるような表情になった。

㊸ PSW　困っているんですね。

㊹ 太　　……。

㊺ 太さんは無言でうなずいた。

㊻ PSW　では一緒に考えましょう。

㊼ 笑顔を向けて，明るくはずむような調子で

Point ㉓〜㉖

PSW は再び太さんに発言を促す問いかけを始め，感情への働きかけを行っています。太さんの感情が動くであろうことを予測し，父親のことに触れた問いを閉じられた質問にして投げかけ，続いて，入所を焦る母親の意図について PSW の解釈を伝えました。PSW が太さんと母親の関係性をどのように理解しているかを伝えることは，PSW が決して母親を責めているわけではないことを，太さんと母親に知らせるねらいもあります。

Point ㉚〜㉛

ついに，太さんは自分の言葉で自身が望んでいることを話してくれました。ここでの「ええ」は，話してくれた太さんの頑張りへの共感を伝える意味があると同時に，さらなる語りを促すための相槌です。うなずきと視線を合わせることもまた，同じ効果があります。今度こそ，太さんが自ら語り出すことを予期して，流れを止めないよう短い相槌にとどめています。

Point ㉞〜㊵

太さんが発した言葉をそのまま用いた繰り返しの技法で，先を促す効果をねらっています。いずれも太さんが少しだけ言いよどんだタイミングをとらえてすかさず発していますが，太さんの言葉をそのまま用いることと，短い語であることによって，テンポのよい合いの手となっています。

Point ㊸

言葉が続かなくなった太さんに対し，太さんの感情の反映として，PSW が言語化して後を続けることで応じ，確認しています。沈黙を用いて太さん自身が言葉にするのを待つとい

提案した。

㊽太さんは顔を上げ，首をかしげた。

㊾PSW　私に，これから先のことを一緒に考えさせてもらえませんか？

㊿太　　（不思議そうな表情で）一緒に……ですか？

51 PSW　はい。どうしたら太さんが望んでいる生活ができるか，一緒に考えるのが私の仕事なんです。

52 太　　（ひとりごとのように）僕の，望んでる生活……。

53 PSW　ええ。お母さんの思いも大切にしながら，一緒に考えたいと思っています。

54 言い終えて母親のほうを向くと，母親は泣き笑いのような表情でこちらを見た。

う方法もありますが，この場面ではPSWが代弁することで，「あなたの気持ちをわかっていますよ」と太さんに伝える効果がありました。太さんが肯定したことで，PSWとの間でニーズが共有されました。

✒ Point 46〜53

　ニーズの共有ができたので，PSWから太さんに相談支援の提案をしましたが，PSWと一緒に自分のこれからのことを考えるという発想が太さんにはなさそうだと見て，PSWのほうからお願いしています。太さんは，「この人はなぜそこまで言うのだろう」と不思議だったでしょう。それに対しPSWは，太さんが理解できる言葉を用いてPSWの職種の説明をしました。また，母子のアンビバレントな関係がありつつも，究極的には母親は太さんの自立を願うであろうことを期待し，母親への配慮も加えた提案をしています。ここでは，今日の出会いを太さんと母親にとって事態を打開するきっかけにしたいという，PSWの価値観が強く表れています。

本事例の面接について

　太さんの第一声は意外なものでしたが，PSWの問いかけに初めて太さんが応えたことを重視し，PSWは続きを促すよう働きかけました。途中，口を挟もうとした母親を制しましたが，決して母親を否定したわけではないことは，母親にも聞こえるよう発し，その後続けたPSWの言葉からもわかります。PSWは太さんの気持ちが動くような問いかけを選んで行い，太さんの思考に寄り添ってニーズを引き出し，PSWの仕事について情報提供し，相談支援の契約に至りました。

第5節 家族にかかわる

参照 第1巻 4章4節

25 相談への動機づけを強化する

「何かすれば何かが変わっていきます」

●クライエント
谷さん（50代女性）は，秀さん（27歳男性）の母親。秀さんは自宅にひきこもり，気に入らないことがあると暴れる。最近は「外から見張られている」などと言うようになった。秀さんを入院させようとして精神科病院に相談したが，連れて行く手段がなく，保健所に相談するよう勧められた。これまでどこにも相談したことはなく，相談に行くことは秀さんに内緒にしている。外出の際はどこに何をしに行くのか報告するよう，秀さんに強制されている。保健所に電話してPSWと話し，事態を打開する方法を探るという趣旨で相談の予約をとった。

●場面（面接者：鷹野PSW）
保健所での谷さんとの初めての面接の終盤。あらかじめ設定していた面接時間は60分。妹に精神科受診を勧められた秀さんが大暴れした直近のできごとや，秀さんの生い立ちから現在までの経過，そして谷さんが自責の念をもっていること，本当は秀さんといろいろ話したかったが傷つくと思って踏み込めなかったこと，大暴れするのも傷ついた心が刺激されるからだと感じてきたことなどが語られた。

●面接の意図
面接の終結にあたり，谷さんが相談することに肯定的な感想をもち，事態の打開を図っていけるという気持ちになれるようにする。次回の相談へのモチベーションを育て，それを強化するとともに，次回の面接を設定する。

①PSW　秀さんが暴れるのは傷ついた心が刺激されるから。
②谷　　ええ。プライドが傷つかないよう，

仕事のこととか将来のこととか，話題に出ないように，細心の注意を払ってきました。

③谷さんは言葉を切り，ひと息ついた。

④PSW　ええ。

⑤谷　とうとう「誰かが外から覗いてる」なんて，おかしなことを言い出したときも，何も返せなくて聞き流すだけでした。怖くて，もしかしたら病気なんじゃないかなんて，とてもとても，面と向かっては言えませんでした。

⑥PSW　（間をおかずにすかさず，穏やかな口調で）それで，受診を勧めることもしなかった。

⑦谷　そう，できませんでした。怖かったんです。それこそどんなふうに暴れるかと思うと。実際この間，娘が受診したらと言ってしまいましたので，想像した通りになってしまいましたけど。

⑧そう言って口をつぐんだ。

⑨PSW　そうでしたね。（一呼吸おいて）でも，受診は勧められなかったけれど，谷さんご自身がこうして相談にいらっしゃることはできましたね。

⑩谷　え？　私ですか？

⑪怪訝そうな表情でこちらを見た。

⑫PSW　相談にいらっしゃるには，勇気が要ったのではありませんか？

⑬谷　（目を閉じて少し考えて）そうです。もうどうにもならないから何とかしてほしかった。ほんとに。でもその一方で，何を言われるんだろうって，内心構えていました。

Point ④

谷さんがさらに何かを話そうとして息を継いだ可能性を予測しています。そこで，流れを止めないために，コメントを返さず相槌を打つだけで，反応を待ちました。

Point ⑥

谷さんは，秀さんにこれまで受診を勧めたことはないのだと推測されました。これは大事な情報です。「とても言えなかった」という谷さんの言葉を受けてすかさず，「それで，受診を勧めることもしなかった」と続きを代弁し，共有を図りました。その際，PSWのほうから否定的な評価を伝えることになるのを避け，「しなかった」と言ったのですが，谷さんは⑦で「できませんでした」と言い直しています。

Point ⑨

話題を転換するために，PSWは一呼吸おきました。面接はすでに終盤にさしかかっており，谷さんが少しでも希望を感じて終わるよう，「できたこと」を確認し，共有することが大事だと考えています。そこで，谷さんがここに来られたということを「できたこと」と肯定的な意味づけをしてフィードバックしています。「受診は勧められなかったけれど」と先にできなかったことを挙げて対比させることで，できたことを強調しています。

Point ⑫

谷さんの怪訝そうな様子から，相談に来ることが「できたこと」だとは伝わらなかったと評価したPSWは，谷さんにとって相談に来ることがどんなことであったかを想起してもらうために，相談には勇気が要ったのではない

⑭PSW 何か言われて傷つくのではないか
と？

⑮谷 はい。本当に相談するかどうか，何
度も悩みました。

⑯PSW （大変でしたね，という表情を返
し）そうでしたか。

⑰谷 はい。

⑱PSW だとすると，これまで誰にも言えな
いできたことを人に相談するという，大き
な壁を乗り越えられたんですね。

⑲谷 （少し弾んだ声になって）ええ，そ
うですね。大きな壁でした。越えるまで
が。でも，そうですね。そう思えばいいで
すね。

⑳PSW （笑顔を向けて）ええ，そうです。
大きな一歩です。

㉑谷 ふふっ。

㉒恥ずかしそうに笑った。

㉓PSW （明るい声で）では次回は，保健所
の嘱託の精神科医が来る日にいらっしゃい
ませんか。秀さんの状態について専門医の
意見を聴いて，その先の対応についても相
談ができます。

㉔谷 先生に相談ができるんですね。で
も……，（途中から少し不安げな声に変わ
り）来れる日だといいのですが……。

㉕PSW 嘱託医が来るのは第三金曜日の午後
です。次は……，〇月〇日です。午後2時
はいかがですか？

㉖谷 （落ち着きのない表情になって，ひ
とりごとのように）〇日の2時ですか。何
て言えばいいかしら……。

かと感情を反映した言い換えの技法で
焦点を当てました。谷さんにとって，
相談に来るということは相当大きな
ハードルだったはずです。この問いか
けが促しとなり，谷さんが思い返しな
がら話してくれることにつながってい
きます。

✎ Point ⑱

谷さんが相談前の気持ちを十分に思
い起こしていることを確認し，あらた
めて「できたこと」を谷さんとの間で
共有しています。今度は「大きな壁を
乗り越えた」と，谷さんの感情を反映
して強調した言い換えをしています。
このことは，この日の面接の成果を共
有することとなり，同時に谷さんと
PSWとの信頼関係を深めることにも
つながっていきます。

㉗PSW （少しトーンを下げて）秀さんに，ですね？

㉘谷　はい。不審に思われると，嘘をついていることがばれてしまいます。

㉙PSW　ばれたくない。

㉚谷　（大きくうなずいて）ええ，それはもう。

㉛PSW　秀さんにばれないような，もっともらしい用事，ですね。

㉜谷　そう。もっともらしい用事，（目を向け訴えかけて）何かあるでしょうか？

㉝PSW　何か，考えつきますか？　日常生活の延長で。やってみたいこととか。

㉞谷　やってみたいことなんて……。（苦笑いする）

㉟PSW　（明るい声で）そこを何とか。

㊱しばらく沈黙となった。

㊲谷　そうですね，ウォーキングとか，映画とか，お買い物とか。

㊳PSW　出ましたね。元々お好きだったことですか？

㊴谷　そうです。もう久しく，そんな気分ではないですけど。

㊵PSW　実際に，やってみてはいかがですか？　嘘ではなくなります。

㊶谷　ああ，それもいいかもしれないですね。

㊷PSW　でしょう？

㊸谷　とにかく，何とかやってみます。ばれないように。

㊹PSW　はい，ぜひ。それと，谷さんが今日いらしたことですが，ご自分ではお気づきでないかもしれませんが，とても大きな一

✏ Point ㉙

谷さんの気持ちが明るくなったところで，面接の終結にあたり次回の提案をしましたが，谷さんが不安げな様子に変わりました。秀さんに内緒で相談しているので，言い訳が必要なのです。相談を継続させるためには，阻害要素を取り除いておくことが大切です。PSW はまず，「不審に思われると嘘がばれてしまう」と言った谷さんの感情を言い換え，「ばれたくない」と一言で表してニーズの確認をしました。

✏ Point ㉛〜㉞

㉛で PSW も「ばれる」という語を用いることで，後ろめたいことを一緒に企む「共犯者」的な関係性を演出しています。そして，「日常生活の延長でやってみたいこと」というヒントを提示し，谷さんに考えるよう促しています。谷さんにはその力があるとアセスメントしているのです。

✏ Point ㉟〜㊸

前向きな気分になれるよう，口調を工夫して考えるのを励ますことで，谷さんの潜在化していた趣味や希望が引き出されました。ここで実行を勧めて勇気づけることにより，谷さんの気分が晴れやかになっていきます。「やってみます」と谷さんが前向きに発言したことで課題の解決が見えました。なお，もし谷さんが，口実ではなく実際に生活を楽しむような活動をすることができれば，それが秀さんに伝わることによって，秀さんにも何らかの影響があることが期待できます。

✏ Point ㊹〜㊼

次回の来所への阻害要素が払拭されたところで，谷さんがこれからも相談

歩なんです。

㊺谷　　だといいです。

㊻谷さんはうなずいた。

㊼PSW　ここから，何かが変わっていくはず
　　です。何もしなければ何も変わらないけれ
　　ど，何かすれば何かが変わっていきます。

㊽谷　　何もしなければ何も変わらない……
　　何かすれば，何かが変わる……。

㊾PSW　そうです。では次回，○月○日金曜
　　日の午後2時にお待ちしています。間に何
　　かあったときは，ご連絡ください。それ
　　と，必ず暴力からは逃げて，助けを求める
　　こと，110番をすること，これはお願いし
　　ます。よろしいでしょうか？

㊿谷　　わかりました。よろしくお願いしま
　　す。

を続けていくのを勇気づけるための働きかけをしました。「今日来たことが大きな一歩だ」というPSWの肯定的な評価を伝え，共有し，「ここから何かが変わっていくはずです」とPSWの予測を伝えました。密室化した家庭内で起きている問題を解決に向けていくには，「風通し」をよくすることが大切です。問題に気づいた人が勇気を出して外に助けを求め，他者を味方につけて変化していくことによって，解決に向けて必ず動き出します。「何かすれば何かが変わる」というのは，情報提供による勇気づけとなっています。

📝Point ㊾
　緊急時のリスクマネジメントは，誰も加害者にも被害者にもならないために重要です。明確に情報提供することによって，リスクの回避を図っています。重要なことなので，「よろしいでしょうか？」と問いかけて，谷さんが理解しているか確認をし，同意を求めています。

本事例の面接について

　1回で終わらない面接の場合，初回面接の終盤は，次回の面接へのつなぎとなる大事な過程です。面接の成果を確認し，相談継続を阻害する要素があれば解決し，次回の面接の約束をします。PSWは相談することへの谷さんの気持ちに焦点を当てて想起を促し，「相談に来るという大きな壁を乗り越えた」という意味づけを共有しました。また，秀さんに内緒で相談している谷さんが，後ろめたさを感じずに次回来所できるよう支援しました。そして，将来の希望を与える情報提供をし，最後に安全確保のために緊急時の対処方法を確認しました。

第 **2** 章

プロセス（起承転結）を意識した面接の技法

第 **1** 節　支援経過をふまえて面接技法を選択する

第 **2** 節　面接技法を効果的に使う

第1節 支援経過をふまえて面接技法を選択する

　面接は，ソーシャルワークの主要な技術の一つであり，支援のさまざまな段階で行うことになる。面接には言語・非言語のさまざまな技法を用いるが，これらは精神保健福祉士（以下，PSW）が場面や状況に合わせて意図的に選択し活用できて初めて有効な技法となる。そして，適切な技法の選択を可能とするためには，クライエントの特性の見極めとともに，各面接が支援プロセスのどの段階に位置づき，何を目的としているかを意識することが必要である。

　例えば，初めて出会うクライエントとのインテーク面接の冒頭では，一般的にクライエントは期待とともに不安や緊張感を伴っていることを重視し，その不安や緊張を和らげ安心感を提供することが望ましい。一方，支援の終了を迎えるクライエントとの面接の終結時は，目的が達成できたか確認することが必要となるが，両者の間には一定の信頼関係が築かれ，達成感を共有していることも珍しくなく，労いや今後への希望をわかち合うことがふさわしい場合もある。

　また，1回の面接を時系列で細分してみると，面接の開始冒頭と，終了間際とではクライエントや面接場面の空気に変化が生じている。例えば，面接を始めたばかりのときは緊張して口が重かったクライエントが，数十分後の終了する頃には解決の糸口が見えて饒舌になっているかもしれない。面接の開始時点で主訴として述べられていた課題が，終了する時点ではまったく違う方向の支援計画に変化していることもある。怒りを露わにして捲し立てていたクライエントが，冷静さを取り戻したり笑顔を見せたりすることもある。これらの変化は，その面接の成果であるといえる。

　さらに，クライエントからの要請によって面接する場合と，PSW側に目的があってクライエントに働きかける面接があるように，その目的も多様である。また，支援している相手の家族を対象にした面接もある。

　このように，一言で「面接」といっても段階や目的，相手との関係性なども多様である。以下，面接を導入，展開，終了の各段階に分けて主目的とポイントを提示する。

1. 面接への導入

クライエントと初対面の場合も，支援中で繰り返し面接している場合も，面接を始める冒頭の段階では，クライエントを面接に導入し相談の基盤を形成することから始める。そこでは，(1) 面接を構造化する，(2) 信頼関係構築の土台をつくる，(3) 面接目的を確認する，などが主目的となる。

(1) 面接を構造化する

「面接を構造化する」とは，これからクライエントとの間で対話を展開しようとしていることを，さまざまな働きかけによってクライエントに伝えることである。PSWはクライエントが抱えている課題に向き合い，考えるプロセスに伴走し，共に検討する者であることをクライエントに理解してもらい，相談の基盤を構築する。クライエントが，自己の課題解決のためにPSWを利用できると理解することにより，安心して語ることができるようにするためである。

そのため，自己紹介を含めて説明する事柄も多いが，それらをクライエントの特性や力量，状態に適応させながら，わかるように伝えることが重要である。

(2) 信頼関係構築の土台をつくる

PSWは，クライエントの自己決定を尊重してかかわることに価値をおいているため，クライエントの本音や真意を理解できなければ支援を展開することができない。そこで，クライエントが自身の課題について価値判断されることなく，また専門性を活用して支援してくれる相手としてPSWを認識し，信頼関係を形成することは，その後の支援を円滑に運ぶために欠かせない。

そのため，クライエントが何を語っても安全で安心できる場と関係であることを，言葉以外にも口調や表情，態度のほか，面接空間自体も最大限に活用してメッセージとして発することが必要である。

(3) 面接目的を確認する

「この面接を何のために行うのか」をクライエントとPSWが共通認識することは，面接を展開するうえで不可欠である。もちろん，最初から一致することは珍しく，多くの場合はどちらかの側に主要な面接目的があり，時には両者の間に異なる思い込みや期待が生じている場合もある。こうした前提に立って，面接の開始段階では目的を確認し，すり合わせを行う。インテークも含めてクライエン

トからの面接希望に応じる場合は，クライエントの抱える主訴を尋ねることが中心となる。一方で PSW と所属機関が提供できる支援内容を説明したり，継続的に支援しているクライエントに対して PSW から情報を伝えたり確認したいことをもちかける場合もある。

　そこで，クライエントの語りを促すため効果的に質問したり，PSW からの要約，説明も交えてクライエントに確認したりしながら合意形成を図ることが重要である。扱う課題が大きかったり複数ある場合は，優先順位をつけたり，課題を分割することで面接の筋道を提示することも有効である。

◆よく用いる技法等

・面接の空間づくり（部屋のレイアウト，座席の配置，環境的なしつらえや防音など）

→プライバシーを守る／声が聞き取りやすく，気が散らない静かな空間／初回は特に，真正面よりも斜めの位置に座るほうが緊張感を緩和できる

・時間枠の説明（おおよその目安をあらかじめ伝えること）

→面接の開始時に伝える／時計を置く

・役割および機関特性，守秘義務などの説明

→名刺／パンフレットやポスター／筆記具

・PSW による表現のポイント（外見，表情，態度や話し方など）

→清潔で整った身なり／名札着用／自己紹介／笑顔／立って出迎える／温かい口調／語尾を上げる／やや前傾姿勢

・立場の明確化（専門職であることの明示）

→服装（ある場合は制服）／名札着用／名刺

・親近感の提供

→笑顔／労いや親しみを込めた言葉遣い

・思いやりの表現

→閉じられた質問（コンディションを尋ねる），Ⅰ（アイ）メッセージ，労い

・受容や共感の表現

→観察／感情の反映／繰り返し／相槌／うなずき

・相談の受付け

→申込書／紹介状／事前の電話／相談受付票

・質問

→閉じられた質問／開かれた質問

・説明，解説

→要約／言い換え／解釈

・提示，提案

→パンフレットやしおり／参考資料

2．面接の展開

　お互いの立場や面接の目的を両者が認識できてきたら，面接の本題に入る。

　インテーク面接であれば，クライエントの主訴を基軸として，支援を要する背景やいきさつを詳細に尋ねる段階である。すでに支援中のクライエントであれば，これまでの支援経過をふまえながら今回の面接目的に合わせた展開となる。ここでは，多様な働きかけのなかから，面接の展開において常にPSWが行うものと，面接において行き詰まりや困難を感じやすい場面を想定し，(1) 情報を収集する，(2) クライエントの感情表出に応答する，(3) 状況を打開する，(4) 本音を引き出す，という4点を取り上げる。

（1）情報を収集する

　面接をどう展開するかを考えるには，検討のための情報が必要である。クライエントが話したい事柄を有していればPSWは聴くことから始め，PSWから積極的に情報収集する必要がある場合は質問を多く投げかけることになる。

　インテーク面接では，支援課題を分析するために，基本情報の詳細のみならずクライエントの主訴に関する事柄として，問題発生から現在に至る経緯や生活に及ぼす影響，これまで受けた支援の内容と経過，対処方法やその成果などをはじめ，クライエントのおかれている環境に関する事柄も情報収集の対象となる。支援途上のクライエントとの面接では，前回の面接以降の状況変化や支援計画の実施に伴う成果，クライエントの感情の変化等を尋ねることになる。

　いかなる場合もおろそかにしてはならないのは，クライエントの希望することに関心を寄せながら必要な情報を収集することである。効果的な質問を重ねながら，相槌や繰り返し，言い換えなどの面接技法を用いてクライエントの思考の整理を手伝い，語りを促すことがポイントとなる。

（2）クライエントの感情表出に応答する

　クライエントから怒りや悲しみ，落胆などマイナスの感情を向けられることや，そうした感情を抑圧しているクライエントに相対することはよくある。このよう

な場合，PSW は自身にその感情の矛先が向けられたと感じて，反射的に避けようとし，そのためにクライエントの感情表出を抑制してしまうかもしれない。しかし，クライエントの感情の矛先は，変えられない現実や自分自身を無力だと感じる嫌悪感，あるいは自分に不利益をもたらした対象への憤りや，真剣に向き合おうとしない支援者に対する落胆や怒りなどに起因することが多い。

　PSW がしなければならないことは，PSW はどこまでもクライエントに伴走するパートナーである覚悟を言葉や態度で伝えることである。このようなパートナーシップに勇気づけられ，クライエントが自身の感情を受け止め，その原因を探求し，課題解決に向けて取り組む力を得ることを支えるのである。

　ここでは，感情の反射・反映の技法を効果的に用いることが必要である。言い換えや要約，解釈，I（アイ）メッセージ，効果的な質問，適度な沈黙などを併用しながら，PSW の五感も活用してクライエントに働きかけることがポイントとなる。

（3）状況を打開する

　面接中に，クライエントと PSW の意見の食い違いや感情的な齟齬が生じることはあり得る。また，有効な方策が見出せず支援が行き詰まって言葉に詰まることや，クライエントが失意で自暴自棄になること，同じ話が繰り返されることもある。このようなときこそ PSW は，視野を広げたり状況を鳥瞰する目をもち，粘り強さや思考の柔軟性を発揮しなくてはならない。状況の打開に向けてクライエントとのパートナーシップを強固にするべきときであるが，一方で，PSW があえて対決姿勢をとったり，クライエントの心情に踏み込んでいったりする勇気も必要となる。

　そのため，要約したり解釈を加えたりしながら，ここまでの支援経過をクライエントと共にたどり直したり，クライエントの感情を理解して受け止めていることを言語，非言語を通じて伝えることに傾注する必要がある。あきらめない姿勢を PSW が示すためにクライエントの発言の矛盾を指摘したり，閉じられた質問で焦点化したり，沈黙を効果的に活用したりすることもポイントとなるほか，お茶やたばこを挟んだりと，話題転換を効果的に行うことも有用である。

（4）本音を引き出す

　支援ニーズを分析するには，クライエント自身の真意に接近することが，自己決定の尊重にかかわりの価値をおく PSW には欠かせない。しかし，クライエン

トがなかなか真意を語らないことや，発言が表面的に聞こえることは珍しくない。その理由として，見当識障害や思考障害，抑うつ状態などの精神障害によるほか，長年に渡って希望が叶えられないことによる諦念や喪失体験の影響，PSWを含めた支援者に対する不信感等が影響していることも考慮すべきである。あるいは，クライエント自身が自らの本音に気づけていない場合や，気づくことを直感的，無意識的に恐れて避けている場合も考えられる。

　最も重要なことは，PSWがクライエントの本音を聴きたいと心から願い，どのような希望，感情も否定せず受け止め，実現するための方策を真剣に考える姿勢を言動および態度で表現することである。Ｉ（アイ）メッセージを用いたり，閉じられた質問で感情の反射を伝えたり，体の向き，表情やしぐさでPSWの姿勢を意図的に表現したりすることが必要となる。

◆よく用いる技法等

・質問

→開かれた質問／閉じられた質問（繰り返し・ペーシング／言い換え／要約／感情の反映／沈黙／対決などを併用）

・受容や共感の表現

→言語：Ｉ（アイ）メッセージ／感情の反映／繰り返し／相槌
　非言語：観察／表情／態度／しぐさ／発声

・説明，解説

→要約／言い換え／解釈

・小道具

→パンフレット／お茶／たばこ（健康のためには推奨しないが，時に有効）等

3. 面接の終了

　当初設定した目的の達成や，面接中に浮上した課題を解決できたら面接を終了する。ただし，実際には目的に向かって予定したとおりの展開になるとは限らず，決めた時間を目安にして次回以降へ持ち越す課題を確認して終了する場合もある。ここでいう「面接の終了」は，支援の終結と同義の場合もあるが，長い支援経過のなかの，今回の面接終了という場合も含む。

　終了に向かうためには，（1）提案や意見を伝える，（2）クライエントに選択や決断を求める，（3）面接目的の達成度合いを確認する，（4）今後の計画や見通しを確認する，などを行う。

（1）提案や意見を伝える

　PSWによる支援は常にクライエントを中心にして行うものではあるが，ほとんどの場合，知識や情報量を圧倒的に多く有するのはPSWである。そのため，クライエントの課題解決に向けた有効な情報提供やPSWの過去の経験に基づく意見の伝達も面接の要素の一つとなる。特に面接の終了段階では，クライエントの状況や希望，これまでの経過を十分に理解したうえで，有効な情報提供を行い，支援の道筋について提案することが必要となる場合も多い。

　その際，クライエントをよく観察し，クライエントに伝わる表現を選び，時にはパンフレット等の参照資料やメモ書きを用いながら，思考や理解の速度に合わせて伝える配慮が不可欠である。

（2）クライエントに選択や決断を求める

　今後の支援方針を検討し決定するためには，クライエント自身が何を望むかを明確にしなければならない。何らかのニーズがあって開始した面接であるから，それによって支援を継続するのか終結するのかも決めることになる。面接の終了に向けてクライエントの意思を確認することは欠かせない。

　例えば，インテーク面接の場合であっても話すうちにニーズが満たされて以後の支援を要しないことや，別の支援機関を紹介する形で終結することもある。一方で，今後の支援を開始するための合意形成や契約段階に進む場合もある。継続的に支援中のクライエントとの面接では，この先の支援方針を決めるためにクライエントに選択や決断してもらう必要がある。

　この際はPSWの判断に誘導しないために，開かれた質問で自由にクライエントが答えることを保証することが望ましい。ただし，特に，不安が大きかったり依存的な傾向の強いクライエントは判断をPSWに委ねがちであり，課題に向き合うのは自分だと本人に認識してもらうことを意図して，閉じられた質問で焦点化したり沈黙して待ったりしてクライエントの決断を促すことも必要となる。

　また，思考障害や記憶障害，抑うつ状態等により判断力の低下したクライエントの場合は，意思を自覚して明言できなかったり過度に悲観的になっていることも考えられる。その際は，面接過程を要約して伝えながら閉じられた質問によってクライエントの意向を確認したり，選択肢を列記して提示したりして判断をサポートするほか，一時的に決定を先送りすることも必要である。

（3）面接目的の達成度合いを確認する

　面接の開始時には，何のための面接かをクライエントとPSWで確認している
はずであり，そのことが達成できたかどうかを確認することは面接を締めくくる
うえで必要なプロセスである。時には，面接の展開において思わぬ話が飛び出し，
当初予定したこととは異なる課題を扱う場合もあるが，そのことを優先的に取り
上げた理由と成果を確認しておくことは，今後の支援方針の検討においても重要
である。

　また，クライエントのペースを大切にすれば，PSWの想定どおりに運ばない
事態も当然であり，約束した時間設定を超えて面接が長引くこともあるかもしれ
ない。しかし，PSWの業務マネジメントの観点からも，面接時間が有限である
ことは両者が認識しなければならない。ただし，特になかなか面接を終えられな
い場合，クライエントのその場のニーズが満たされていないことが考えらえる。
このようなときは，話題転換によって面接の開始時点で設定した目的に立ち戻る
ことが必要となる。

　時間が来たことを伝えたり，今回の面接を振り返るために話し合った事柄を要
約して伝えることも話題転換のきっかけとなり，面接の締めくくりの合図となる。
目的の達成度合いを確認するには，閉じられた質問で焦点を絞ることもあれば，
開かれた質問で成果をクライエント自身に語ってもらう仕方もある。

　特に自己肯定感の低さや不安感，緊張感の強さ，重い障害や深刻な課題を抱え
ているクライエントは，面接場面を乗り切ること自体に大変な労力を要している。
この段階では，支援方策等の具体的な話に終始しがちであるが，クライエントの
こうした労力への労いや癒しなど，クライエントの感情面への手当も面接の成果
として重視するべきである。さらに，PSWが面接中に得られたことを成果とし
て伝え，面接時間を共に歩んでくれたクライエントへの感謝を述べることも支援
関係の構築にとって意義がある。

（4）今後の計画や見通しを確認する

　支援を継続するクライエントと共に今後の計画や見通しを確認することはもち
ろん，面接を終えることで支援終結となる場合であっても，必要が生じた際は支
援を再開できることを保証するべきである。そのため，面接の締めくくりには「こ
の後」のことを話題に取り上げる。

　次回の面接予定の確認や予約を入れることもあれば，この後クライエントが取
り組む事柄やPSWが次回までにしておくことなどの確認もある。また，これか

ら実行しようとすることだけでなく，クライエントが目指す自己実現の道筋について長期的な展望として話題にすることも，支援関係を継続しパートナーシップを強固にすることを助けてくれる。

　記憶障害や理解力の面でサポートを要するクライエントの場合には，メモ書きを勧めたり，PSW がメモして手渡したりするなどの配慮も必要となる。依存的な傾向の強いクライエントの場合，課題や目的に向かって取り組むのはクライエント自身であることを伝える意図で，今後の計画を具体的に個別支援計画書などに記載して手渡すことも有効である。

◆よく用いる技法等

・質問
→閉じられた質問（繰り返し・ペーシング／開かれた質問／言い換え／要約／感情の反映／沈黙／対決などを併用）
・労いや受け止めの表現
→言語：Ｉ（アイ）メッセージ／感情の反映／繰り返し／相槌
　非言語：観察／表情／態度／しぐさ／発声
・提案，提示
→要約／解釈／質問／メモ書き／資料／個別支援計画書等
・話題転換
→要約／質問／時計

第**2**節 面接技法を効果的に使う

　面接技法は多くの書物で紹介されているので，ここでは主要な技法およびツール等を取り上げ，有効な場面や留意点について解説する。実際の面接では，複数の技法を組み合わせたり応用したりして，クライエントの特性や目的，状況に適った用い方をしており，用例として本書の第Ⅰ部第1章の面接事例の該当箇所をいくつか提示した。

1．言語的技法

① 閉じられた質問

「はい」「いいえ」などで答えられるように尋ねること。

● 有効な場面

・思考障害や記憶障害，発語困難のクライエントや，躁状態で多弁なクライエントの場合
・PSW が得たい情報を端的に聞き出したいとき
・話の端緒をつかむとき
・クライエントの話がまとまらないとき
・クライエントが抽象的なことを話せないとき
・話の焦点を絞りたいとき
・なかなか断言や明言しないクライエントの意思を確認したいとき
・クライエントに決断を求めるとき

● 留意点

・多用するとインタビュー調査や誘導尋問のようになる。
・クライエントが自由に語ることを阻害する可能性がある。
・PSW が想定できない話を引き出すことはできない。
→開かれた質問や相槌を織り交ぜる。面接を要約したりクライエントの感情への共感を示したりしながら尋ねる。

● 本書における代表的な使用例

🎬 01–④〜⑪：インテーク面接の冒頭で，必要な情報を効率的に聞き出すため

141

のテンポをつくっている。「ご一緒にお住まいのご家族はいらっしゃいますか？」「職場結婚ですか？」

🎬 06–㉖：クライエントの感情を推測しながら要約し，的を絞ってクライエントの意思確認をしている。「退院したいのですね？ それは…（中略）…ということですか？」

🎬 18–⑦：受診の意思の有無についてクライエントに端的に尋ねている。「念のため伺いますが……医師に受診なさらなくていいんですよね？」

② 開かれた質問

クライエントが自分の言葉で自由に答えられるように尋ねること。

● 有効な場面

・スムーズに発語でき，思考のまとまっているクライエントの場合
・クライエントの思いや考えを聴きたいとき
・クライエントが話したいことをもっているとき
・クライエントの主体性を喚起したいとき
・クライエントに面接の主導を渡したいとき
・自由な雰囲気を出したいとき
・クライエントの表現力を測りたいとき
・話題を広げたいとき
・時間にゆとりがあるとき

● 留意点

・面接の焦点がぼやける場合がある。
・思考障害や抑うつ状態のときはクライエントの話がまとまらないこともある。
→クライエントが語る内容から PSW が要点を拾い出す力が必要。

● 本書における代表的な使用例

🎬 02–㊺：クライエントの断酒に関する思いを聞こうとしている。「どうしていつも「もう飲まない」って言うの？」

🎬 08–④：クライエントからの電話の冒頭で問いかけ，自由な語りを促している。「今日はどのようなご相談ですか？」

🎬 19–㉔：クライエント自身に考えることを促し，主体的に課題に向き合ってもらおうとしている。「ご自分の課題はどうやって克服していけばいいと思いますか？」

③ 相槌

クライエントの話にうなずいたり，短く受け答えの言葉を挟んだりすること。

● 有効な場面

・不安の強いクライエントや自己肯定感の低いクライエントなど，語ることに臆病なクライエントの場合

・しっかり聴いていることを表明したいとき

・クライエントの話すペースを遮らず先を促したいとき

・クライエントに自分の言葉で話し続けてよいことを伝えたいとき

・面接をテンポよく運びたいとき

・クライエントの発言のうち PSW が重視した部分を印象づけたいとき

・クライエントの発言をさらに引き出したり思考を深めたりしたいとき

● 留意点

・多用し過ぎると耳障りとなり，クライエントのペースを阻害してしまう。

→濃淡や抑揚をつけ，相槌の打ち方にバリエーションをもたせる。

・気持ちのこもらない相槌はクライエントにとって不快感を与える。

→表情やジェスチャーとともに用いる。

● 本書における代表的な使用例

📽 16－㊻：発言を否定されるのではと恐れているクライエントを勇気づけ，先を促している。「もちろんです」

📽 17－㉙～㉝：クライエントの話すペースを遮らず，励まして，続けてよいことを伝えている。「はい」「ええ」「お一人で解決を？」

📽 24－㉚：クライエントの語りを肯定し，勇気づけて，さらに発言を促している。「ええ」

④ 繰り返し／ペーシング

クライエントの言葉の全部または一部をそのまま引用して返すこと。

● 有効な場面

・自信のなさそうなクライエントや語ることに不安の強いクライエントの場合

・思考障害や記憶障害のあるクライエントの場合

・しっかり聴いていることを表明したいとき

・クライエントの発言を受け止めたことを表現したいとき

・クライエントを勇気づけたいとき

・クライエントの語りを促したいとき

・重要な発言や内容であることをクライエントに伝えたいとき

● 留意点

・多用するとクライエントの話すリズムを阻害してしまう。

→語尾は「～ですか」より「～ですね」と丸めるほうが受け止めたことが伝わりやすい。

・機械的なオウム返しは，クライエントにとって馬鹿にされているように感じられる。

→キーワードや面接の趣旨に適った部分を選択する。

● 本書における代表的な使用例

🎬 05-㊵：クライエントの痛切な訴えであることを理解し，受け止めていることを表現している。「限界……。これまで……」

🎬 07-⑱：クライエントが特有の意味づけをして用いている言葉であると分析し，重要な発言であることを伝えようとしている。「サラリーマン，ですか」

🎬 20-㊺：クライエントが自分で結論を出そうとしていることを重視し，励まそうとしている。「言うしかない，でしょうか？」

⑤ 言い換え／リフレーミング

クライエントの表現を別の言葉に置き換えて応答すること。

● 有効な場面

・否定的，悲観的な表現や特有の言い回しの目立つクライエントの場合

・クライエントが言葉の意味を誤っているときや妄想と思われる発言の目立つとき

・クライエントへの関心を伝えたいとき

・クライエントに安心感を提供したいとき

・クライエントの発言や態度の意味を理解したことを表明したいとき

・クライエントの発言を整理したいとき

・クライエントの発言を正確に理解したいとき

・PSW が理解した内容を確認したいとき

・クライエントに事実や感情への気づきを促したいとき

・クライエントにさらなる発言を促したいとき

● 留意点

・言い換えが的外れだとクライエントの感情や信頼を侵害する恐れがある。

・多用するとクライエントの独自性や個性の表出を阻害する恐れがある。

→クライエントの表現に沿った範囲にとどめ，解釈しすぎないこと。

● 本書における代表的な使用例

■ 03−③：クライエントの切迫した言葉の奥にある思いを理解しようとする姿勢を表現している。「死にたいと思うくらいつらいお気持ちなのですね」

■ 05−㊹：主語を息子にし，母親からの相談内容を言い換えてPSWのスタンスを伝えている。「息子さんがどうしたら受診してくれるか，一緒に……」

■ 15−㉓：クライエントへの関心を表し，真意を受け止めたことを伝えようとしている。「主張はちゃんと理解しましたよ」

6　要約

クライエントの発言内容の重要な箇所を的確にまとめて返すこと。

● 有効な場面

・話が迂遠，冗長なクライエント，思考障害や混乱が大きいクライエントの場合

・しっかり聴いていることを表明したいとき

・クライエントに安心感を提供したいとき

・クライエントの思考の整理を助けようとするとき

・面接の要点を絞るとき

・クライエントの発言に一息入れるとき

・面接の主導権を取り戻したいとき

・面接を次の段階に進めるため一段落させるとき

・面接を終結させようとするとき

● 留意点

・早すぎるとクライエントは急かされていると感じることがある。

・面接の方向性を決めることになるため，重要な点を外すと面接の焦点が逸れてしまう。

→クライエントの発言内容を取捨選択し，面接目的に沿った部分を抽出すること。

● 本書における代表的な使用例

■ 04−㉒：クライエントの語る言葉から理解できたことを要約して伝え，安心感を提供している。「戸惑われたことと思います」

■ 12−㉑：相談経過をクライエントと振り返り，面接の焦点を絞って次の段階に進めようとしている。「ここまでは，お仕事の話が中心ですよね」

■ 16−⑲：クライエントの傷ついた体験談を要約し，話を聴き心情を受け止め

ていることを伝えている。「それはひどい言い方ですね」

7 I（アイ）メッセージ

「私」を主語にして PSW 自身の感情や考えを伝えること。

● 有効な場面

・クライエントをありのままに受け入れていることを積極的に表明しようとするとき

・PSW の思いや意見をクライエントに押しつけずに伝えようとするとき

・クライエントとの距離感を縮めたいと思ったとき

・一般論ではなくクライエントや状況の固有性を意識して伝えたいとき

● 留意点

・面接の中心がクライエントから PSW に移ってしまうことがある。

→ PSW の自己開示でもあるため，自身の感情をよく吟味し，クライエントに焦点を当てた内容であることを確認すること。

・PSW 個人の感情的なメッセージが強いと反感を買ったり，依存や好意などの感情を誘発してしまう場合がある。

● 本書における代表的な使用例

🎬 10−③：クライエントへの関心を表明し，受け入れていることを積極的に伝えている。「私はあなたのことをとても心配しています」

🎬 17−⑪：解釈や分析ではなく PSW の思いを率直に語ることでクライエントにも考えることを促そうとしている。「私，なんとなく思うんです」

🎬 23−㊴：PSW としてのスタンスを一般論ではなく，目の前の利用者に向けて明確に表明している。「私は，何より太さんご本人の意思を大切にしたいと思っています」

8 感情の反射・反映

クライエントから表出された感情を理解して受け止め，言葉（繰り返し，言い換え，要約，質問，I（アイ）メッセージ，沈黙）で表すこと。

● 有効な場面

・感情を抑圧しているクライエントの場合

・クライエントへの共感を伝えたいとき

・クライエントの感情を受け止めたことを表明したいとき

・クライエントの発言にためらいがあるとき

・クライエントの話に情緒的な要素が大きいとき

・労いや励ましを伝えたいとき

・クライエントに自己の感情と向き合うことを促すとき

・クライエントの感情表出を促したいとき

・クライエントの発言を促したいとき

● 留意点

・早過ぎると，クライエントは「理解してもらえていない」と感じる可能性がある。

→観察や傾聴を通して十分に理解できた場合に用いる。自己開示やⅠ（アイ）メッセージ，あるいは反対に一般論に言い換えることもある。

・感情を表現することを苦手とする，または嫌うクライエントの場合，態度を硬化させてしまうことがある。

・表現した感情と表情を一致させないとクライエントに混乱を与えてしまう。

● 本書における代表的な使用例

📽 13－㉘：口の重いクライエントに先を促すため，心情を要約して言い換え，閉じられた質問で尋ねている。「それはきっと素敵な思い出をたくさんもっているからなのでしょうね」

📽 14－④：クライエント自身が抑圧していると思われる深い感情に着目してもらおうと，推測しながら閉じられた質問で伝えている。「気持ちをすり減らして，疲れてしまったでしょう？」

📽 21－㉓：母親の要求通りにならない面接の展開を突き付けながらも，母親の心情に共感的理解を示そうとし，閉じられた質問で投げかけている。「苦痛に感じていらっしゃるのですか？」

⑨ 解釈

クライエントの発言内容を意味づけして説明すること。

● 有効な場面

・情景描写や状況説明の長いクライエントの場合

・クライエントの発言内容を整理し面接を展開させたいとき

・クライエントの思考や洞察を促進したいとき

・クライエントの気づきを支えたいとき

・問題解決に向けてクライエントを励ましたいとき

・クライエントに PSW のもつ情報や知識を提供したいとき

● 留意点

・PSW の一方的な解釈は，クライエントに受け入れられない。

→クライエントの思考のペースに合わせること。

・PSW による指摘や非難として受け取られる場合がある。

→クライエントの課題解決につなげるための効果的な展開を意図し，演説にならないこと。

● 本書における代表的な使用例

🎬 09−㊶：「一人」を理由に現状維持を肯定するクライエントの発言に解釈を加え，協働作業を持ち掛けるきっかけにしている。「では，例えば誰かと一緒であれば……」

🎬 23−㊹：母親の発言や態度から推測したことを伝え，抑圧している感情に目を向けることを支え励ましている。「これは私の想像ですが……」

🎬 25−⑱：クライエント自身の努力の成果であるという肯定的な意味づけを伝え，問題解決に向けて励ましている。「だとすると，これまで誰にも言えないできたことを人に相談するという，大きな壁を乗り越えられたんですね」

⑩ 話題転換

取り扱うべき内容に話の方向を切り換えること。

● 有効な場面

・こだわりが強いクライエントの場合

・ここから話を本題に進めようとするとき

・クライエントの発言が堂々巡りや冗長になったとき

・面接の展開に行き詰まったとき

・クライエントと PSW のどちらか一方または双方の話が本題から逸れたとき

・クライエントの話を軌道修正したいとき

・面接で取り上げる話題を絞るとき

・PSW が面接の主導権を取り戻そうとするとき

・問題解決に向けて面接を展開させようとするとき

・面接の終結に向かうとき

● 留意点

・早過ぎるとクライエントの重要な発言を抑制してしまい，真意が語られないままになる。

・PSW のペースで転換しすぎると，クライエントの主体的な発信や参加を阻害

する。

→クライエントのペースを尊重し，話題の転換についてこられるように見極める。

● **本書における代表的な使用例**

📽 11－⑪：状況把握ができたため深刻な空気を払拭し，質問を投げかけ考えてもらうことで，今後の対応の検討に転換しようとしている。「ところで今いくら持っていますか？」

📽 14－②：聞き取ったことを，クライエントを主語にして要約し，取り上げる話題の中心をクライエントに据え変えている。「これまでのお話を伺うと……」

📽 22－㉜：PSW が面接の主導権を取り戻し，面接の構造をつくり直そうとしている。「わかりました，わかりました，お母さん」

⑪ 対決

クライエントの矛盾や否認を逃さず取り扱うこと。

● **有効な場面**

・否認や依存の強いクライエントや，他罰的な傾向の強いクライエントの場合
・クライエントの言葉と行為の間に矛盾を見出したとき
・発言に矛盾があることをクライエント自身に気づいてほしいとき
・クライエントが自己の感情に向き合うことを避けているとき
・クライエントが本音を語っていないと感じるとき
・クライエントが PSW を試そうとしているとき
・クライエントに本気で向き合う姿勢を強調したいとき

● **留意点**

・PSW の審判的，批判的な態度は，クライエントに敵意や反感を抱かせることになる。
・クライエントを責めたり問い詰めたりすると，萎縮させ面接が行き詰まる。
・クライエントが自己の矛盾を受け入れる準備ができないうちに用いると支援関係を壊すことになる。

→信頼関係が構築できたことを確信できてから用い，PSW はクライエントが自己の矛盾を受け入れ，課題解決に向かうことを支援する覚悟を固めてから用いること。

● **本書における代表的な使用例**

📽 15－㊳：被害的な感情をぶつけるクライエントを励まそうとし，怒りが的外れであることに気づけるよう質問を投げかけている。「角さん，いかがですか？」

🎬 21 –㉗：母親の主張の矛盾を伝えながら，問題解決に向けて真剣に向き合う PSW の意思を伝えようとしている。「お母さん。本当に，それでうまくいくとお思いですか？」

🎬 24 –⑯：クライエントの発言を待つ PSW の意思を，母親への言葉と態度でクライエントにも間接的に伝えている。「すみません，お母さん。今は黙っててください」

⑫ 意図的な沈黙

言語の発信を控えて静かにすること。

● 有効な場面

・考えたり発言したりすることに時間のかかるクライエントの場合
・クライエントのペースを尊重することを伝えたいとき
・クライエントが思考を整理する時間を保証したいとき
・クライエントの発言を待っていることを表現したいとき
・生活場面面接を含め，クライエントとの時と空間の共有を大切にしたいとき
・クライエントの息遣いに波長を合わせたいとき
・クライエントが面接の主体であることを表現したいとき
・クライエントの自己洞察を促したいとき
・クライエントに，自分の課題に向き合うことを促したいとき

● 留意点

・長過ぎると緊迫感が高まり，クライエントは追い詰められたと感じることがある。
→クライエントの態度や表情を観察して適切に計ること。
・どちらが沈黙を破るかにも意味があるが，我慢比べになってはいけない。
・沈黙の演出の仕方（凝視する，目を伏せる，視線を逸らす）にもメッセージが込められる。
→沈黙の意味を判断し，効果的に活用すること，相槌などを組み合わせること。

● 本書における代表的な使用例

🎬 03 –⑩：クライエントの反応を見極め，クライエントのペースに合わせようとする PSW の姿勢を伝えている。（一呼吸おいて数秒待ってから）

🎬 12 –⑧：クライエントに自分の感情と向き合ってもらうための「間」を提供し，次の質問の効果を増そうとしている。（そこで，少し間を取り……）

🎬 20 –⑯：クライエントが主体的に問題解決に向き合おうとしているのを見て

待つことにし，考える時間を保証している。(岡さんが何か言うのを待った)

2．言語技法以外に活用するもの

面接では，言語・非言語を通じたコミュニケーションがクライエントと PSW の間で絶えず交わされる。そこで，言語以上に有意な表現方法にもなり得る非言語の要素について，PSW 側の表現と，観察ポイントとなるクライエント側の表現の例を以下に列挙する。

(1) PSW による表現（例）

【言葉遣い】敬語，丁寧語，友だち言葉（タメ口のこと)，発語・発音，方言

【発声】聞こえやすい大きな声，周囲を気にした小声，強弱や抑揚

【態度や姿勢】礼儀正しさ，腰を低くする，そばに寄り添う，前屈み，背筋を伸ばす

【表情】笑顔，驚き，困惑，感心，顔をしかめる，目を丸く見開く

【目線】凝視する，逸らす，伏せる

【しぐさ】うなずく，手を動かす（顔の前に突き出す，差し出す，口に当てる)，肩をすくめる，前屈みになる

【小道具】パンフレット（チラシやしおり等を含む)，個別支援計画書，メモ用紙と筆記具，時計，お茶，アルバム・写真，他利用者の手記，DVD，地元ネタ，飲食物やたばこ（使用を推奨するものではない）等

【空間】面接場所，物理的な距離，座り方，調度品，照明や採光，同席者，広さ，周囲の音や人の気配，窓の位置や窓外の風景

● 本書における代表的な使用例

🎬 02－①～(66)：調理中の会話でもあり，あえてフランクな言葉遣いをしてクライエントに警戒心なく心を開いて話してもらおうとしている。

🎬 04－①～⑩：初めての電話相談の冒頭で，安心感を提供し丁寧に受け入れる姿勢を声と口調で表現している。

🎬 12－②，⑥，㉓，㉟：クライエントから目線を外さずに，わずかの思いも受け止めようとして見せている。

🎬 20－㉔～(73)：クライエントの感情を投影するような表情を浮かべ，一緒に考えている姿勢を示しつつクライエントが主体的に考えることを促している。

🎬 21－⑮：お茶を飲むことで，緊迫した空気を瞬間的にほぐし，膠着しがちな

面接の場面転換を図っている。

🎬 22-㊵〜㊺：初回面接の緊張感をほぐす位置を取りながら，施設利用の主体になる可能性のある息子の近くに着席している。

（2）クライエントの表現の観察ポイント（例）

【口調や言葉遣い】敬語，丁寧語，友だち言葉（タメ口のこと），発語・発音，方言，乱暴な言葉遣い，呂律の回り，流暢さ

【声】発語・発声，大きさ，抑揚，声質，高さ，勢い

【表情】笑顔，しかめっ面，無表情，泣き顔，苦悩の滲む表情

【顔の動き】眉間，目の動き，頬のゆるみ，口の端，唇の動き，顔の上げ下げ

【態度や姿勢】おどおど，堂々と，貧乏ゆすり，背中の丸み，肩の張り

【服装】場に合うか，清潔か，季節感，色合い，ブランド，流行

【体格・体型】肥満，やせすぎ，骨格，筋肉のつき具合，背の高さ，背筋

【髪型】清潔感，スタイル，色

【装飾品】嗜好，値打ち（金額），センス

【身体の動き】歩き方，機敏さ，柔軟性，不随意運動，麻痺

【持ち物】新しさ，整理整頓，手入れ

【におい】清潔感，香水等，体臭，口臭

【生活動作】食事の仕方，読み書きの力，歩き方

【生活習慣】生活環境によって特有の習慣がある

【生活環境】部屋のしつらえ，整理整頓

【興味関心】特定の物事に表情や発言回数・内容が変化するなど

【作業能力】正確さ，集中力，慣れた様子

● **本書における代表的な使用例**

🎬 03-㉓, ㉘, ㉜, ㉞：電話の向こうのクライエントの声の調子や語調の変化を敏感に聞き取りながら対話を進めている。

🎬 05-㉙, ㉝, ㉟, ㊹, ㊼, ㊽, ㊿, ㊾：電話口でのクライエントの口調や話し方に着目し，心情を察しながら応答しようとしている。

🎬 06-③, ⑱, ㉕, ㉜：声の大きさや口調の激しさでクライエントの感情の昂ぶりを確認しながら話している。

🎬 09-①, ⑤, ⑨, ⑯, ㉑, ㉓, ㉜, ㊳, ㊽, ㊿：表情の変化に着目し，クライエントのペースに合わせて会話している。

🎬 09-①, ②, ㉑：本日の支援内容や方法を検討するため，室内の様子を観察し，

前回と比較しながら片づき具合や新規購入品の有無，生活スタイルなどを推測している。

■ 23 −⑯, ㉚, ㉜, ㉞, ㊳, ㊶：母親の表情や口調，肩の動きや握り拳などを逃さず観察し，心情を推し量って PSW の口調を選んでいる。

＊

　ここまで述べてきたように，面接技法の多くはコミュニケーションの方法そのものであり，そこに PSW の価値や知識を持ち込んで意味づけしたものということもできる。よって技法を効果的に使うためには，支援経過のなかにある「目の前の面接」の目的をその都度意識することが欠かせない。さらに，クライエントの力や障害特性を推し量って理解し，各クライエントにふさわしい形でコミュニケーションを柔軟に応用することが必要となる。当然，PSW としてのアセスメント機能を絶えず働かせなくてはならない。よって，面接の上達はすなわち PSW としての力量の向上と不可分のものといえるだろう。

　一方，面接は「面接技術」といわれるように，技であるから，その部分は磨くことができる。そのためには，テキストを参照しながら用例をもとにイメージトレーニングをしたり，各技法を縦横に組み合わせて効果的に活用する意識をもち，実際の面接で模倣して試行した後に振り返りながら，面接における経験知を効率よく蓄積することも有効である。

記録編

記録することは，精神保健福祉士（以下，PSW）の標準的な業務であり，日々の実践における重要な位置を占めるものでもある。PSWは，記録を作成する際も専門的な思考を働かせ，独自の着眼点やアセスメントを言葉にしていかなければならない。一方で，使用目的や提出先および閲覧者が誰なのかによって記述すべき内容や方法を選択することも要求され，同じクライエントへの支援に関する記録であっても，書式に応じて内容を書き分ける判断ができなければならない。

　しかし，多くの労力や時間をかけられないことなどを理由に，時として記録が「後回し」になってしまうこともあるのではないだろうか。また，PSWの養成課程や職場によっては記録法に関する丁寧な教育，研修が行われていないことも考えられる。さらに，記録には各PSWの所属現場の特性や目的等に応じたさまざまな書式が用いられており，それらにふさわしい記録を書けるようになるためには，作成した記録が適切であるか検証を繰り返すことも必要である。

　そこで本編では，記録法についてPSWの思考過程を可視化することによって学び直すことを目的とする。第1章では，PSWが作成することが多いと考えられる記録について第Ⅰ部「面接編」の事例を用いて実際の記録書式と，それを作成したPSWの思考過程を記述する。さらに，作成上の留意点や書式の取り扱い等の基礎的知識のワンポイント解説を付けている。当然のことながら，記録はPSWとして実践したことを書き残すものであるから，その前提となる確かな実践がなければならず，第2章では，記録作成の意義や基本的な心得について再確認する。

※第5節，第6節に収載している法定の書式以外は，一般的に網羅すべきと考えられる項目を選定した本書オリジナルの書式である。

記録の技術
～目的に沿って，要点を押さえる

- 第1節　インテーク記録
- 第2節　支援経過記録
- 第3節　訪問時の記録
- 第4節　グループワークの記録（デイケア）
- 第5節　医療保護入院者退院支援委員会審議記録
- 第6節　医療保護入院者の定期病状報告書
- 第7節　個別支援計画書
- 第8節　退院サマリー
- 第9節　ケア会議の記録
- 第10節　スーパービジョンのレポート

第1節 インテーク記録

■ インテークと記録

インテークはソーシャルワークの最初の段階であり，その記録は，クライエントから発せられる主訴を基軸にかかわるPSWの支援の明確な裏づけになります。主訴と併せてクライエントの生活歴や家族歴，利用社会資源なども必要に応じて聴取しますが，それらは一般的にフェイスシートに記載します。一方，インテーク面接時のPSWの印象や所感は，通常そこには記載しません。しかし，クライエントとの出会いという重要な場面におけるPSWの判断を記録することは，以降の支援を検討する情報となり，意義があります。

■ 書式の取り扱い

記録用紙には定式はなく，クライエントとPSWや所属機関との出会い方や，利用形態によっても用いやすい書式は異なり，各機関や施設の種別および使い方に合わせて作成されています。記録は，PSWが作成，管理する個人ファイルに挟み込みますが，機関における判断や支援提供の根拠となるものですから，クライエントからの開示請求の対象にもなり得るほか，他職員とも共有することを想定してわかりやすく記載する必要があります。また，クライエントの個人情報を詳細に記載するため，厳重に保管します。

> 東さん（50歳男性）は，大手建設会社の設計部門に勤務しています。1年前に部長代理に昇格し，部下の指導管理や他部署との交渉などのマネジメント業務を中心的に担っていましたが，営業を行う関連会社へ出向するよう命じられました。ストレスチェック後の産業医面談で不眠や気分の落ち込みがあると述べた東さんに，医師は精神科受診を勧めました。東さんは診察よりカウンセリングを希望し，会社の保健師の紹介でリワーク支援の契約をしている当クリニックに来談しました。当クリニックはリワーク支援を専門にしており，外来診療とデイケアのほか，PSWや臨床心理士による個別面接相談（カウンセリング，復職支援，コンサルテーション）などを提供しています。委託先からの紹介患者のインテーク面接はPSWが担っています。

参照　第1巻 2章4節　第2巻 面接編 01, 07, 12, 17, 18

■ 書式について

インテークのための記録用紙は職場ごとに異なりますが，フェイスシートと一体化していることが多く，その場合にはPSWの判断や働きかけを記載する欄は設けられていないことが多いと考えられます。しかし，本項ではインテーク面接の記録として望ましいものを提示する目的から，一般的にフェイスシートに記載する事項として家族歴，生活歴（学歴，職歴等），既往歴および現在の症状等，利用社会資源・関係機関等，嗜好品に加えて，主訴と相談経路，PSWの所感，支援の可否の項目を設けています。このなかで，「支援の可否」はインテーク面接後の判断や経過を含めた記載となります。

インテーク記録

2017/6/●　xx:00〜xY:00（於：○○クリニック相談室）

主訴
　カウンセリング希望（受診は希望せず）。「自分は会社に要らない人間のようです」という。

相談経路
　職場のストレスチェックで高ストレスを指摘され，産業医と面談し保健師の紹介で当クリニック受診。

家族歴

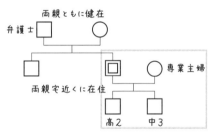

　現在は，妻と2人の息子（高2，中3）との4人暮らし。出身世帯は両親と兄の4人家族で，父は弁護士，両親ともに健在。時折，家族で実家を訪ねる。兄一家は両親宅近くに在住。

生活歴（学歴・職歴等） ④
　●●県の出身。地元の小・中・高卒。○○大学大学院（修士，設計）を修了後，設計事務所に就職と同時に一人暮らしを始める。友人の紹介で結婚（31歳）し，男児2人をもうけ，10年前にマイホームを建てて現在に至る。就職して3年後に別の設計事務所へ転職し，さらに2年後に再度転職して現職場に設計士として勤務。40歳で課長，44〜5歳で上位の課長となり1年前より部長代理を兼務している。

既往歴および現在の症状や障害等 ⑤
　持病や大きなケガはなく，精神科受診歴もない。
　（保健師からの情報では，不眠や気分の落ち込みの訴えありとのこと）

利用社会資源，関係機関等 ⑥
　社内の産業医面談を利用。支援窓口は産業保健師○○さん。

嗜好品など ⑦
　缶ビール500ml 1〜2本／夕飯時，ほかは付き合い程度。喫煙（−）

PSWの所感 ⑧
　問いかけには淀みなく答えることができるが，来談目的は今一つ明らかではない。本人の発言からは，就業上に何らかの問題を抱えて悩んでいることがうかがえる。不眠や気分の落ち込みなどの精神症状に関する訴えがないことから，現段階では精神科医療の要否判断は困難である。

支援の可否 ⑨
　本人よりカウンセリングの希望があり，就業にまつわる課題整理を支援する目的で面接を続行したところ，設計士としての職業人生をいかに歩むかを決断するためのサポートを必要としていることが判明。結果的には一度の面接相談のみで終結。不眠等の原因も明確となり，精神科医の診察は不要と判断した。紹介元への報告は東さんに行っていただく旨確認。

実践！記録術

① 主訴

> **主訴**
> カウンセリング希望（受診は希望せず）。「自分は会社に要らない人間のようです」という。

記録の思考過程

　産業医が精神科受診を勧めたことから東さんには何らかの精神症状があると考えられますが，カウンセリングのみ希望というのは，精神疾患の可能性を受け入れていないか，何か心の悩みがあるためであることが推測できます。保健師からの情報では不眠や気分の落ち込みがあるとのことですが，東さん自身が言わないうちは主訴として記載することを避け，仕事に関する相談であることを示唆する本人の言葉をそのまま記載しています。

💡 Point｜クライエントの言葉で主訴を記す

　精神保健福祉の現場には，初めに相談事を持ちかけるのが精神障害のある当事者とは限らず，家族や関係者である場合や，当事者が望まないまま，非自発的な形でPSWの所属先を利用する場合もあります。誰から何を聴取した記録であるか，クライエントを誰ととらえるかによってインテーク記録の仕方は変わります。また，紹介状がある場合は参照しますが，鵜呑みにせずクライエントの表現を大切に扱います。

❷ 相談経路

> 相談経路
> 職場のストレスチェックで高ストレスを指摘され，産業医と面談し保健師の紹介で当クリニック受診。

記録の思考過程

　リワークプログラムの委託を受けている会社より，産業保健師を通して東さんの予約の連絡があり，その際に東さんが当クリニックに紹介されるに至った経過の概要を聴取しています。東さんからはこの経緯について面接場面で述べられていませんが，予約の電話を受けたのも私であり，今後も連携する可能性が高いため相談経路として記載しています。

　また，主語は東さんにしています。

💡 Point｜紹介元やアクセス方法を明記する

　クライエント自身の希望による来談かどうかは，支援関係の構築において重要な情報です。また，ひきこもりの息子をもつ親，夫がアルコール依存の妻，認知症の親を介護する嫁など，精神疾患や障害をもつ人の「家族」を，困りごとや悩みを抱えたクライエント本人としてとらえ，精神障害当事者への対応や当事者を抱えた家族としての生き方の相談に乗る場合もあり得ます。一方，当事者を機関や施設につなげるために家族が受診や入所を依頼したととらえ，当事者をクライエントとして扱い，インテーク記録を作成することもあります。

❸ 家族歴

家族歴

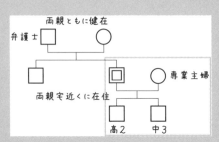

現在は，妻と2人の息子（高2，中3）との4人暮らし。出身世帯は両親と兄の4人家族で，父は弁護士，両親ともに健在。時折，家族で実家を訪ねる。兄一家は両親宅近くに在住。

🧠 記録の思考過程

専業主婦の妻と受験期の息子が2人いるという家族構成から，東さんの仕事は一家の経済を支えていると考えられます。父親が弁護士と記載しているのは，比較的裕福な家庭に育ったと推測できることを示しています。両親が健在で兄一家も近くに住んでいるとのことなので，親の介護などの心配はなさそうであると，この時点では想像しています。なお，兄一家の家族構成はこの段階での重要な情報ではないと判断し，詳しく聴取していません。

💡 Point｜ジェノグラムを併用し，視覚的にわかりやすく

家族に関する情報をどの程度まで詳細に尋ねるかは，主訴を勘案して状況により判断する必要がありますが，一般的に同居家族の有無と概要や，出身世帯の構成は必要な情報です。ただし，高齢者や離婚・再婚を繰り返しているクライエントは，長い経過を有していることもあり，そのことが主訴や機関・施設の特性に大きく影響しない場合は，インテーク段階で詳細に把握する必要はなく，後で徐々に明確にしていくこともあります。

❹ 生活歴（学歴・職歴等）

生活歴（学歴・職歴等）

●●県の出身。地元の小・中・高卒。○○大学大学院（修士，設計）を修了後，設計事務所に就職と同時に一人暮らしを始める。友人の紹介で結婚（31歳）し，男児2人をもうけ，10年前にマイホームを建てて現在に至る。就職して3年後に別の設計事務所へ転職し，さらに2年後に再度転職して現職場に設計士として勤務。40歳で課長，44～5歳で上位の課長となり1年前より部長代理を兼務している。

記録の思考過程

主訴が仕事に関することなので，職歴を中心に聴取しています。大学院まで出て専門に学んだことを職業に選択し，大企業に中途採用で就職していることから，東さんは優秀な設計士であることが推測できます。さらに，順当に昇格して重責を担っているため，会社での評価も高いと思われます。平均的な年齢での結婚，マイホーム購入など，これまでの東さんはおおむね順調に人生を歩んでこられたと考えられます。それだけに，主訴の言葉は気になります。

Point 出身地や最終学歴，結婚歴などのあらすじをとらえる

人生のストーリーを丁寧に聴こうとすると時間を要しますが，インテーク段階では生活歴の聴取自体が目的ではないため，あらすじ程度にとどめます。そのため，主訴に関連することを中心的に取り上げて尋ね，得られた情報をつなぎ合わせて記述します。出身地や大学名，企業名などの固有名詞は，知名度や主訴および今後のアセスメントにとって有効な情報であるかどうかを判断して記載します。

⑤ 既往歴および現在の症状や障害等

既往歴および現在の症状や障害等

持病や大きなケガはなく，精神科受診歴もない。

（保健師からの情報では，不眠や気分の落ち込みの訴えありとのこと）

記録の思考過程

精神科クリニックにカウンセリングのみを希望して来られたことから，症状に対する治療以外の来談目的をもっていると考えています。しかし，クリニックである以上，治療の必要性についてもインテークの段階で検討する必要があり，受

診歴がないことを確認しています。また，東さんは述べられませんが，保健師から事前に得た精神症状に関する情報はカッコ内に記載しておきます。

Point｜概要をつかむ程度に，端的に明瞭に

精神科既往歴について，長い治療経過を有するクライエントや，正確に把握できていないクライエントも珍しくありません。時系列等が正確でないこともありますが，後で関係者に照会することも可能なため，正確とは限らなくても初診の時期や医療機関名など聴き取ったことは記載しておきます。症状や障害の状態については，専門用語に変換せず，クライエントの言葉で書きますが，診断名や障害等級などがわかる場合は，それも記載します。

❻ 利用社会資源，関係機関等

利用社会資源，関係機関等
社内の産業医面談を利用。支援窓口は産業保健師○○さん。

記録の思考過程

東さんの会社は大企業なので，産業医のほかに保健師もおり，リワーク支援の委託を受けている当クリニックに社員を紹介してくるときは保健師から連絡が入り，当院での対応経過もご本人の了承を得て報告する仕組みです。今回も保健師から紹介の電話が入っています。東さんはこれまで特に精神保健福祉関係の支援を受けたことがないため，ほかには利用社会資源はありません。

Point｜連携先となり，必要に応じてエコマップを併用

クライエントが利用している機関や施設，サービス，専門職等について利用内容や開始時期を含めて記載します。機関や施設は種別がわかるように記し，専門職などの人的資源については固有名詞や職名も今後の照会や連携を考慮し記載します。インテークの段階ですべて把握できるとは限りませんが，資源が多い場合はエコマップを用いて視覚的にわかりやすく記録します。

⑦ 嗜好品など

> 嗜好品など
> 缶ビール 500ml 1〜2本／夕飯時、ほかは付き合い程度。喫煙（−）

💭記録の思考過程

東さんには不眠があるとの情報もあり、よくない対応としてお酒の力で寝ようとして酒量が増えている可能性や、うつ状態の背景に飲酒問題があることも考慮しています。今後継続的に支援することになった場合、飲酒状況や酒量の増大などを比較するため、飲酒の種類や量、頻度などを尋ね、記載しておきます。東さんはたばこを吸わないとのことですが、喫煙も精神状態に比例して増減することもあるため、記録しておきます。

💡Point クライエントの主訴や機関特性に応じた内容を聴取

精神疾患や障害特性の観点からは、嗜癖問題や依存性疾患に関連することも含む情報です。また、医療機関においては健康管理や治療対象としてアセスメントする目的ですが、生活支援施設であれば嗜好品の提供との兼ね合いで必要な情報にもなります。食事を提供する施設等であれば、酒やたばこ以外に、好みやアレルギー等を記す場合もあります。

⑧ PSWの所感

> PSWの所感
> 問いかけには淀みなく答えることができるが、来談目的は今一つ明らかではない。本人の発言からは、就業上に何らかの問題を抱えて悩んでいることがうかがえる。不眠や気分の落ち込みなどの精神症状に関する訴えがないことから、現段階では精神科医療の要否判断は困難である。

💭記録の思考過程

こちらの問いかけに沿って、東さんはテンポよく家族歴や生活歴について答えることができ、頭の回転の鈍さや思考障害等は見受けられません。ただし、精神

科クリニックに来院しているわりには精神症状の訴えがないことは気がかりであり，まだ心を開いていないことがうかがえます。受診は希望していませんが，カウンセリングのみでよいかどうか，また扱うべき課題は何かを掘り下げる必要があると判断し，そのまま面接を続行しています。

Point｜収集した情報に基づく所感（暫定的なアセスメント）を記述

インテークでは，主訴とそれにまつわる経過を中心に聴取し，PSW の所属機関における支援提供の可否を判断することが中心的課題となります。情報収集は最小限にとどめるため，十分なアセスメントができるとはいえません。しかし，支援機関にとって対応可能かどうかを判断（暫定的なアセスメント）することはインテークの不可欠な機能であり，その根拠を記載することが必要です。

インテーク面接の記録書式がフェイスシートのみの場合，この項目は別の書式に記述することになる場合もあります。

❾ 支援の可否

> 支援の可否
>
> 本人よりカウンセリングの希望があり，就業にまつわる課題整理を支援する目的で面接を続行したところ，設計士としての職業人生をいかに歩むかを決断するためのサポートを必要としていることが判明。結果的には一度の面接相談のみで終結。不眠等の原因も明確となり，精神科医の診察は不要と判断した。紹介元への報告は東さんに行っていただく旨確認。

記録の思考過程

インテーク後に，必要と判断すれば医師の診察にも導入するつもりでいましたが，東さんの悩みは会社から急に言い渡された職種転換を伴う異動をどう受け止めるかでした。今後の職業人生をいかに歩むかを共に検討した結果，東さん自身の内面で生じている理想と現実のギャップを埋めるための道筋が見出されたため，面接は今回のみで終結となりました。紹介元への結果報告は通常クライエントに確認のうえ，PSW から行いますが，今回はご自身の仕事に対する思いが関係しており，東さんからすることになったため特記しています。

Point 所属機関における支援の可否判断を書き残す

　この項目は，インテーク面接の直後よりも，支援方針の確定後や，短期の支援のみで終結した後に記すことが多いかもしれません。インテークを機関や施設の利用判定までの機能ととらえれば，支援を自職場で提供するか，支援不可と判断して断ったり他機関等へ紹介したかは記録を残す必要があります。自職場で支援する場合は，その支援方針の概要，断る場合は，その理由，他機関等に紹介した場合は，紹介先と理由や結果等を記録に残します。

第**2**節　支援経過記録

■ 支援経過と記録

個別の支援をサービスとして提供する機関には，支援経過記録が不可欠です。なぜなら，支援の実態を形に残すには記録によらざるを得ないからです。支援経過記録を時系列で記載することは，実施証明であり，説明責任を果たすことでもあります。また，記録は個人情報なので，詳細であればよいというものではなく，そのクライエントの支援に必要な内容を選択することが重要です。標準の書式はなく，各機関で任意のものを用います。

■ 書式の取り扱い

支援の実態を知る必要があるときには，支援経過記録を参照します。クライエントの支援のために見直すだけでなく，外部からの問い合わせへの対応，機関の上司や管理者による査定，行政の指導監査等でも参照されます。クライエントの請求に応じた開示もあり得ます。また，機関のルールに則り，施錠された（電子媒体の場合はアクセスできる範囲が限定された）環境で保管し，機関内の許可された職員以外は見られないよう管理します。

事例

岡さん（30代男性）は，精神科病院から退院するときにグループホームに入居してまもなく1年になります。診断は統合失調症で，デイケアに通い，訪問看護を受けています。連休明けで3日ぶりに世話人（精神保健福祉士／以下，PSW）が出勤したところ，岡さんが昨夜入院したという電話が通院先の精神科病院から入りました。入院した理由は「死にたくなったから」だそうですが，最近変わった様子はなく，連休前の夕食会にも参加していました。実は，岡さんは約3か月前にも1か月ほど入院しています。生活保護で支給された生活費が入った財布をなくして混乱し，「死にたくなった」のだそうです。退院から約2か月，順調に過ごしているように見えたので，急な入院の連絡を受けたPSWは，驚くとともに何か釈然としない印象をもちながら対応を開始しました。そして夕方，岡さんの個人記録を取り出し，1日の支援経過の記録にとりかかりました。

参照　第1巻　4章2節　　第2巻　面接編 ▶11，▶20，記録編　1章9節

支援経過記録

○年5月2日（木） 鷹野
[夕食会での様子]
　利用者同士の会話には加わらず、5分ほどで食べ終わり、食器を流しで洗っている。「おいしかったですか」と尋ねると、表情を変えずに「ふつう」とのこと。連休中の過ごし方を尋ねると、「たった3日だし、いつもの休みと一緒」と答える。「ゆっくりしてくださいね」と返すと、無言でうなずいて居室に戻って行かれた。
　ふだんと変わらない。ご自身から話すことは少ないので、引き続き声かけをしていく。❼

○年5月6日（月） 鷹野 ❶
[B病院に再入院したとの連絡を受けて臨時対応] ❷
（9時45分、B病院天田PSWより電話）
　本人が昨夜「死にたくなった」と自ら訴え入院したという。入院に必要な荷物を持って来てほしいとの依頼を受け、本人と直接話すこととした。連休中に緊急の相談電話はなく、その前も変わった様子は見られなかった。何があったのか、機会をとらえて把握することとした。

（10時、病棟の公衆電話に電話し、荷物の件を本人と話す）
　「はい」と緊張した声で出た後、本人は無言だった。入院に必要な荷物について話題にし、「持っていきましょうか」と提案したところ、「あ……はい」という返事の後ホッとしたような声の調子となった。「服とかはハンガーに掛かっている」「洗面用具は流し」など、本人から何がどこにあるかを伝えられた。
→精神的な不安定さは感じられない。何を聞かれるのかと構えていた様子である。荷物を持って行くことを糸口に、入院のきっかけ等について話してもらえる機会を探ることとした。居室に入ることと法人の男性職員も立ち会うことを説明し、同意を得た。

（12時30分、法人内の男性職員と共に合鍵で居室に入る）
　下着、普段着、洗面用具、スリッパ、コップをバッグに詰め、施錠した。

（14時15分、B病院に到着し、面会室にて本人に会う）
　荷物を渡し終えたところ、看護師より、本人が小銭しか持っていないとの話があり、本人に尋ねると歯切れの悪い反応が返ってきた。お金がないというのは前回の入院のときと似ており、そのまま面会室を借りて本人と面接することとした。

（所持金が少ないことについて、本人と面接）❸
　所持金は預金も合わせると約1万円あり、「死にたくなった」経緯との関連を尋ねていったところ、パチンコに通ってお金がなくなっていったことが本人から明かされた。「パチンコに通ってどんどん使ってしまい、全部使ってしまいそうで怖くなって、混乱してB病院の当直に電話をして入院した。パチンコは、半年前から暇があると行くようになった。それまではファミレスのドリンクバーで時間を潰していたが、店員に嫌がられている気がして行かなくなった。パチンコで使ったと言ったら怒られると思ったから、言えなかった」とのこと。❹
　PSWより話してくれたことに肯定的なフィードバックを返すと、本人は安心したように大きく息を吐いた。❺
→生活費をパチンコに注ぎ込むことへの後ろめたさをもっているのは健全な感覚だが、自制できないレベルになっている可能性がある。人付き合いが得意ではなく、一人で過ごす時間の使い方に課題がある。自ら相談することも得意ではない。対策を講じないと生活破綻につながる可能性があると判断し、一緒に解決方法を探ることを提案したところ、同意が得られた。主治医と天田PSWには、本人から話すことを合意した。
　15時15分、面接終了。

[所感] ❻
　再入院の背景には本人が支援者に言えず隠してきた「パチンコ問題」があったことがわかり、共有することができた。一緒に解決方法を探るという契約ができたので、本人との支援関係の再構築の契機とする。
　次回の面会時に、本人が主治医と天田PSWに報告できたかどうかを確認し、できていれば、本人の了解を得て支援計画を見直すケア会議の開催を働きかけていく。

169

実践！記録術

1 日付と記録者名

○年5月6日（月）　鷹野

記録の思考過程

岡さんは入居者の中では目立たないので，いつも記録はあっさりとしたものになりがちでした。ただ，この日は岡さんの入院という大きな出来事に対応した長い一日になったので，個人記録を取り出し，日付と記録者名を書いたところで，さてこの先どのように書こうかと考え，ひと息つきました。

Point　その日に支援があったことを示す目印とする

支援経過記録は，クライエントへの支援を提供した日には必ず記載します。その際，日付を冒頭に記載することで，その日に何らかの支援があったことを示す目印とします。記録者名の位置は，日付の後や記録の末尾など，機関によって異なりますが，記録者名を残し，文責を明らかにすることによって，実践を証明することになります。

2 見出し

[B病院に再入院したとの連絡を受けて臨時対応]

記録の思考過程

今日一日，何をしたのだろうかと振り返ると，頭の中でいろいろな場面が浮かんできました。そういった個々の場面ではなく，全体を表すような見出しでなくてはならないと考えました。岡さんが入院したという朝の電話が発端となって動き出したので，そのことを記述し，動いた内容については「臨時対応」という表現で要約しました。

Point 概略をつかめる見出しを立て，構成を形づくる

支援経過記録は，支援の経過を後から振り返って参照することがあるので，すべてに目を通さなくてもどこに何が書いてあるかがわかるようにする工夫が必要です。そのとき有効なのが「見出し」です。一目で何について書かれているかがわかるような適切な見出しを設けます。

❸ 「場」の要素

（所持金が少ないことについて，本人と面接）

記録の思考過程

この日に行ったいくつかの対応の一場面です。場面がいくつかあったので，わかりやすくするためにカッコ内に入れて小見出しにしています。入院に必要な荷物を届けたところ，看護師から岡さんが小銭しか持っていないという話があり，岡さんの反応も不自然だったので，面接しようと思いました。「小銭しか持っていない」を，価値観を含まない表現に変えました。

Point 場面・状況をはっきりさせる

見出しの次には，見出しで書いたことがどのような環境で起こったか，その場面設定を説明します。つまり，いつ，どこで，誰と，何をしている場面かを記述します。ただし，説明が長くなると，読み手の理解を阻みますので，前後の文脈等で書かなくてもわかることは省いてもかまいません。時刻まで記載するかどうかは，内容に応じて判断します。

❹ SOAPの「S（主観的情報）」と「O（客観的情報）」

所持金は預金も合わせると約1万円あり，「死にたくなった」経緯との関連を尋ねていったところ，パチンコに通ってお金がなくなっていったことが本人から明かされた。「パチンコに通ってどんどん使ってしまい，全部使ってしまいそうで怖くなって，混乱してB病院の当直に電話をして入院した。パチンコは，半年前から暇があると行くようになった。それまではファミレスのドリンクバーで時間を潰していたが，

> 店員に嫌がられている気がして行かなくなった。パチンコで使ったと言ったら怒られると思ったから，言えなかった」とのこと。
>
> 　PSWより話してくれたことに肯定的なフィードバックを返すと，本人は安心したように大きく息を吐いた。

記録の思考過程

　岡さんは，口数が少なく自分から話すタイプではないので，緊張をほぐしつつ質問して反応をうかがい，予測を立てながら状況を把握していきました。岡さんの話だけを取り出すのは難しいので，PSWが行ったことや所持金の額，観察されたことを含め合わせ，この後のアセスメントに必要な材料に絞った記述を心がけました。状況の把握に30分以上かかりましたが，簡潔に要約しています。

Point　相手の言動とPSWが把握している事実を書く

　「SOAP」記録を基本に組み立てていくと，わかりやすい記録になります。すなわち，S（Subjective Data）＝主観的情報，O（Objective Data）＝客観的情報，A（Assessment）＝アセスメント，P（Plan）＝プラン，に基づいた記述形式です。「S」にあたる部分は，クライエントが語った主観的情報です。これをもとに支援を組み立てていくことになるので，PSWの思考と行動の基盤となる情報ということになります。次の「O」にあたる部分は，PSWが得た客観的な情報です。「S」の情報を冷静に吟味するために必要となる情報が「O」です。「O」と「S」の記述を対比することによって，クライエントの認識に事実との偏りがあるかどうかが見えてきます。継続的な支援の記録においては，「S」と「O」を区別して書き分けるのが困難なことがしばしばあります。そのようなときはまとめて記述します。

❺ SOAPの「A（アセスメント）」と「P（プラン）」

> →生活費をパチンコに注ぎ込むことへの後ろめたさをもっているのは健全な感覚だが，自制できないレベルになっている可能性がある。人付き合いが得意ではなく，一人で過ごす時間の使い方に課題がある。自ら相談することも得意ではない。対策を講じないと生活破綻につながる可能性があると判断し，一緒に解決方法を探ることを提案したところ，同意が得られた。主治医と天田PSWには，本人か

ら話すことを合意した。

記録の思考過程

「S」と「O」にあたる内容から導き出されたアセスメントを言語化しました。「一緒に解決方法を探る」という支援計画に岡さんの同意が得られ，支援の契約に至ったので，それも記述しました。また，岡さんは，主治医等との情報共有については知られたくないと言っていたのですが，面接の過程で自ら打ち明けることを覚悟しました。そのことを記述するかどうか迷いましたが，岡さんにもプライドがあり，そこまでの記述を望まないと考え，結果の記述にとどめました。

Point　PSW のアセスメントと支援計画を書く

「S」と「O」が揃ったら，それらの情報をもとに「A」のアセスメントをし，「P」の支援計画を立てます。アセスメントは支援計画の根拠となる重要なものなので，言語化する習慣づけが必要です。継続的な支援の記録においては，「A」と「P」を区別して書き分けるのが困難なことがしばしばあります。そのようなときは，まとめて記述します。

6 所感

[所感]

　再入院の背景には本人が支援者に言えず隠してきた「パチンコ問題」があったことがわかり，共有することができた。一緒に解決方法を探るという契約ができたので，本人との支援関係の再構築の契機とする。

　次回の面会時に，本人が主治医と天田 PSW に報告できたかどうかを確認し，できていれば，本人の了解を得て支援計画を見直すケア会議の開催を働きかけていく。

記録の思考過程

長かった1日の記録を時系列に書き進めたことで，岡さんに対する支援の全体像が整理されました。今日1日で達成できた成果があったことを実感するととも

に，これからの課題も見えてきました。そして，次回の面会時に何をしようかと考えたとき，岡さんが主治医と天田PSWに打ち明けることを合意して面接が終わったことを思い出しました。それで，具体的も計画も立て，言語化しました。

Point │ 評価や支援の方向性を書く

「所感」という見出しをあえて設けなくてもかまいませんが，実施した支援について一連の記述を終えたら，それに対するPSWの所感を記載します。実施したことを記録するだけで終わりにせず，評価をし，この先の支援の方向性等を記述しておくことは，専門職として大切な姿勢です。

❼ 日常支援

［夕食会での様子］

　利用者同士の会話には加わらず，5分ほどで食べ終わり，食器を流しで洗っている。「おいしかったですか」と尋ねると，表情を変えずに「ふつう」とのこと。連休中の過ごし方を尋ねると，「たった3日だし，いつもの休みと一緒」と答える。「ゆっくりしてくださいね」と返すと，無言でうなずいて居室に戻って行かれた。
ふだんと変わりない。ご自身から話すことは少ないので，引き続き声かけをしていく。

記録の思考過程

連休前に夕食会に参加した岡さんの様子を見守り，記述しました。PSWが見た客観的情報の「O」と，PSWの問いかけへの岡さんの返答の「S」を織り交ぜて記載しています。それに対する所感を書いていますが，これはアセスメントの「A」と支援計画の「P」に相当します。ふだんと変わりないというアセスメントでしたが，実際には岡さんは問題を抱えていたことが後でわかりました。

Point │ 日常支援の記録も「SOAP」を意識する

通所や入所の支援機関で日々の支援が継続されている場合，面接室でのまとまった時間の面接は，頻繁にはありません。それでも，声かけをして様子をうかがったり，些細な反応から昨日までのクライエントとの違いを察知し，細やかな介入を行ったりすることが，日々繰り返されています。そのような日常支援を記録する際にも，「SOAP」記録を意識しながら記述します。

第3節 訪問時の記録

■ 訪問による支援と記録

クライエントを生活者としてとらえ，人と環境の全体性の視点はPSWの重要な専門性の一つであり，PSWはクライエントの自宅や通所先などの生活場面に訪問することがあります。そこでは，クライエントの生活者としての姿に触れることができるため，言語でのやり取り以外にも，視覚をはじめ，PSWの五感を意識することで，来所相談よりも生活状況を把握することができます。それらをその後の支援に活かせるように記録します。

■ 書式の取り扱い

個別支援経過記録としてファイルされることが多く，書式の規定はありません。支援経過のなかでクライエントやケア会議等で職場内外の関係者と共有することがあるため，書式の有無にかかわらず，項目ごとに明確かつ簡潔に記載する必要があります。また，プライベート空間についての記録になるため，記述内容と管理には慎重になる必要があります。医療機関での訪問看護として実施する場合，記録は診療報酬の算定根拠となります。

事例

堀さん（40代男性）は，生活保護を受けながらアパートで単身生活をしています。30歳頃に統合失調症を発症し，精神科病院に1年間入院。以来，退院後は2週に一度の外来受診のとき以外はほとんど自宅で過ごしています。20代前半で結婚し，子どもが2人いますが，離婚しています。部屋が片づけられず，郵便物の確認もうまくできず，生活保護のケースワーカーから福祉サービスの導入を勧められてきましたが，本人は拒否を続けてきました。とうとう家の外にまで私物が散乱してしまい，見かねた生活保護の担当ケースワーカーから見守りや生活の困りごとの対応として，相談支援事業所に協力依頼があり，3か月前から月に一度の家庭訪問を行っています。今回は，本人との関係性の構築とニーズの把握，地域生活上でのアセスメントを実施するため，3回目の家庭訪問を行いました。訪問終了後に事務所に戻り，その日のうちに記録を作成しています。

参照　第1巻 3章3節　第2巻 面接編 09, 13

精神保健福祉　訪問時記録

利用者氏名	堀　○○　　　　　　　　　　　　　様
訪問日時	平成○年　○月○日（○）　14：00　～　15：00 ◀
訪問先	自宅 ◀
対象者	本人 ◀
訪問者	○○相談支援センター　△△PSW ◀
訪問目的	関係性の構築および生活状況の把握，地域生活のニーズアセスメントの実施

観察された生活場面の様子 ◀

　本人の生活雑貨などが室外にも散乱している。室内も同様であり整理が必要な状況。部屋は6畳間が二つ。主に窓側の1室を使用しており，もう一つの部屋は物置のような状態で中には入れない。たばことかび臭いにおいが混ざり，独特な異臭がする。たばこの不始末による焦げ跡が床に見られた。靴や服の種類は多くお洒落に興味がある様子がうかがえる。

観察された本人の様子 ◀

　眠気はあるようだが食事摂取できており，口調もはっきりしていて，体調は落ち着いている様子。着用しているジャージの襟元は黄ばんでおり，すり切れてボロボロになっていることから，更衣はしていない様子。また，電気ストーブの前で寝てしまった影響で，髪が焦げてしまっている。本人は「大丈夫」と話しており生活課題としての認識はない。

訪問の概要 ◀

　チャイムを鳴らすと，しばらくしてから寝起き姿の本人が玄関に出てくる。その後，居室にて近況について話を伺う。

・前回訪問時に比べ，室内の物がさらに増えている。居室の生活スペースが狭くなっていることを指摘すると「一人ではどうにもならない」と返答される。片づけなければと思う一方で面倒なことは嫌だと考えているようなので一緒に片づけることを提案すると，了解され一緒に行う。

・カップ麺やコンビニ弁当の空き容器も目立つ。本人は「全部着るつもり」と話されるが，以前購入した衣類は，サイズが小さくなってしまったものも多く，本人の体型が以前よりも大きくなっていることが推測される。食生活の偏りに伴う健康状態の悪化を心配していることを伝えると「大丈夫」と返答され，健康管理の意識は薄い。

・本人によると最近は「寝すぎてしまう」傾向で，原因は「やることがないから眠気が出てくる」とのこと。また，「やりたいことも困っていることもない」と話し，生活課題としての認識はない。

・本人より，「お金がない」と発言がある。理由として，かつてアパレルメーカーで勤務していたことから，「服が好き」で，「受診の帰りに買ってきてしまう」と説明される。「昔の感覚で気になってしまって何気なく買う」と話され，「服を着替えることはおっくう」で同じ服を着ており，実際に活用できていない。

【特記事項】

・片づけ作業中，昔の写真を見ながら「片づけもいいものだね」と穏やかな表情。一方で「昔の話をしていたら急に寂しくなって」と過去を懐かしみながら寂しそうな表情を見せている。

・働いていた頃に服を作っていたことについて「楽しかった」と話すため，＜誰かと出会い，仲間と何かしてみたいと思いませんか＞と尋ねると，「自信はないけれど」と前置きをしつつも「一人でいるのは寂しい」「友達が欲しい」と話される。

・当事者会や日中活動の場として障害福祉サービスの利用ができることを提案すると，本人より「今度話を聞かせてほしい」と意向が示されたため，次回以降説明することになった。

全体的なアセスメントと支援方針 ◀

・本人は家事や保清が十分にできておらず，日常生活能力に課題がある。また，食生活に偏りがあり，体形にも変化があるため，長期的には生活習慣病等のリスクが予想されるなど，健康管理についても課題がある。

・本人は社会的孤立状態にあるが，他者との交流を求めている。

- 本人の社会的役割や生きがいの獲得,および生活リズムの構築のために日中の活動場所が必要と考えられることから,本人の希望に寄り添いながら障害福祉サービスや当事者会についての説明を行う。

実践!記録術

❶ 訪問日時,訪問先,対象者,訪問者

訪問日時:平成〇年 〇月〇日(〇) 14:00 ~ 15:00

訪問先:自宅

対象者:本人

訪問者:〇〇相談支援センター △△PSW

記録の思考過程

午後の時間帯にもかかわらず,チャイムを鳴らすとしばらくしてから堀さんは寝起き姿で出てきます。堀さんの生活リズムが不規則になっている様子を表現するためにも,時間を正確に記載しています。相談支援事業所内でも職員の職種はさまざまで,それぞれに専門性を有していることから,訪問者がPSWであることを記載することにより,その後のかかわりの内容を補足する意味もあります。

Point いつ,どこで,誰が,誰に会ったのかを明確にする

訪問時間や訪問先によって,観察できる生活状況は異なります。また,本人の発言は家族や同席者の影響を受けやすく,生活場面では家庭での関係性をより映し出すことがあり,誰が同席したのか明記する必要があります。同様に,訪問者に関係機関の職員が同行した場合は記載します。また,訪問看護など報酬を請求する場合は,根拠となるため,誰が,どのような支援を行ったのかを,法制度の趣旨や訪問目的に応じて求められている内容を,過不足なく記載します。

❷ 訪問目的

訪問目的：関係性の構築および生活状況の把握，地域生活のニーズアセスメントの実施

記録の思考過程

堀さん宅への訪問は3回目であり，堀さんとPSWの関係も未成熟な段階です。「かかわり」を支援のベースとしているPSWにとって，関係性の構築は支援の第一歩となることから訪問目的の一番として記載しました。また，家の外にまで私物が散乱する現状で，生活状況の全体把握やそれを堀さん自身がどのように感じているのか知ることにより，今後の支援につなげるという今回の訪問目的を記載しています。

Point｜訪問の目的を明確にする

時として，無意識のうちに，支援者の根拠のない不安感から訪問支援が行われてしまうことがあります。また訪問を繰り返すうちに，当初の目的が薄れていくことがあります。本人のプライベート空間に立ち入ることは，時に本人自身にも負担をかけることでもありますから，むやみに訪問支援を行うことは避けたいことです。したがって，訪問する時点で何を目的としているのかを明確に認識しておき，それを記載することとなります。

❸ 観察された生活場面の様子

観察された生活場面の様子

本人の生活雑貨などが室外にも散乱している。室内も同様であり整理が必要な状況。部屋は6畳間が二つ。主に窓側の1室を使用しており，もう一つの部屋は物置のような状態で中には入れない。たばことかび臭いにおいが混ざり，独特な異臭がする。たばこの不始末による焦げ跡が床に見られた。靴や服の種類は多くお洒落に興味がある様子がうかがえる。

記録の思考過程

自宅の状況がわかるように，視覚的に得られた情報を中心に記載しています。

堀さんの自宅に物があふれている様子や異臭があることから家を片づけられていない様子が推測されます。また、たばこの不始末については火事のリスクも高く重要な支援ニーズともなるため、明記しています。また、衣服の種類の多さは、堀さんがお洒落に関心があるというストレングスとも考えられる側面であり、見逃さずに記載しています。

💡 Point　生活場面を観察し，課題とストレングスを見出す

　生活の様子は、訪問支援において、最も効果的に把握することができる情報であり、意識的に観察し記録に残します。その際、視覚的情報など五感を使ってPSW が得た情報について、客観的に記録します。表出されない本人の希望やストレングスを見出せることがあり、課題だけに着目せず本人の健康的な部分も意識して記載します。

④ 観察された本人の様子

> 観察された本人の様子
>
> 眠気はあるようだが食事摂取できており、口調もはっきりしていて、体調は落ち着いている様子。着用しているジャージの襟元は黄ばんでおり、すり切れてボロボロになっていることから更衣はしていない様子。また、電気ストーブの前で寝てしまった影響で、髪が焦げてしまっている。……

🧠 記録の思考過程

　病気の症状が実生活に影響するため、体調の変化を毎回慎重に評価する必要があります。堀さんは困りごととして眠気を訴えていますが、PSW との会話も問題なく成立しています。また栄養の偏りに課題は残りますが、食事も摂れていることなど、体調面のリスクは低いと考えて記録に残しています。また、本人の着衣や容姿から感じ取れる今の生活の様子を客観的な事実として表現しています。

💡 Point　言語化されない本人の様子にも注目する

　PSW が聴取した情報や視覚的情報など、PSW が訪問時に把握した内容を統合し、本人の状況に焦点を当てて記載しています。本人が自らの状況を言語化することができない場合もあることから、言語化されない情報に関しては、PSW が

五感を使って感じ取り、記録する必要があります。ここで取り扱う内容は本人の心身の調子に関することから、心理的変化など、情報の幅も大きくなります。

訪問の概要

訪問の概要

　チャイムを鳴らすと、しばらくしてから寝起き姿の本人が玄関に出てくる。その後、居室にて近況について話を伺う。

- 前回訪問時に比べ、室内の物がさらに増えている。居室の生活スペースが狭くなっていることを指摘すると「一人ではどうにもならない」と返答される。片づけなければと思う一方で面倒なことは嫌だと考えているようなので一緒に片づけることを提案すると、了解され一緒に行う。

- カップ麺やコンビニ弁当の空き容器も目立つ。本人は「全部着るつもり」と話されるが、以前購入した衣類は、サイズが小さくなってしまったものも多く、本人の体型が以前よりも大きくなっていることが推測される。食生活の偏りに伴う健康状態の悪化を心配していることを伝えると「大丈夫」と返答され、健康管理の意識は薄い。

- 本人によると最近は「寝すぎてしまう」傾向で、原因は「やることがないから眠気が出てくる」とのこと。また、「やりたいことも困っていることもない」と話し、生活課題としての認識はない。

- 本人より、「お金がない」と発言がある。理由として、かつてアパレルメーカーで勤務していたことから、「服が好き」で、「受診の帰りに買ってきてしまう」と説明される。「昔の感覚で気になってしまって何気なく買う」と話され、「服を着替えることはおっくう」で同じ服を着ており、実際に活用できていない。

【特記事項】

- 片づけ作業中、昔の写真を見ながら「片づけもいいものだね」と穏やかな表情。一方で「昔の話をしていたら急に寂しくなって」と過去を懐かしみながら寂しそうな表情を見せている。

- 働いていた頃に服を作っていたことについて「楽しかった」と話すため、〈誰かと出会い、仲間と何かしてみたいと思いませんか〉と尋ねると、「自信はないけれど」と前置きをしつつも「一人でいるのは寂しい」「友達が欲しい」と話される。

- 当事者会や日中活動の場として障害福祉サービスの利用ができることを提案す

ると，本人より「今度話を聞かせてほしい」と意向が示されたため，次回以降
説明することになった。

記録の思考過程

限られたスペースや時間で訪問目的に応じた事実経過を記録するために，キー
ワードとなる堀さんの言葉を抽出し，引用しながら端的に記載しています。特に
今回は堀さんの感情の変化を表す言葉を活かし，心境の変化を記録しています。
「やることがないから眠気が出てくる」と語っていた堀さんが，過去の自分に触
れて「片づけもいいものだね」と喜びを感じつつ，一方で「友達が欲しい」と自
身の希望を語る一連の経過は，支援ニーズを発見し今後の支援計画につながる特
記事項として記述しました。

Point｜本人の語りを大切にしながら記録に活かす

この項目は，訪問中の本人とのやり取りや起こった出来事について，クライエ
ントの主観的事実を中心として明確かつ簡潔に要約して記載します。訪問目的に
対し，ケースワークプロセスに沿って PSW が行った支援と，その結果の記録で
す。自分以外の支援者と内容を共有することや，また後日，経過を振り返ること
ができるようにわかりやすい表現を心がけます。

❻ 全体的なアセスメントと支援方針

全体的なアセスメントと支援方針

・本人は家事や保清が十分にできておらず，日常生活能力に課題がある。また，
食生活に偏りがあり，体形にも変化があるため，長期的には生活習慣病等の
リスクが予想されるなど，健康管理についても課題がある。
・本人は社会的孤立状態にあるが，他者との交流を求めている。
・本人の社会的役割や生きがいの獲得，および生活リズムの構築のために日中の
活動場所が必要と考えられることから，本人の希望に寄り添いながら障害福
祉サービスや当事者会についての説明を行う。

記録の思考過程

社会と疎遠になっていた堀さんが，過去の自分に触れたことをきっかけにして，

「自信はない」と言いながらも「友達が欲しい」と発言したことから，堀さんは本来，役割や生きがいを求めていると考えました。そこで，堀さんの希望を重視しながら日中の活動場所を検討することを支援方針としました。また，金銭管理については今回の訪問では明確にすることができておらず，引き続きアセスメントする必要性があると考え，書き残しました。

Point｜今後取り組むことがわかるように，明確に書く

　ここまでの記述を総合して，全体的なアセスメントと支援の方向性を示す「まとめ」の項目です。今後の支援および次回の訪問目的に直結する部分であることから，やるべき内容がわかるように，簡潔かつ明確化して記載します。また，支援方針に至った理由すなわちアセスメントを記載することで，計画の根拠を示すことができます。訪問の都度，支援方針が実態と合っているのかを確認しながら記載します。

第4節 グループワークの記録（デイケア）

■ グループワークにおける記録

精神科デイケア（ショートケア，ナイトケア含む）では，プログラム終了後には個々のメンバーの「個人記録」のほかに，「業務日誌」や「プログラム記録」をつけることが一般的です。プログラム記録のフォーマットはそれぞれの機関でさまざまであり，決まった書式があるわけではありません。しかし，参加者名やプログラムの内容および経過を書き記すという点はどこの機関においても共通しています。

■ 書式の取り扱い

プログラム終了後には，できるだけ速やかにそれに参加したスタッフが記録を取ります。デイケアでは，一般的にプログラムが複数用意されており，そのプログラムによって記録の取り方は異なります。グループワークの場合は，全体を俯瞰してプログラム全体の流れや核となる出来事を書き，個人で参加するプログラムの場合は，個々のメンバーの細かな様子やその変化に焦点を当てます。これらの記録は診療報酬算定上において作成が必須です。グループワークにおけるメンバーの様子を記すことは，今後の個別支援に活かすために，また，プログラムの評価や再構成を行う際の参考資料としても有効です。

事例

角さん（45歳男性，双極性障害，無職）は，仕事に就いていないことへの焦りがあり，最近はデイケアのメンバー構成の変化により孤独感や苛立ちもあります。西さん（29歳女性，うつ病，休職中）は，大人しく内気な性格であり，先月からデイケアに通所しています。事例は，「相互コミュニケーションに主眼を置いたオープン形式（毎回希望者が参加できる）のグループワーク」の場面で，参加者は角さんと西さんを含む合計6名，スタッフはリーダーのPSWとコ・リーダーの臨床心理士の2名です。開始から約1時間が経過したところで，角さんと西さんを取り巻いてグループ間に大きな葛藤と混乱が生じました。スタッフはグループダイナミクス（ほかのメンバーの力）を活用して，グループのトラブルの収束を図りました。

参照
 第1巻 3章4節　 第2巻 面接編 🎬15

プログラム記録

プログラム名	フリートーキング	実施日	○○年○○月○○日
場所	集団療法室	時間	13：00〜15：00
担当（実施者）	海堂PSW，開原心理士		

参加者

角 ○○さん	西 ○○さん	中 ○○さん	浜 ○○さん	楠 ○○さん
沖 ○○さん				

①プログラムの経過

【事前打ち合わせ】
プログラム開始前と開始後には，PSWと開原心理士で打ち合わせを行っている。今回は角さんと西さんのフォローが必要になる可能性が高いため，リーダーであるPSWは西さんの近くに座り安心感を与えること，コ・リーダーである開原心理士は角さんの隣に座り，角さんの些細な変化も見逃さずに，何かあればすぐにPSWにサインを送ることを互いに確認していた。また，プログラム開始前には2人にそれぞれ声掛けして安心感をもっていただけるよう事前にフォローをした。

【グループの経過】◀┈┈┈┈┈┈┈┈┈┈┈┈┈┈┈┈┈┈┈┈┈┈┈┈┈┈┈┈┈┈┈┈┈┈┈┈**①**
ウォーミングアップの「1分間トーキング」までは大きな問題はなく経過していたが，フリートークが始まると，そのテーマ選びで意見が衝突した。角さんは「障害者雇用」について話し合いたいと提案し，二つ目のテーマとして西さんは「デイケア通所の目的および目標」について話し合いたいと語った。ほかのメンバーが角さんの案のほかに西さんの提案にも賛同したことをきっかけにして，角さんが西さんに対し激昂して怒鳴るという場面があった。1人だけ無職である角さんにとって，そのコンプレックスから怒りの矛先が提案者である西さんに向けられたものだが，この状況に耐えられなくなった西さんがその場で泣いてしまった。この状況に，スタッフは角さんへ直接介入するわけではなく，角さんの「怒り」と西さんの「恐怖心」という二つの感情，それへの対応をメンバーに投げかけることで，メンバーの発言を待つことにした。すると，中さんや沖さんが角さんを同じ仲間であると励ますような発言をし，その意見に対して浜さんと楠さんも態度で賛成の意を示した。それから角さんの態度は軟化し，西さんも少しずつ落ち着きを取り戻した。以降，本プログラムは順調に経過して終了した。

②事後評価 **②**

グループで起こった葛藤や問題をメンバーに返すことで，結果として，グループの危機的状況を回避するだけの力を各メンバーが持っていることを実感するプログラムとなった。角さん以外の参加メンバー5名は休職中，角さんだけが無職という状況であり，メンバーの立場性には最初から相違があったことは事前に承知していた。開原心理士ともプログラム開始前に互いにこのことを共有していたが，プログラムの最中にグループ内でこのような大きな衝突を生むことまでは予測できていなかった。今回はグループメンバーの配慮とグループおよび個々の力で乗り切れたが，フリートークという性質上，本プログラムはその時々の参加メンバーの特徴や属性を考えて運営していくことが必要である。

記載者　海堂 ○○

実践！記録術

1 プログラムの経過

①プログラムの経過

……この状況に、スタッフは角さんへ直接介入するわけではなく、角さんの「怒り」と西さんの「恐怖心」という二つの感情、それへの対応をメンバーに投げかけることで、メンバーの発言を待つことにした。すると、中さんや沖さんが角さんを同じ仲間であると励ますような発言をし、その意見に対して浜さんと楠さんも態度で賛成の意を示した。それから角さんの態度は軟化し、西さんも少しずつ落ち着きを取り戻した。以降、本プログラムは順調に経過して終了した。

記録の思考過程

本プログラムには6名のメンバーの参加がありましたが、特筆すべきインシデントはやはり角さんの西さんに対する負の感情の爆発、それを受けての西さんの感情の変化とグループの葛藤でした。したがって、特に角さんと西さんの動向や様子に注目し、それらを記録しました。角さんがなぜ激昂してしまったのか、なぜ西さんが角さんの怒りの矛先となってしまったのか、それを受けてほかのメンバーがどのように立ちふるまったのか、グループがどう動いたのかを簡潔に書き残すことを意識しました。そのなかで、グループダイナミクスが起こり、各メンバーの力を実感するに至った様子を記しています。

なお、今回は特に角さんと西さんへの配慮をすべく、スタッフ間での念入りな事前打ち合わせを行っており、そのことを記録に残しておく必要性を感じていました。

Point 全体の動き、客観的事実に焦点を当てる

この項目では、プログラムがどのように展開されたか、メンバーがどのような様子で参加していたか、全体の雰囲気や流れ、進行やインシデントなどを簡潔に記載する必要があります。また、スタッフ間で行った事前準備や情報共有についての記述が重要です。メンバー個々の様子や描写は「個人記録」に記載されることになりますので、ここではプログラムの客観的事象を正確に書き記します。

❷ 事後評価

②事後評価

グループで起こった葛藤や問題をメンバーに返すことで、結果として、グループの危機的状況を回避するだけの力を各メンバーが持っていることを実感するプログラムとなった。（中略）プログラムの最中にグループ内でこのような大きな衝突を生むことまでは予測できていなかった。今回はグループメンバーの配慮とグループおよび個々の力で乗り切れたが、フリートークという性質上、本プログラムはその時々の参加メンバーの特徴や属性を考えて運営していくことが必要である。

🧠 記録の思考過程

　角さん、西さんのインシデントは、スタッフの対応を誤ればメンバーの誰かが排除されてしまう、あるいは二度とプログラムに参加しなくなる、最悪の場合はデイケアを退所するメンバーまで出てきてしまう事態も考えられました。そうしたことを未然に防ぐための手立てや気づきはほかのスタッフと共有する必要がありました。経験を次に活かすべく、スタッフの謙虚な振り返りに基づく評価を記述しています。今回は2名の担当スタッフでプログラムの事前事後に打ち合わせを行っており、その内容がきちんと次回に引き継がれるように留意しています。

💡 Point　スタッフ側への連絡事項と考える

　プログラム中に発生した注視すべきインシデント、次にこのプログラムを担当するスタッフへの引き継ぎ事項、参加していたスタッフの所感などを記すことで、このプログラムを発展させていくため、あるいはスタッフ間で情報を共有して継続的なケアを提供していくための資料として、スタッフが必要と判断した事項を記載します。スタッフの所見を交えた記載となり、客観的事実を記載する「プログラムの経過記録」との書き分けが大切です。

第5節 医療保護入院者退院支援委員会審議記録

＊法定書式

■ 医療保護入院者退院支援委員会と審議記録

医療保護入院者退院支援委員会（以下，退院支援委員会）は，医療保護入院の必要性について審議し，入院が必要とされる場合の推定入院期間を明確にし，退院に向けた取組みを本人や家族，複数の専門職らと共に協議するために開催します。この結果は，医療保護入院者退院支援委員会審議記録（以下，審議記録）に速やかに記載するとともに，診療録に委員会の開催日を記載しなければなりません。退院後生活環境相談員は，本人の意思を審議記録に反映することを重視します。

■ 書式の取り扱い

審議記録は担当退院後生活環境相談員が作成することが望ましいとされ，記載後は委員会を開催した病院の管理者の署名が必要です。なお，医療保護入院者定期病状報告書の提出時には直近の審議記録を添付しなければなりません。記載した審議記録を参考にして「医療保護入院者退院支援委員会の結果のお知らせ」を作成し，委員会終了後に本人並びに委員会への出席要請をした家族や地域援助事業者等に通知します。院内での審議記録の取り扱いとしては，カルテ（診療記録）に添付するなどし，関係者が共有できるようにしておくことが望まれます。

事例

精神科病院に24歳から20年間入院している44歳男性の柴さん。柴さんは統合失調症，家族との関係は疎遠であり，日常のなかで「俳優になりたい」という理想を語ることが多く，その理想を主治医や看護師は「妄想」ととらえています。柴さんは退院希望を尋ねられても，「退院すれば，自分の考えが相手に乗り移って周りのみんなを不幸にしてしまう」との強固な思い込みを背景に，いつも決まって「このままでいい」と現状維持の意向を示すことから具体的な退院支援には着手できないでいました。しかし，海堂PSWは，その柴さんの思いや理想を"夢"であるととらえ，それを応援する立場を貫くことをベースとしたかかわりを展開していきます。柴さんについては，半年に1回の割合で委員会を開催しています。本記録は，○○年○月に開催した委員会のときのものです。

参照 第1巻 4章3節 第2巻 面接編 16，記録編 1章6節，7節

医療保護入院者退院支援委員会審議記録

委員会開催年月日　○○年○月○日

患者氏名	柴　○○	生年月日	大正 昭和　○○年○○月○○日 平成
住所	○○県○○市○○町○○丁目○○番○○号		
担当退院後生活環境 相談員の氏名	海堂○○　（精神保健福祉士）		
入院年月日 （医療保護入院）	○○年○月○日		
出席者	主治医（神山○○　精神保健指定医），主治医以外の医師（　　　　） 看護職員（森○○，永田○○），担当退院後生活環境相談員（海堂 ○○　精神保健福祉士），本人（出席・欠席），家族（　　），その他 （相談支援事業所ワタリ 安江 PSW，生活保護課 元木ケースワーカー）		
入院診療計画書に記載した 推定される入院期間	6か月		
① 本人及び家族の意見	連絡の取れる家族は不在。本人は「自分はダメ人間です。退院はしません。自分の考えが相手に乗り移ってみんなを不幸にしてしまいますから」という言葉を口にし，暗い表情のまま終始うつむいている。しかし，最後にか細い声で「は，俳優になりたいです……」との希望を述べている。		
入院継続の必要性	有　・　無		
② 入院継続が必要である場合	理由	不安や考えのまとまりにくさ，思い込みや物事を否定的にとらえてしまう傾向が持続しており，対人関係上のストレス反応から抑うつ状態を呈したり，強い幻聴を訴えることもある。薬物療法や認知行動療法を試みても考えや症状はなかなか改善していないため，医師は医療保護入院が必要であると判断している。	
	推定される入院期間	6か月	
③ 退院に向けた取組	本人の思いや理想，夢に共感的理解を示し，応援することを通して相談員と本人との信頼関係の形成に努める。相談支援事業所の相談支援専門員（PSW）も加わり，2週に1回程度の面接を実施したうえで，本人と共に退院に向けたイメージづくりをして同伴外出を試みていく。院内では服薬調整，疾病に関する心理教育を実施し，また，作業療法や社会生活技能訓練（SST）等への参加回数を増やすことでコミュニケーションの練習を積極的に展開する。		
その他			

〔病院管理者の署名：○○　○○〕
〔　記録者の署名　：海堂　○○〕

※退院支援委員会は，精神保健福祉法の一部改正により平成26年4月から新設された制度で，同年3月31日以前に医療保護入院した者については，病院の管理者が必要と認める場合に限り開催することが可能です。

実践！記録術

❶ 本人及び家族の意見

本人及び家族の意見
連絡の取れる家族は不在。本人は「自分はダメ人間です。退院はしません。自分の考えが相手に乗り移ってみんなを不幸にしてしまいますから」という言葉を口にし，暗い表情のまま終始うつむいている。しかし，最後にか細い声で「は，俳優になりたいです……」との希望を述べている。

記録の思考過程

　これまでは柴さんが語る「俳優になりたい」という思いや理想を医師や看護師は病状，つまり"妄想"と解していました。精神保健福祉士が"夢"と認識した本人の思いを，退院支援委員会では妄想として片づけられることのないよう配慮して司会に努めました。もし仮にそれが妄想だったとしても，本人が真実であるととらえていることはむやみに否定せずに応援する立場を貫いてかかわり続けることに精神保健福祉士の専門性があります。それを再び紙面にも表すことで，本人の意見や思いを尊重しているという姿勢を本人のみならず，関係者にも伝えています。委員会では柴さんの本音を引き出せるように努め，それを審議記録にきちんと残すよう留意しました。しかしながら，「自分の考えが相手に乗り移ってみんなを不幸にしてしまう」との発言には支援の必要性を感じました。治療は従来の薬物療法等だけでは十分ではないため，このような病状や長年の入院生活で培われてしまった偏った思考や認知に働きかけるコミュニケーション上のかかわりを中心とする支援を計画しています。

Point　本人，家族の言葉を思いに寄り添い記述する

　退院支援委員会の審議では本人の意向や思いを一番に反映させることが重要であり，家族の意向は軽視できませんが，審議記録には本人の言葉を要約して掲載することを重視します。退院支援委員会では本人自身が安心して思いを語ってよいと感じられる雰囲気を保証することが鍵となり，退院後生活環境相談員の最も重要なスタンスは，本人の夢や希望に寄り添い，それを応援するというものです。

本人が夢や希望を語らないとき，あるいは病状による「拒絶」「無言」「攻撃」などが見られるときには，あきらめずに待つ姿勢を保ち，病状の回復を見極めてその言葉を引き出すようにかかわります。本人が出席を望まないときは，事前に本人の意向を確認し，審議時に代弁します。こうして本人の意向を審議記録に記述することが退院後生活環境相談員の役割です。

② 入院継続が必要である場合

入院継続が必要である場合

不安や考えのまとまりにくさ，思い込みや物事を否定的にとらえてしまう傾向が持続しており，対人関係上のストレス反応から抑うつ状態を呈したり，強い幻聴を訴えることもある。薬物療法や認知行動療法を試みても考えや症状はなかなか改善していないため，医師は医療保護入院が必要であると判断している。

記録の思考過程

柴さんは，統合失調症の症状として，被害妄想や思考障害などがありますが，ここでは病状をより詳しく記載することを重視しました。具体的には，「妄想」や「思考障害」などの医学用語の使用は避け，「不安や考えのまとまりにくさ，思い込みや物事を否定的にとらえてしまう傾向が持続」というように本人をはじめ非専門職にも理解できる言葉を使用しました。そして，症状と本人の実体験が一致するような言い回し，また，入院継続と判断された原因は家族と疎遠であることや，帰る家がないなどの社会的要因とは関係なく，あくまでも病状や今後の治療内容にあることに留意した記載にしています。

Point 「医療保護入院でなくては治療できない理由」を明確に

医療保護入院の要否判断は精神保健指定医による医学的判断ですから，医師が委員会で説明した判断内容を，退院後生活環境相談員たる精神保健福祉士は記録者の立場で正確に要約します。医師の説明に整合性があるかどうかをチェックする役割も担う必要があります。その際，本人を取り巻く社会的背景（家族・経済・住居等）や退院意欲を医療保護入院の要否判断の一材料にすることは避けなければなりません。ここでは，「本人の意思に反してでも，医療保護入院でなくては治療できない理由」が明確に書かれている必要があります。医師の意見を代弁す

るなら，「○○の症状が残存していると主治医が認めているため，入院継続が必要であることが委員会で確認された」等の記載にとどめることが必要です。

　一方，この審議記録とは別の，本人や家族等の出席者に配布する「結果のお知らせ」については，出来る限り医学用語を用いずに理解できる言葉を用いて記載する責任があります。

③ 退院に向けた取組

> 退院に向けた取組
>
> 本人の思いや理想，夢に共感的理解を示し，応援することを通して相談員と本人との信頼関係の形成に努める。相談支援事業所の相談支援専門員（PSw）も加わり，2週に1回程度の面接を実施したうえで，本人と共に退院に向けたイメージづくりをして同伴外出を試みていく。院内では服薬調整，疾病に関する心理教育を実施し，また，作業療法や社会生活技能訓練（SST）等への参加回数を増やすことでコミュニケーションの練習を積極的に展開する。

記録の思考過程

　退院後生活環境相談員に選任されてからまだ月日が浅い状況のなかで，まずは柴さんとの信頼関係の構築を支援の第一歩と定め，「俳優になりたい」という本人の夢を妄想とは解さずに応援していくために取り組むべきであると考え，実行する意向があることを記載しました。また，相談支援事業所の相談支援専門員（PSW）のかかわり，院内における治療的介入を通じてコミュニケーション能力の向上に努めること，同伴外出等を繰り返すことで退院や地域生活のイメージ化を促進することを構想しています。

Point 将来の退院を見すえた支援計画をイメージ

　この欄は，アセスメントに基づく退院後生活環境相談員（精神保健福祉士）の「支援計画」並びに病院としての多職種による今後の治療や支援介入計画の具体的な内容を簡潔に記載します。記載はもとより，クライエントが将来退院することを想定し，そのためにどのような支援が必要となるか，現状をふまえてアセスメントしたうえで，現段階の支援計画を構想します。そこにはクライエントの意見を反映することが前提となり，それを文章化する必要があります。

第6節 医療保護入院者の定期病状報告書

*法定書式

■ 医療保護入院者の定期病状報告書

平成25年の精神保健福祉法改正（平成26年4月施行）において、医療保護入院者の定期病状報告書（以下、定期病状報告書）に「退院に向けた取組の状況」という項目が新設され、相談状況等をふまえて「退院後生活環境相談員」が記載することが望ましいとされています。多くの精神科病院では精神保健福祉士が選任されており、この項目の記載においてはクライエントとのかかわりの振り返りや自身の実践の可視化を念頭におきます。

■ 書式の取り扱い

定期病状報告書は、精神保健福祉法第33条（医療保護入院）の規定による入院日が属する月の翌月を初月として、同月以降の12か月ごとに提出する公的書類です。提出に際しては国の通知に基づき、各市町村の細則等で定められた様式を使用し、医療保護入院者の生活歴や現病歴、現在の具体的な症状などを記載して最寄りの保健所長を通じて都道府県知事または政令指定都市の市長に提出することが義務づけられています。医療保護入院による入院期間が1年を超える場合には提出する必要があり、これをもとに「精神医療審査会」は医療保護入院の妥当性や正当性を評価することになります。

精神科病院に24歳から20年間入院している44歳男性の柴さん。柴さんは統合失調症、家族との関係は疎遠で、日常のなかで「俳優になりたい」という理想を語ることが多く、主治医や看護師は「妄想」ととらえています。柴さんは退院希望を尋ねられても、「退院すれば、自分の考えが相手に乗り移って周りのみんなを不幸にしてしまう」との強固な思い込みを背景に、いつも決まって「このままでいい」と現状維持の意向を示すことから具体的な退院支援には着手できないでいました。しかし、海堂PSWは、その柴さんの思いや理想を"夢"であるととらえ、それを応援する立場を貫くことをベースとしたかかわりを展開していきます。そのような状況のなかで今年の定期病状報告書の提出月となりました。

参照　第1巻 4章3節　第2巻 面接編 16, 記録編 1章5節, 7節

医療保護入院者の定期病状報告書

〇〇年〇〇月〇〇日

〇〇市長　殿

病院名　　丁病院
所在地　　〇〇県〇〇市〇〇町
管理者名　〇〇　〇〇　　　　印

医療保護入院者	フリガナ	シバ		生年月日	明治 大正 昭和 平成　〇〇年　〇月　〇日生 （満 44 歳）
	氏　名	柴　〇〇　　（男・女）			
	住　所	〇〇　都道 　　　府県　〇〇　郡市 　　　　　　　　　　区　〇〇　町村 　　　　　　　　　　　　　区 〇〇丁目〇〇番〇〇号			

医療保護入院年月日 （第33条第1項・第3項による入院）	昭和 平成　〇〇年　〇〇月　〇〇日	今回の入院年月日	昭和 平成　〇〇年　〇〇月　〇〇日
		入院形態	医療保護入院（33-1）

前回の定期報告年月日	〇〇 年　　〇〇 月　　〇〇 日

病　　　　名	1　主たる精神障害 統合失調症 ICDカテゴリー（　F20　）	2　従たる精神障害 ICDカテゴリー（　　　）	3　身体合併症

生活歴及び現病歴 （推定発病年月，精神科受診歴等を記載すること。）	同胞2人の次男として〇〇市にて出生。父に暴力を受け，母には厳しく育てられた。中学生の頃にクラスでいじめを受け，以後不登校傾向となる。高校の頃から不眠や不安感などが出現。家庭内暴力もあり，家族関係が疎遠となる。19歳時に父が行方不明となり，21歳時にはうつ病を患っていた母が自殺する。〇〇年〇月〇日（本人24歳時）の23時頃，上半身裸で家の外を歩いているところを近隣住民から110番通報されて警察に保護される。自傷他害の恐れはないものの精神障害が疑われたことから，警察官同伴にて当院を初診。診察の結果，幻聴の訴え，また「服を着たら地下組織の人間に殺されてしまう」「みんなが自分を攻撃してくる」等の被害妄想に基づく意味不明な発言があったことから，兄の同意による医療保護入院となる。その後，精神運動興奮を呈することはなくなったものの妄想や思考障害は残存し，現在に至る。 （陳述者氏名　　　柴　△△　　　続柄　兄　　）

初回入院期間	昭和・平成　　　年　　　月　　　日 〜 昭和・平成　　　年　　　月　　　日 （入院形態　　　　　　　　　　　　　　　　　）
前回入院期間	昭和・平成　　　年　　　月　　　日 〜 昭和・平成　　　年　　　月　　　日 （入院形態　　　　　　　　　　　　　　　　　）
初回から前回までの入院回数	計　0　回
過去12か月間の外泊の実績	1 不定期的　2 定期的（ⅰ 月単位　ⅱ 数か月単位　ⅲ 盆や正月）　③なし

過去12か月間の治療の内容と，その結果及び通院又は任意入院に変更できなかった理由	薬物療法を中心に，支持的精神療法，作業療法などを実施しているが，被害妄想，思考障害，内的異常体験が依然として継続している。幻聴を認め，時に抑うつ気分を呈するなど，まだまだ病状は不安定である。病識はなく，薬や病気の治療への理解も不十分なため，任意入院に切り替えることはできなかった。
症 状 の 経 過	1 悪化傾向　　2 動揺傾向　　③不変　　4 改善傾向
今後の治療方針（患者本人の病識や治療への意欲を得るための取り組みについて）	引き続き，薬物療法，精神療法，作業療法，その他の各種療法などを継続し，症状の改善と病識の獲得を図る。
退院に向けた取組の状況 （選任された退院後生活環境相談員との相談状況，地域援助事業者の紹介状況，医療保護入院者退院支援委員会で決定した推定される入院期間等について）	○○年○月に退院後生活環境相談員を海堂○○（精神保健福祉士）に変更している。退院後生活環境相談員の働きかけにより退院意欲の喚起を図り，現在では映画スターになりたいという希望を尊重しつつ，地域生活のイメージをもてるよう支援している。市内の相談支援事業所を紹介し，相談支援専門員（精神保健福祉士）と顔合わせをした。退院支援委員会は○○年○月○日に開催しており，決定した推定入院期間は6か月である。 <u>選任された退院後生活環境相談員　　海堂 ○○（精神保健福祉士）</u> （退院支援委員会の審議記録添付あり）
＜現在の精神症状＞	Ⅰ　意識 　　1 意識混濁　　2 せん妄　　3 もうろう　　4 その他（　　　　　） Ⅱ　知能（軽度障害，中等度障害，重度障害）
＜その他の重要な症状＞ ＜問題行動等＞ ＜現在の状態像＞	1 拒食　　2 過食　　3 異食　　4 その他（　　　　　　　　　） 1 てんかん発作　　2 自殺念慮　　3 物質依存（　　　　　　） 4 その他（　　　　　　　　　　　　　　　　　　　　　　　　） 1 暴言　　2 徘徊　　③不潔行為　　4 その他（　　　　　　　） 1 幻覚妄想状態　　2 精神運動興奮状態　　3 昏迷状態 ④統合失調症等残遺状態　　5 抑うつ状態　　6 躁状態 7 せん妄状態　　8 もうろう状態　　9 認知症状態 10 その他（　　　　　　　　　　　　　　　　　　　　　　　　）
本 報 告 に 係 る 診 察 年 月 日	○○年　　○○月　　○○日
診 断 し た 精神保健指定医氏名	署名　神山 ○○

審 査 会 意 見	
都 道 府 県 の 措 置	

実践！記録術

1 退院に向けた取組の状況

退院に向けた取組の状況

○○年○月に退院後生活環境相談員を海堂○○（精神保健福祉士）に変更している。退院後生活環境相談員の働きかけにより退院意欲の喚起を図り、現在では映画スターになりたいという希望を尊重しつつ、地域生活のイメージをもてるよう支援している。市内の相談支援事業所を紹介し、相談支援専門員（精神保健福祉士）と顔合わせをした。退院支援委員会は○○年○月○日に開催しており、決定した推定入院期間は6か月である。

記録の思考過程

柴さんは「俳優になりたい」という"夢"をもっていることがわかったため、その夢を応援するサポーターの存在を増やす必要があると考え、また、今後地域で暮らすイメージを柴さんがもてるよう、そして将来的には地域移行支援の個別給付等につながる可能性も想定して市内の信頼できる相談支援事業所を紹介しました。

PSWは柴さんの夢や希望の応援者であること、そのスタンスやそれを実現するための支援のプロセスを精神医療審査会に伝えることが大切であると判断しています。

Point 1年間の「かかわりの経過」を端的に記載する

ここでは、退院後生活環境相談員との相談状況、地域援助事業者の紹介状況、医療保護入院者退院支援委員会で決定した推定される入院期間、1年間の退院後生活環境相談員のかかわりを含めた実践内容を要約して記載します。相談内容については、クライエントとこれまでにどのようなかかわりを展開し、今後どのような支援を考えているのかなどを、第三者にわかりやすく記載しなければなりません。また、非自発的入院患者の人権擁護を意識したかかわりの可視化という観点も重要です。

第**7**節　個別支援計画書

■ サービス等利用計画に基づく個別支援計画と記録

個別支援計画は，相談支援事業者が作成するサービス等利用計画に沿って，サービス提供事業者のサービス管理責任者が作成します。クライエントのニーズを充足するために，サービス提供事業者がどのような支援を行うのかを「見える化」した書面といえます。標準書式はありませんが，クライエントにかかわる関係機関と共有し，連携して支援にあたるためのツールとして使用します。

■ 書式の取り扱い

サービス提供事業者は，クライエントの希望をもとに個別支援計画を作成し，クライエントに説明して同意を得て，本人および関係者に配付する必要があります。また，定期的にモニタリングを行い，サービスを見直して更新します。作成から5年間は事業所で保管する必要があります。サービス等利用計画が作成されていない場合やセルフプランを作成している場合などは，障害福祉サービス受給者証発行の決定根拠として使用されることがあるため，各市区町村の担当窓口に提出することがあります。

事例

柴さん（44歳男性）は24歳時から精神科病院に20年間入院していました。統合失調症の慢性期で，思考障害があり現実検討能力も低下していましたが，「映画スターになりたい」という夢を抱き続けています。PSWの担当交代を機に，海堂PSWは面接とアセスメントを重ね，柴さんに精神障害者地域移行・地域定着支援事業の利用を提案しました。それに同意した柴さんは，その後1年間，地域支援事業者の支援を受け，ピアサポーターとの院外外出支援を継続しました。そして，ケア会議で検討を重ねた結果，柴さんは「映画スターになりたい」という夢をもって退院し，△△自立訓練事業所へ入居することになりました。この事業所は，一人部屋（風呂・トイレは共用）で，自炊を基本とし，生活管理をまずは本人に任せるという支援方針を持っています。柴さんの食事のとり方や生活費の使い方を見守ってきましたが，入居して3か月が経ったので個別支援計画を見直すことにしました。

参照　第1巻　4章3節　第2巻　面接編　16，記録編　1章6節，7節

個 別 支 援 計 画

柴　○○　様　　　　作成日　2017 年 ○ 月 △ 日

希望する生活 ①	「映画スターになりたい」（映画スターのような生活を送りたい）
長期目標	俳優養成所に入り学びたい
短期目標	俳優養成所で学ぶために、会話の練習をして、体調・生活管理の仕方を学ぶ ①

優先順位	柴さんの希望 ③	目標 ④	柴さんが取り組むこと ⑤	お手伝いすること ⑥	担当者 ②	見直しの期間	留意事項 ⑦
1	「セリフの練習をして、「どもり」を治したい。	D地域活動支援センターの仲間と交流し、セリフの練習をする。	火～土曜の7時に起きて、着替え、8時に朝食を食べ、9時に地活に出かける。	9時になっても起きていない場合、マネージャーとして起こしに出かける際は見送りとします。	池田相談員（マネージャー）スタッフ全員	6か月後	【通所先】D地域活動支援センター　担当：渡利PSW　TEL：○○-△△△　□-△△△
2	カウンセリングを受けたい。	病院に不安なく通える。	毎週月曜日は通院して主治医の診察を受ける。	引き続き、マネージャーとして受診に同行して、診察と一緒に行います。続きさんに必要な受診は一緒に行います。	池田相談員（マネージャー）スタッフ全員	1か月後	【通院先】B病院　神山Dr、海堂PSW　TEL：○○-△△△　△-□□□
3	食事はお手伝いさんに作ってもらいたいが、自分でも食事の用意ができるようにしたい。	食事の用意ができる。	地活から帰って来た時に、夕食と朝食のメニュー（食べたいもの）を考え、マネージャーや他スタッフに伝える。	柴さんの考えたメニューを一緒に作ったり、宅配を頼んだり、一緒に外食したりして、食事ができるよう支援します。	池田相談員（マネージャー）スタッフ全員	3か月後	
4	生活費の管理はマネージャーに任せたい。養成所に入る費用を貯めるために節約したい。どれだけの生活費が要るのかは知っておきたい。	1か月の生活費がいくらになるのかわかる。	地活に出かける前に、その日に使った金額をマネージャーや他スタッフに伝える。	マネージャーとして出納帳に記載します。毎週土曜日に1週間分の生活費の総額を柴さんに報告します。1か月に使った金額をまとめ、月末に柴さんに報告します。	池田相談員（マネージャー）スタッフ全員	3か月後	

△△自立訓練事業所　サービス管理責任者（作成者）：阪井　○○　　　私は説明を受け、同意しました。　2017年 ○ 月 △ 日　承認者：柴　○○

実践！記録術

① 希望する生活

> **希望する生活**
> 「映画スターになりたい」（映画スターのような生活を送りたい）

記録の思考過程

　柴さんは，入所後に受けたオーディションが受からなかったため，しばらくの間落ち込んでいました。その後の面接でも「映画スターになるのは無理かな……」と言われていました。しかし，柴さんがずっと抱いていた生きがいそのものといえる夢をこのままあきらめてほしくないと思い，今回も「映画スターになりたい」と記載しました。これは，サービス等利用計画を作成するケア会議で確認した柴さんの大前提の目標なので，勝手に変えることはできないという認識もありました。今回のモニタリングの際に，「まずは自分の生活を整えたい」と柴さんが希望されたので，「映画スターのような生活を送る」ために事業所でやってみたいことを一緒に考えましょうと提案し，新たな目標として併記することにしました。

💡 Point｜可能な限り本人の言葉をそのまま記載する

　相談支援事業者の作成するサービス等利用計画の総合的な支援の方針に沿って，サービス提供事業者がどのようなサービス提供するかを明確にするために目標を設定します。本人の希望をもとに，期間内に達成可能かつ客観的に評価可能な目標を設定することが重要です。可能な限り本人が発した言葉をそのまま目標として記載しますが，支援者が本人に提案して本人の同意を得た内容を目標として記載することもあります。

❷ 長期目標・短期目標

長期目標
俳優養成所に入り学びたい

短期目標
俳優養成所で学ぶために、会話の練習をして、体調・生活管理の仕方を学ぶ

💭 記録の思考過程

　長期目標はおおむね6か月を意識して考えています。オーディションに落ちたことでネガティブ思考が強まり、目標を見失いかけていた柴さんに、「俳優養成所への入所を目指してみませんか」と提案して、柴さんと一緒に目標を立て直していきました。既存の社会資源利用を発想するのではなく、柴さんの希望実現を第一に考えた目標設定にしたいと考えています。そして、短期目標は、柴さんが新たに希望した生活にまつわる目標とし、1～3か月の支援を意識しています。柴さんが望まれた「どもり」克服のための会話の練習を第一におき、食事や生活費などの生活管理の仕方については、体調・生活管理の仕方を学ぶと表現して、柴さんに提案し、目標を設定し直しています。

💡 Point　本人と一緒に考え、達成を実感し合える目標を記載する

　長期・短期目標は、本人が希望する生活に近づくために設定する目標です。長期目標は6か月～1年、短期目標は1～3か月という期間で設定します。自立訓練事業の場合は、少なくとも3か月に1回のモニタリングを行い、本人と一緒に目標を適宜見直します。モニタリング時に本人や支援者が達成を実感し合えるような内容で目標設定することが大切です。

❸ 優先順位／○○さんの希望

「柴さんの希望」と優先順位

1　「セリフ」の練習をして，「どもり」を治したい。

2　カウンセリングを受けたい。

3　食事はお手伝いさんに作ってもらいたいが，自分でも食事の用意ができるようにしたい。

4　生活費の管理はマネージャーに任せたい。養成所に入る費用を貯めるために節約したい。どれだけの生活費が要るのかは知っておきたい。

記録の思考過程

　柴さんの「映画スターになる」「マネージャーに身の回りのことは任せたい」という希望を大切にしてニーズを確定させていきます。柴さんは，会話のことを「セリフ」，治療を受けることを「カウンセリング」と表現しており，ほかにも「お手伝いさん」「マネージャー」など独特の表現をされる方でした。そこで，あえてその表現のまま記載することで，柴さんのための支援計画であることを印象付けようと考えました。優先順位は，柴さんが希望する「どもり」を克服するための支援を最優先に考えることにし，柴さんに順位を確認しながら，体調管理のための医療を受け続けること，食事の用意をすること，そして，養成所に入る費用を貯めるための生活費の節約に関することの順位にしました。

Point　本人の言葉で表現し，本人の希望やペースに合わせる

　取り扱う支援ニーズを本人自身に決めてもらい，できる限り本人の言葉をそのまま表現するようにします。本人が同意しない場合は支援ニーズとして取り上げないという視点をもち，支援者側の画一的で押し付けにならないような支援計画を立てることが重要です。支援ニーズが確定すれば，早急に解決しなければならないものと順次取り組むものを分けて検討し，取り上げる順位を決定しますが，支援者は早急に対応したいと考えても本人がそれを望まない場合もあるので，あくまでも本人の希望やペースに合わせて順位を決めることに留意します。

④ 目標

目標

1　D地域活動支援センターの仲間と交流し，「セリフ」の練習をする。
2　病院に不安なく通える。
3　食事の用意ができる。
4　1か月の生活費がいくらになるのかわかる。

記録の思考過程

　柴さんのニーズが充足されるにはどのような目標を達成する必要があるのかを記載しています。支援目標も柴さんと一緒に考え，柴さんのペースに合わせ，柴さんのモチベーションが継続するような目標となるよう心がけました。例えば「どもり」を治すための目標設定は，柴さんは「マネージャーとセリフ練習」して克服するという案を出したのですが，柴さんの考えを尊重しつつ，D地域活動支援センターで仲間とセリフ練習することで解決してみませんかと提案しています。エンパワメントされる環境でなら自信がつきやすく，少しでも「どもり」が改善されるのではないかと見立てたからです。その他の目標も柴さんと一緒に考えて柴さんの同意を得て記載しています。

Point｜本人と共に考え，同じ目標に向かった支援を発想する

　希望する生活と現在の生活にはどのような「差」があり，その「差」を埋めるためにはどのような目標を達成する必要があるのかを具体的に記載します。本人と一緒に考え同じ目標を共有し，その目標に向かって支援することが大切です。支援者は「こうあってほしい」と願う内容を考えて課題を設定し，本人に代わって解決してしまいそうになるので注意が必要です。

⑤ ○○さんが取り組むこと

柴さんが取り組むこと

1　火〜土曜の7時に起きて，着替えて，髪型を整え，8時に朝食を食べ，9時に地活に出かける。

> 2　毎週月曜日は通院して主治医の診察を受ける。
>
> 3　地活から帰って来た時に，夕食と朝食のメニュー（食べたいもの）を考え，マネージャーや他スタッフに伝える。
>
> 4　地活に出かける前に，前日に使った金額をマネージャーや他スタッフに伝える。

記録の思考過程

　入居後，柴さんが行っていた起床後の過ごし方をそのまま取り組むこととして記載しましたが，具体的に表記することを心がけています。「いつ，誰に，何を，どうするのか」ということを柴さんの理解力や思考障害の程度に合わせて明示し，柴さんがどのように行動したらいいのかわかりやすくなるよう，柴さんの取り組む内容を一緒に考えて記載しています。これは，モニタリングの際にお互いが振り返りやすくできるようにしようというねらいもあります。

Point　達成可能でエンパワメントの視点をもった内容に

　達成可能でエンパワメントの視点をもち本人と一緒に取り組むことを考え，本人にわかりやすい表現で具体的に記載します。「○○できるようになる」のように，本人に頑張らせることを記載するための欄ではありません。支援者は価値観の押し付け（例：こうなることがあなたのため）のような役割付与をしてしまいがちになるので気をつけます。本人がすでにしていることはそのまま継続できるように設定する視点も大切です。

❻ お手伝いすること

お手伝いすること

> 1　・9時になっても起きていない場合，マネージャーとして起こします。
>
> 　　・出かける際に見送りをします。
>
> 2　・引き続き，マネージャーとして受診に同行して，受診に必要な手続きを一緒に行います。
>
> 3　・柴さんが考えたメニューを，一緒に作ったり，宅配を頼んだり，一緒に外食したりして，食事ができるよう支援します。
>
> 4　・マネージャーとして出納帳に記載します。
>
> 　　・毎週土曜日に1週間分の生活費総額を柴さんに報告します。

・1か月に使った金額をまとめ，月末に柴さんに報告します。

記録の思考過程

　柴さん自身が自らの課題に取り組めるように，また柴さんに代わって支援者が解決してしまわないようにと意識しながら，柴さんと一緒に取り組む支援であることを心がけ記載しています。マネージャーという表記を多用して，柴さんの支援をする人を印象付け柴さんに伝わりやすくなるよう工夫しました。そして，支援内容の原案を作成したのち事業所内で個別支援会議を開催して，ほかのスタッフの意見も取り入れながらスタッフ全員で支援する内容を決めています。より具体的に記載することで，マネージャーの地田相談員が不在の時でも，事業所スタッフ全員で支援ができると考えています。その原案を柴さんに説明し，柴さんの同意を得られたものをお手伝いすることの欄に記載しています。

Point｜本人と一緒に解決するための支援を具体的に書く

　本人の希望する生活を送るために，ニーズの充足に向けてサービス提供事業者が行う支援を具体的に記載します。本人に代わって課題を解決するための支援ではなく，本人と一緒に解決するための支援という発想を大切にして支援内容を組み立てます。そして，サービス管理責任者個人の考えのみで支援内容を決めるのではなく，個別支援会議等でほかの支援者の意見を取り入れながら，事業所全体としてどのような支援を行うのかを検討します。

7 担当者，見直しの期間，留意事項

担当者

1	地田相談員（マネージャー），スタッフ全員
2	地田相談員（マネージャー）
3	地田相談員（マネージャー），スタッフ全員
4	地田相談員（マネージャー），スタッフ全員

見直しの期間

1	6か月後

2	1か月後
3	3か月後
4	3か月後

留意事項

1	【通所先】 D地域活動支援センター　担当：渡利PSW
	TEL：○○-□□□-△△△
2	【通院先】 B病院　神山Dr，海堂PSW
	TEL：○○-△△△-□□□

記録の思考過程

　柴さんのマネージャー（支援者）は地田相談員ということが柴さんに伝わるよう明記しています。今回の計画ではスタッフ全員と書き加えました。これは，地田相談員が不在の時でも代わりのスタッフに相談できるということを柴さんに伝える効果をねらいました。

　見直しの期間は，それぞれ新たに設定しています。1を6か月と設定したのは，ニーズを充足するにはかなりの期間が必要と考えているからですが，6か月で支援終了を意味しているわけではなく，6か月後に柴さんのニーズ充足度合や支援内容の合致具合をモニタリングしてサービスを見直すということを意図しています。また，2については入居当初から行っている支援ですので，これまでの通院状況をアセスメントして，この1か月で終了する支援だろうとの見立てのもと，設定しています。3と4は短期目標の標準期間に合わせ3か月としています。

　留意事項には，引き続きB病院の神山Drと海堂PSWの名前を記載しました。そして，D地活の渡利PSWの名前を新たに記載して，連携して支援を行う関係機関を柴さんに伝えています。

Point　具体的で本人にとってわかりやすく

　サービス提供事業者の担当者を記載します。具体的に名前を記載し，本人にわかりやすくする配慮を行います。本人の希望やペース，支援目標や支援内容を総合的に判断して，モニタリングの時期を設定します。留意事項の欄にはこの個別支援計画を共有する関係機関等を記載するようにします。

```
柴  ○○  様    作成日 2017年  ○月  △日
私は説明を受け，同意しました。2017年  ○月  △日  承認者；  柴  ○○
```

記録の思考過程

　△△自立訓練事業所では，利用者一人ひとりに担当者を付けています。そのため，別の利用者ではなく柴さんの計画であることが判別できるよう書面の冒頭に柴さんの氏名と作成日を明記します。計画が出来上がったところで，書面を提示しながら柴さんに説明し，同意を得て，日付と承認者欄に氏名を自署してもらいます。

Point｜本人の同意を得て個別支援計画は完成する

　個別支援計画は，いつ，誰のために作成したものであるのかを明確にする必要があります。作成日を明示することは，見直しの期間つまりモニタリングの時期を示すためにも重要です。作成日と間隔を開けずに本人に説明して，氏名と承認日を自署してもらいます。承認者の欄にクライエントの署名がないものは個別支援計画とは言えません。本人の同意を得て，署名されて初めて個別支援計画は完成するのです。

第**8**節　退院サマリー

■ 退院サマリーについて

サマリー（summary）とは，「要約・概要・要旨」など端的にまとめた文章を意味します。PSW の支援経過や支援内容を退院時に要約するもので，主に二つの用途があります。一つは退院や転院時に地域で継続的な支援が行えるよう本人の承諾を前提に（他機関の主に同職種）へ渡す引き継ぎの資料として，二つ目は病院内のデータベースとすることです。記録はどの職種が見ても内容を理解できるように福祉の専門用語や略称を避け，わかりやすく記す必要があります。

■ 書式の取り扱い

定型の書式や法令上の作成義務はないため，PSW の退院サマリーがすべての医療機関に存在しているかはわかりません。含むべき項目は支援経過の概要と退院後の支援方針や計画です。クライエントと入院中にどのような「かかわり」を行い，支援を展開したかを記載することにより，自らのかかわりを振り返るツールとしても活用できます。転院や施設入所であれば退院時に本人や家族に渡します。院内でのデータベースとして残す場合も，退院後 1 週間以内程度で作成することが望ましいでしょう。

> **事例**
>
> 林さん（75歳男性）は妻と 2 人暮らしです。アルツハイマー型認知症の影響により家族を対象とした被害的感情や妻への暴言・暴力行為があります。そのなかで，強い興奮状態を呈して精神科病院に妻の同意で医療保護入院し，約 6 か月の入院生活を経た後に念願だった自宅への退院，妻との同居が実現しました。この間，担当の PSW は林さんの気持ちに寄り添い，信頼関係の構築および家族との関係性の修復に努め，また退院後の地域生活を支えていく目的で介護保険を申請するなどサービス調整を行いました。本サマリーは，退院後にデイサービスを利用するため，介護保険事業者のケアマネジャー宛に記したものです。

☞ 参照　第1巻 2章1節　第2巻 面接編 ▶06

退院サマリー

ID　0718　　　　PSW　海堂　○○

氏　名　　林○○　　様　Ⓜ・F　　　　○○年○○月○○日生　75歳

住　所： ○○県○○市○○区○丁目○-○	Tel：○○○-○○○-○○○○
入　院： ○○年○○月○○日	退　院： ○○年○○月○○日

主病名（ICD-10）： アルツハイマー型認知症（F00）　　従たる病名：　高血圧 ①

＜今回の入院に至る経緯＞○○年頃から物忘れが出現，○○年に○○脳神経外科病院の物忘れ外来を受診し，「アルツハイマー型認知症」と診断される。しかし，その後の精神科受診へはつながっていない。次第に妻に対する暴言や暴力行為が見られ，○○年頃からは被害的な思考から妻を信じられなくなり，人が変わったように暴力行為がエスカレートしていく。「財布を盗んだ」，「食事に変なものを入れた」などの発言もあり，また暴力や攻撃の対象が妻から娘にまで拡大したことをきっかけとして，○○年○月に当院を受診。受診の際は妻に対して興奮して捲し立てる場面あり。精神保健指定医の診察の結果，入院が必要と判断されたが入院に同意しなかったため，妻の同意による医療保護入院となる。これまでに内科等での特筆すべき治療歴はない。

＜生活歴／家族歴＞○○県○○市にて同胞2人の長男として出生。幼少期から同県同市で過ごし，高校卒業後に結婚して妻と2人で理髪店を営む。子供は2人。現在は妻と2人暮らし，長男は他県，長女は近くに在住。理髪店は，アルツハイマー型認知症との診断を受けた後に閉店している。

保険（後期高齢者医療）　介護保険 有（要介護1）・未・申請中　精神障害者保健福祉手帳（なし）
年金（老齢基礎年金）　その他（　　　　　　　　　　　　　　　　　　　　　　）②

支援の経過（PSWのかかわり）：約6か月間の入院生活。本人は入院当初から「退院したい」という思いが強かったが，家族は退院や同居には消極的だった。PSWは定期的に本人，家族と面接して両者との信頼関係の構築を図った。本人は家族に対しては怒りの感情を露呈するが，病院スタッフに対しては優しい言葉をかけたり，気を遣う様子も見られた。家族も心配して頻回に病院に電話をして本人の様子を確認したり，直接は会わなくても病棟に差し入れを届けたりしていた。このような本人のストレングスや家族の本人に対する思いから，両者の歩み寄りは可能だとアセスメントしている。入院2か月後には両者が直接顔を合わせる機会をつくり，病院スタッフを交えた三者間での合同面接を実現。また，身の回りのことは自立しているが，物忘れが目立ち，本人のプライドを傷つけないような手助けやかかわり方について，看護師から家族にレクチャーする機会をつくった。また，いくつかの作業療法プログラムに興味を示して参加していたため，退院後は介護保険を活用して日中活動の場（デイサービス）を用意し，妻の介護負担の軽減に努めるほか，家庭内を見守るネットワークとして地域包括支援センターのケアマネジャーに会いにきてもらい関係づくりをした。退院後は2週間に1回，外来通院と病院の訪問看護利用も提案し，本人の支援体制を本人や家族の意向に沿って構築している。本人が自分の言葉で伝えることをサポートしつつ，時に本人の思いを代弁して妻や長女に伝えることで，家族が「一緒に暮らせるかもしれない」と思えるような安心感も提供している。③

退院後の支援計画と今後の課題：本人や家族，訪問看護スタッフや地域のデイサービススタッフ，担当のケアマネジャーなど関係者から定期的な経過報告や相談を受け，適宜主治医と情報共有していく。必要に応じて主治医も交えた関係者間でのカンファレンス等の開催を視野に入れる。認知症の周辺症状は落ち着いてきたものの，物忘れなどの中核症状は残存し，また足腰も弱ってきているなど，ADLの低下が懸念される。当面はデイサービスと訪問看護を利用しながら，身体機能を保持できるよう，身体的なリハビリなども取り入れる必要がある。

実践！記録術

1 今回の入院に至る経緯

> **今回の入院に至る経緯**
> ○○年頃から物忘れが出現，○○年に○○脳神経外科病院の物忘れ外来を受診し，「アルツハイマー型認知症」と診断される。しかし，その後の精神科受診へはつながっていない。次第に妻に対する暴言や暴力行為が見られ，○○年頃からは被害的な思考から妻を信じられなくなり，人が変わったように暴力行為がエスカレートしていく。……

記録の思考過程

林さんがどうして強制的にでも入院（医療保護入院）しなければならなかったのか，林さんはどのような病気や症状に苦しめられてきたのか，それを簡潔かつ客観的に記したいと考えました。限られた字数で，端的に林さんの病気の背景を記す必要があったことから，発症時期からの病気の経過を時系列にまとめています。また，できる限り医学用語を使用することを避け，誰が見ても症状がわかるような記載を意識しました。

Point 関連の深い病気を中心に，経過の概略を記す

これまでの病歴を中心に，入院に至る経過を記しますが，PSW はクライエントの「生活」に文脈を置き，その病気が本人や家族の生活にどのような影響を与えてきたのか，入院に至るまでにそれぞれがどのように過ごしてきたのかを簡潔に記載することが必要です。クライエントや家族から聴取した内容のほか，カルテや診療情報提供書（紹介状）から抽出した情報も活用できます。既往歴が多い場合は，記載が必要か不要かを判断し，現病と関連の深い病気のみを記載します。その際，現病がいつからどのように始まり，どのような経過をたどってきたのか，どのような症状やそれに付随する障害があるのかなどを記述します。

❷ 支援の経過（PSW のかかわり）

> **支援の経過（PSWのかかわり）**
>
> ……本人は家族に対しては怒りの感情を露呈するが、病院スタッフに対しては優しい言葉をかけたり、気を遣う様子も見られた。家族も心配して頻回に病院に電話をして本人の様子を確認したり、直接は会わなくても病棟に差し入れを届けたりしていた。このような本人のストレングスや家族の本人に対する思いから、両者の歩み寄りは可能だとアセスメントしている。（中略）時に本人の思いを代弁して妻や長女に伝えることで、家族が「一緒に暮らせるかもしれない」と思えるような安心感も提供している。

記録の思考過程

　PSW が林さんの何を大切にしてかかわってきたのかを端的に記すことを意識しました。クライエントの「退院したい」「また家族と一緒に暮らしたい」という思いを一貫して支援していくことが今回のかかわりのポイントです。そのために、林さんや家族との信頼関係を構築し、林さんの思いを汲み取りつつ、両者の関係の橋渡しを担うことがPSWとしての基本的スタンスでした。林さんが入院時の大方の予想に反して自宅に退院し、再び家族と一緒に暮らすことができた要因として最も大切なポイントは、被害妄想等の症状の消退に加えて、PSWが三者面接を調整したり、家族への心理教育等を調整、実施して同居への抵抗を低減したこと、さらにはいくつかの社会資源につないだことでした。そのなかで、家族のこれまでの苦労を受け止め、支援体制を構築しようとしたこと、何かあったらSOSを出せる状況を保証したことなどが奏功したといえます。そして、林さん自身も退院して家に帰りたい一心で努力したこともあり、それらをPSWが家族に伝え続けたことも有意義だったと考え、今後その役をケアマネジャーにも担ってもらう意図で記述しました。両者の思いを尊重しながらその実現に貢献できた大きな要因でしょう。

Point｜PSW の目線でかかわった経過を記す

　「支援の経過」の欄は、PSWがクライエントとどのようにかかわってきたか、どのような支援を展開してきたのか、クライエントがどのような「思い」や「意向」をもち、それをPSWがどのように汲み取ってきたのかなどが記されている

ことが重要です。ここは退院サマリーのなかでPSWが最も力を入れて記載したい項目です。クライエントと次にかかわる別のソーシャルワーカーや他職種が，あるいは未来の自分自身が引き続き同様の視点で支援を継続していく際の有用な資料となり得ることを認識している必要があります。

❸ 退院後の支援計画と今後の課題

> ### 退院後の支援計画と今後の課題
>
> ……必要に応じて主治医も交えた関係者間でのカンファレンス等の開催を視野に入れる。（中略）当面はデイサービスと訪問看護を利用しながら，身体機能を保持できるよう，身体的なリハビリなども取り入れる必要がある。

記録の思考過程

病院PSWが現実的に担える，あるいは担うべき役割，そして林さんの病状やADLの側面から考えられる課題，その対処方法を端的に記すことを意識しています。また，林さんを中心に構築した支援体制を紹介し，彼らと有機的に連携することでリスクを回避したいと考え，それを第三者が見てもわかるように記載することを心がけました。さらには，「チーム」で林さんおよび妻と長女を支えていこうとする視点や方向性も記し，今後の調整を担うケアマネジャーへの引き継ぎも意図しています。

Point かかわりとその意図を後々も役立てる意識で

退院後の支援計画と予想される課題，つまりは退院後に行う担当PSWの役割および生活上のリスクに関するアセスメントを記載します。ここでは，入院中にかかわってきたPSWならではの視点に立ち，それらを包括的に記載することが重要です。そのなかで，フォーマル・インフォーマルを問わない，本人を取り巻くネットワークやそれに基づく支援体制を記述します。今後の退院先での支援にも活用されるよう誰が見てもわかるよう記載することが重要です。

第9節 ケア会議の記録

■ ケア会議と記録

ケア会議は，複数の支援機関がかかわる際に効果的に連携し，チームで支援する方法の一つで，クライエントと支援者が一堂に会して話し合い，クライエントのニーズに沿って支援目標や計画を立て，それまでの支援経過をモニタリングし，支援目標や計画を見直します。検討過程と決定事項について，出席者間の理解に食い違いが生じないように，簡潔かつ正確な記録が求められます。公式の標準書式はありません。

■ 書式の取り扱い

ケア会議の内容を共有するために，共通の記録として出席者に配布することを想定しています。各支援者は支援の方向性や役割分担を確認します。記録は，支援経過を振り返る際や外部からの問い合わせへの対応，行政の指導監査等で参照されます。機関のルールに則り，施錠された（電子媒体の場合はアクセスできる範囲が限定された）環境で保管し，機関内の許可された職員以外は見られないよう管理します。

> **事例**
>
> 岡さん（30代男性）は，精神科病院から退院するときにグループホームに入居し，まもなく1年になります。診断は統合失調症で，デイケアに通い，訪問看護を受けています。岡さんは，約3か月前に1か月ほど再入院しました。生活保護で支給された生活費が入った財布をなくして混乱し，「死にたくなった」そうです。退院前に病院でケア会議が開かれ，岡さんは，生活費は1週間分ずつ下ろし，困ったときはまず世話人（精神保健福祉士）に相談することとなり，支援者は，岡さんが相談しやすいように声かけ等に配慮することが共有されました。ところが約2か月後，岡さんはまた「死にたくなった」と言って入院しました。今回もお金を持っておらず，実はパチンコに通って生活保護費の多くを使ってしまい，不安になったのがきっかけだったとわかりました。入院して2週間経ったところで，病院でケア会議が開催されました。司会を精神科病院のPSW，記録をグループホーム世話人のPSWが務めました。

参照　第1巻　4章2節　第2巻　面接編 11, 20，記録編 1章2節

ケア会議記録

利用者氏名	岡　○○　様	主催	B病院
開催日時	○年5月20日（月）14：00〜15：00	開催場所	B病院　1病棟　カンファレンスルーム
出席者	本人，B病院：榎本医師，天田相談員，向井看護師，前川デイケア担当作業療法士，杉浦訪問看護師，K市福祉事務所：高木ケースワーカー，K市保健所：宮本保健師，N相談支援事業所：荒井相談員，Pグループホーム：鷹野PSW（世話人）		
開催目的	前回退院後2か月で再入院となり，支援計画の見直しを行うため		
検討内容			

[今回までの経過の振り返り]
前回支援計画の確認：
・支援目標：生活費を一度になくしたり，慌てて混乱したりしないですむようにする。
・支援計画：グループホーム世話人は本人が気軽に話せるよう意識的に声かけをする。ほかの支援者も相談に応じる。金銭管理支援のサービスは導入を見送る。週3回のデイケア，週1回の訪問看護，週1回の夕食会を継続する。
・本人が取り組むこと：生活費を1週間分ずつ下ろす。困ったときはまず世話人に相談する。

支援経過：
鷹野：世間話などさりげなく話しかけたが，生活の様子に異変は感じなかった。夕食会にも参加されていた。本人のほうから相談はなかった。
前川：デイケアに月・火・金，通所し，決まったプログラムに参加され，遅刻や早退もなく，順調に経過していると判断していた。
杉浦：毎週水曜に訪問。服薬も忘れずできており，生活リズムの乱れや不眠など症状悪化の兆候もなかった。生活面で不安な様子や相談もなかった。
天田，高木，宮本，荒井：相談があれば応じるつもりだったが，相談はなかった。
榎本：外来では安定していて変わりなかったが，○日の夜，「死にたくなった」と混乱して当直医に電話があり，任意入院。精神症状の悪化は見られず，病状的には退院可能。
向井：入院後は死にたいという訴えもなく，落ち着いている。

本人の振り返り：
　お金は1週間分ずつ下ろそうとしたが，パチンコで足りなくなった。怒られると思って言えなかった。一度にたくさん使ってしまって，これじゃ生活できないと思ったら不安になって病院に電話した。もうしないですむようにしたい。

[評価と支援課題の確認]
・お金がなくなった原因はパチンコに注ぎ込んだためで，再入院は，それを誰にも相談できず，不安が高まったためであった。
・同様の事態に陥らずにすむ方法を探ることが課題である。

[課題の検討]
本人を責めることなく率直に質問して課題を整理し，対策を検討した。
・パチンコにはまっていった経過（本人）
　半年くらい前からたまにやるようになった。平日はやることが詰まっているが，友人もいないし休日になるとやることがなく，つい行ってしまう。行くと落ち着く。まずいなと思いながら，ついついやってしまった。以前はファミレスのドリンクバーで時間を潰していたが，店員の視線が気になって行かなくなり，代わりにパチンコに行くようになった。
・パチンコに手を出さずにすむ方法
　・休日にやることは，すぐには思い浮かばない。（本人）

- ・パチンコに行きたくなったらどうするか考えておいてはどうか。(杉浦)
- ・仲間とか居場所と思えるところがないということかもしれない。(前川)
・パチンコで生活保護費をすべて使ってしまうことを防ぐ方法
  - ・お金を余分に下ろさないようにする。(本人)
  - ・今度は相談ができるとよい。お金が残っているうちなら，次の保護費が入るまで生活していける方法を一緒に考えられる。(鷹野)
  - ・生活保護費の分割支給をやってみてはどうか。(高木)
・パチンコ依存というとらえ方
  - ・ギャンブル依存の自助グループ(GA)に出席してみてはどうか。(宮本)
  - ・依存症について榎本医師より説明。

決定事項	

[支援目標]
パチンコにお金を注ぎ込まないですむようにし，そうなったとしても生活が成り立たなくなるのを防ぐ。

[支援計画]
(1) 仲間をつくり，交流を楽しめるようにする。(デイケア，グループホーム)
(2) 身近に相談できる関係をつくる。(グループホーム世話人)
  ・休日の過ごし方やパチンコに行きたくなったときの工夫を話し合い，ギャンブル依存の自助グループについて一緒に調べる。
(3) 生活保護費を月2回の分割支給とする。(福祉事務所)
(4) 本人が相談しやすいよう，積極的に声かけをする。(支援者)
(5) ○月○日退院，隔週の通院，週3回のデイケア，週1回の訪問看護，週1回の夕食会を継続する。

[本人の感想]
怒られなくてホッとした。どうなるかはわからないけど，追い詰められないようにしたい。今度は困ったときは相談したい。できると思う。

次回開催	○年7月19日(月)14：00〜15：00　N相談支援事業所にて

記録者名　鷹野○○(Pグループホーム)

実践！記録術

1 出席者

> 出席者
>
> 本人，B病院：榎本医師，天田相談員，向井看護師，前川デイケア担当作業療法士，杉浦訪問看護師，K市福祉事務所：高木ケースワーカー，K市保健所：宮本保健師，N相談支援事業所：荒井相談員，Pグループホーム：鷹野PSW（世話人）

記録の思考過程

ケア会議は支援者が一度に集まるので，岡さんにはどんな支援者がいるのかが一目でわかります。生活保護のケースワーカーと保健所の保健師は，岡さんが初めて精神科病院に入院した頃からのつながりがあり，病院の主治医やPSWも同様です。相談支援事業所とグループホーム，デイケア，訪問看護は1年前に退院したときからのつながりです。お互いが顔見知りなので，容易に記載できました。

Point　所属と職種等もわかるように

ケア会議は，クライエントの意向に沿って支援を行う人々によって構成されるので，クライエントが出席を認めている人々が出席するのが前提となります。出席者の名前とともに，所属する機関の名称と名乗った職種等についても記載します。民生委員や家族等，機関に所属しない出席者については，本人との関係がわかるように記載します。

2 開催目的

> 開催目的
>
> 前回退院後2か月で再入院となり，支援計画の見直しを行うため

214

記録の思考過程

退院して約2か月で再入院という予期しない事態が起きましたが，その理由は岡さんがパチンコにお金を注ぎ込んでしまって不安になったからでした。岡さんが自制できなくなっている可能性が心配されたので，ケア会議の開催を病院のPSWに提案しました。病院のPSWとの間では，支援計画を見直し，課題を検討することにしようと話し合っていたので，それを記載しました。

Point 目的を再確認できるよう簡潔明瞭に

目的と検討項目が明確で，出席者がそれを理解していることが，有効な会議となる条件です。開催目的と検討項目はケア会議を招集する段階で出席者に伝えられますが，会議進行の柱となるものなので，司会者が冒頭で説明します。記録にあたっては，まず，開催目的を簡潔に記載します。

③ 今回までの経過の振り返り

［今回までの経過の振り返り］

前回支援計画の確認：

- 支援目標：生活費を一度になくしたり，慌てて混乱したりしないですむようにする。
- 支援計画：グループホーム世話人は本人が気軽に話せるよう意識的に声かけをする。ほかの支援者も相談に応じる。金銭管理支援のサービスは導入を見送る。週3回のデイケア，週1回の訪問看護，週1回の夕食会を継続する。
- 本人が取り組むこと：生活費を1週間分ずつ下ろす。困ったときはまず世話人に相談する。

記録の思考過程

岡さんがパチンコにお金を注ぎ込んでいたのが発覚し，そのことに関心が向きがちですが，支援には連続性があり，記録もそれを書き記す必要があるので，前回の支援計画の確認，支援経過，岡さんの振り返りの三つの小見出しを設けました。司会者が前回の支援目標と支援計画の内容を確認したので，出席者からはそれに沿った報告が脇道にそれることなく出て，岡さんは自分のことを率直に振り返りました。それらを要約して記述しました。

> **Point** 継続ケースでは，まずはモニタリングを要約

支援を継続しているケースのケア会議では，前回のケア会議で決まった計画の実施状況を共有するところから始まります。つまりモニタリングです。出席者は支援経過を振り返り，それぞれ報告します。出席できない支援者の分は，ケア会議招集者が事前に確認して報告します。それらを要約して記述します。クライエント自身の取組みの経過もこのなかに入れます。

④ 評価と支援課題の確認

［評価と支援課題の確認］
・お金がなくなった原因はパチンコに注ぎ込んだためで，再入院は，それを誰にも相談できず，不安が高まったためであった。
・同様の事態に陥らずにすむ方法を探ることが課題である。

記録の思考過程

前回の支援計画は，岡さんがパチンコにお金を注ぎ込んでいることに支援者が気づいていない状況で立てられたものだったので，有効ではありませんでした。会議では，あらためて何が起きていたのかを確認し，同様の事態に陥らずにすむことを岡さんと支援者の課題とすることを合意しました。評価と支援課題をそれぞれ箇条書きにして記録しました。

> **Point** 課題に記す内容は，クライエントの同意が前提

モニタリングを終えたら，それらを評価し，新たな課題やニーズが見つかった場合は共有します。その内容を要約して記述します。課題は，クライエント自身の希望や問題意識に沿ったものであって，支援者と共に取り組むことにクライエントが同意していることが前提です。クライエントが解決したいと思っていても，支援者の力を借りる必要はないと思っていたら，支援は成立しません。

⑤ 課題の検討

[課題の検討]

本人を責めることなく率直に質問して課題を整理し、対策を検討した。

・パチンコにはまっていった経過（本人）

半年くらい前からたまにやるようになった。平日はやることが詰まっているが、友人もいないし休日になるとやることがなく、つい行ってしまう。行くと落ち着く。まずいなと思いながら、ついついやってしまった。以前はファミレスのドリンクバーで時間を潰していたが、店員の視線が気になって行かなくなり、代わりにパチンコに行くようになった。

・パチンコに手を出さずにすむ方法

・休日にやることは、すぐには思い浮かばない。（本人）

・パチンコに行きたくなったらどうするか考えておいてはどうか。（杉浦）

・仲間とか居場所と思えるところがないということかもしれない。（前川）

・パチンコで生活保護費をすべて使ってしまうことを防ぐ方法

・お金を余分に下ろさないようにする。（本人）

・今度は相談ができるとよい。お金が残っているうちなら、次の保護費が入るまで生活していける方法を一緒に考えられる。（鷹野）

・生活保護費の分割支給をやってみてはどうか。（高木）

・パチンコ依存というとらえ方

・ギャンブル依存の自助グループ（GA）に出席してみてはどうか。（宮本）

・依存症について榎本医師より説明。

記録の思考過程

解決策の検討過程も、岡さんに対する支援です。岡さんを責めることなく、率直に質問し解決策を探ったので、全体像としてそのことを記述しました。そして、行ったり来たりしながら話し合われたことを、内容別に項目に分けて整理しました。その際、パチンコに通うようになった経過をアセスメントし、解決の見通しを立て、今後の支援計画につなげていくうえで重要と思われる事柄について、選択して発言者の名前も含めて記述しました。

Point　クライエントと一緒に解決策を探った過程を要約

　共有された支援課題に対し，クライエントと共に率直に解決策を見出そうとして話し合う過程は，ケア会議のとても重要な部分ですが，記録にあたってすべてを網羅することは不可能です。検討過程の全体像やどのような解決策が提案され吟味されたかについて，その後の支援計画につながっていく道筋がわかるよう，内容を選定し要約して記述します。

⑥ 支援目標

> 支援目標
> パチンコにお金を注ぎ込まないですむようにし，そうなったとしても生活が成り立たなくなるのを防ぐ。

記録の思考過程

　いろいろな意見が出て，具体的な対策なども固まってきて，そろそろケア会議も終盤というところで，司会者がまとめに入りました。その際，支援目標から確認してくれたので，あらためて何のための対策を話し合ってきたのかを意識することができました。

Point　支援目標あっての支援計画

　出席者間で課題を検討しているうちに対策が見えてくるので，支援目標を意識しなくても支援計画を立てることはできます。しかし，支援目標に照らして整合性のあるものになっているかどうか，点検しながら支援計画を立てるためには，支援目標を言語化し記録にとどめておくことが大切です。また，支援目標はクライエントも合意していることが前提となります。

⑦ 支援計画

> ［支援計画］
> (1) 仲間をつくり，交流を楽しめるようにする。（デイケア，グループホーム）
> (2) 身近に相談できる関係をつくる。（グループホーム世話人）

・休日の過ごし方やパチンコに行きたくなったときの工夫を話し合い，ギャンブル依存の自助グループについて一緒に調べる。

(3) 生活保護費を月2回の分割支給とする。(福祉事務所)

(4) 本人が相談しやすいよう，積極的に声かけをする。(支援者)

(5) ○月○日退院，隔週の通院，週3回のデイケア，週1回の訪問看護，週1回の夕食会を継続する。

記録の思考過程

　検討が進むにつれて，岡さんがパチンコに手を出していった背景には寂しさがあるのではないかという理解が，出席者間で共有されていきました。そこで，デイケアやグループホームといった利用者との交流が生じる場面での支援者の意図的な関与や，身近な生活の場で相談できる関係をつくるための仕掛けも必要だということになりました。また，前回は見送られた金銭管理に関する支援が加わりました。それらを司会者がまとめてくれたので，箇条書きで記述しました。

Point クライエントが納得した具体的で実行可能な計画を書く

　支援計画には，支援者が取り組むこととクライエント自身が取り組むことが含まれます。クライエントのニーズと支援目標に対応していて，クライエントが納得しており，具体的でわかりやすく，各支援者の役割分担が明確で，実行可能なものであることが重要です。計画が複数あるときは，箇条書きにしてわかりやすく記述します。

⓼ 本人の感想

[本人の感想]

怒られなくてホッとした。どうなるかわからないけど，追い詰められないようにしたい。今度は困ったときは相談したい。できると思う。

記録の思考過程

　岡さんの言葉をそのまま使いながら要約して記述しました。聞いていて，ケア会議を通して岡さんが，今までよりも支援者に信頼感をもってくれたのではないかと感じました。今後どのように展開していくかわかりませんが，岡さんが本当

のことを話してくれるような関係を保っていけるようにしたいと思いました。

Point　会議の成否を表すクライエントの感想を要約

　ケア会議の終わりには，あらためてクライエントに感想を尋ねます。クライエントの感想は，その会議がクライエントのニーズに沿ったものであったかどうかを示します。これからの支援計画への感想や，クライエント自身が取り組む事柄への意欲の度合，あるいは検討過程について，クライエントが語ったことを要約して記述します。

❾　次回開催

> 次回開催
>
> ○年7月19日（月）14：00～15：00　N相談支援事業所にて

記録の思考過程

　前回の退院から約2か月で再入院となっていることもあり，今度は2か月後に地域で生活している状態でケア会議を開こうということになりました。岡さんにとっても目標になります。ちょうど，相談支援事業所のモニタリングの時期でもあるので，次回は相談支援事業所の主催でケア会議を開催することとなったため，日時と場所を明記しました。

Point　モニタリング期間を決めて設定する

　実効性のある支援を継続するためには，支援をモニタリングする期間を決めて次回の日程の設定までしておく必要があります。そうしないと，ケア会議が開かれないまま，いつの間にか支援が途絶えたり，必要性がなく形骸化した支援が続いたりしかねません。モニタリング期間をどのくらい設けるかについては，クライエントの希望や支援課題の内容を考慮して決めます。

第10節 スーパービジョンのレポート

■ スーパービジョンにおけるレポート

スーパービジョンは，ソーシャルワーカー同士の対話を通じた実践の省察であり，自己覚知により専門性を向上させる研鑽プロセスです。定形の書式はありませんが，スーパーバイジーによるソーシャルワーカーとしての実践を根拠とともに記述する必要があります。支援対象に関する記述は最小限にとどめ，かかわりの経過やアセスメント，考察およびスーパービジョンで取り上げたい課題を項目立てし，重点的に記述します。

■ 書式の取り扱い

スーパーバイジーが，スーパーバイザーやグループスーパービジョンにおけるほかのスーパーバイジーに対して，自身の支援経過と考察を説明する際の参照資料としてレポートを使用します。作成にあたって利用者の同意を得ることや，個人が特定されないような記述方法をとるほか，必要に応じてスーパービジョンの終了時に回収することもあります。また，レポートを受け取った者も守秘義務を認識し，保管方法に留意します。

> **事例**
>
> 辻さん（30代女性）は，母親と2人の生活保護世帯。軽度知的障害があり，アルコール依存症の酩酊状態で入院し，現在はデイケアに通所中です。早期の就職を希望していましたが，PSWの働きかけでAA（アルコーホーリクス・アノニマス）への参加を考え始めました。PSWは，これに反対している母親と会い支援方針の理解を求めますが，母親は持病により生活保護となったことを恥じていて，辻さんに一日も早い就職を期待します。そのため，辻さんもAA通所と就職活動の選択肢で揺れています。PSWは15年前に就職し，3年前に相談室からデイケアへ異動し他職種を部下にもっています。現在のデイケア利用者は統合失調症，双極性障害，知的障害等で依存症の人はほかにいません。院内のPSWとの交流はあるものの，昨年よりPSWとしての実践や視点を再確認するため○○県PSW協会を通じて外部スーパーバイザーと個人契約し，3か月に1回スーパービジョンを受けています。

  第1巻　3章2節　 第2巻　面接編　02, 21

SV 提出レポート

2017/5/● ××：00〜×Y：30（於：○○診療所面接室） **(1)**

○○病院デイケア：白浜○○ **(2)**

テーマ：アルコール依存症者へのDCにおけるPSWのかかわりを考える **(3)**

1. スーパービジョン提出意図 **(4)**

DCでは主にプログラム中のかかわりを展開しながらアセスメントしているが、Aさんの母親への感情や親子の関係性にも着目しながら、アルコール依存症に対する支援について、専門病院ではない当院のDCで行えることを検討したい。さらに、PSWが他職種よりも深いかかわりをしているが、抱え込みになっていないか再確認したい。

2. スーパーバイジーの立場 **(5)**

PSW歴28年。○○病院に勤務して15年経過。3年前に異動し、診療部DC課長となる。作業療法士1名、看護師1名と共に月〜金のDC勤務。利用者数は、登録者は約60人、実利用者は1日平均35人。

3. 利用者情報 **(6)**

①利用者概要

Aさん（女性、30代）。Y県にて母子家庭の出身。軽度知的障害があり成績は学童期から不良であったが、私立の普通高校卒業。卒後は就職したが長続きせず転職を繰り返す。母親のリウマチ発症を契機に×−5年より生保受給開始。アルコール依存症で入院歴（9回）あり。

②治療歴

酒歴の詳細や初飲酒時期は不明。×−6年に飲酒による酩酊状態でZ病院に入院。以後、同病院に5回の入院歴がある。外来通院は中断しがちで、再飲酒により全身衰弱や脱水等を起こして再入院を繰り返す。×−3年にZ病院満床のため当院へ依頼あり医療保護入院し、以後合計4回入院。×年2月に3か月間の入院を経て退院と同時にDC利用を開始。

③経過

退院時に就労希望していたが、主治医や生活保護CWの強い勧めによりDC利用を開始。ほぼ休まず通所しているものの、調理など自信のあるプログラム以外は参加に消極的であった。1か月経過した頃より、断酒の動機づけのための働きかけを行い、現在はY市の女性AAミーティングへの出席を検討中。母親はAさんの就労を強く希望し、DCやAA参加には否定的。DCの支援方針を伝えて理解を求めるため1回面接した。

4. 支援の実践とアセスメント **(7)**

① PSWのかかわり

・プログラム中に意識的に話しかけ、飲酒に関する問題意識や断酒に対するモチベーションを尋ねたり、就労希望について具体的な言語化を促したりしている。

・自己肯定感を高めるため、プログラムでの努力に対するポジティブなフィードバックを多めに伝えている。

・DCやAAへの通所については母親の理解も必要であるため、来院要請して面接を実施し支援方針を伝え、これまでの経緯や母親の意向を確認した。

②アセスメント

・Aさんの言動に自己肯定感の低さが目立つのは、学校での成績不良や仕事が長続きしないこと、および母親から怒られる体験が影響していると考えられる。

・職歴は接客や清掃、飲食店など多岐にわたるが、短期で辞めてしまっているためか経験の蓄積になっていないようで、言葉遣いなど社会性に乏しい面がある。

・「早く働きたい」というものの、プログラムへの参加態度は消極的であったが、調理は得意で能力も高く、この時だけは積極的に参加している。肯定的評価を得る場として本人の楽しみや励みになっている様子。

・飲酒に対する内省はこれまで十分に行われたとはいえない印象だが、この2か月ほどの働きかけで、少しずつ言語化されるようになってきている。

・母親は未婚でAさんを生み、実家もあまり頼らず女手一つでAさんを育ててきたことからもプライドが高く気丈な性格であると思われる。リウマチを発症して就労困難となり生保受給となったことへの失意や羞恥心が、Aさんへの期待に投影されていると考えられる。

・母親はAさんの知的障害について認めたくない思いが強く、またアルコール依存症に関する理解も乏しい。
・Aさんは知的障害がありながらも、母親の期待に応えたい一心で過剰適応傾向に頑張ってきたものと思われる。等身大の自分を表現し、受け入れられる体験や成功体験を通して自己肯定感を高められるようなかかわりが必要と考えられる。

5. 考察
　当院はアルコールなどの依存性疾患に対する専門的な治療プログラムがなく、断酒や断薬と全身状態の回復目的で非自発的入院を引き受けることが多い。Aさんは、その延長でDCにもモチベーションがないまま通所を開始したが、この間の働きかけにより、内省が進み、断酒意欲は生まれているように見える。一方、母親の言動の影響も大きく、早く働いて家計を支えなくてはいけないという思いの強さから、この先の利用施設・機関について迷い葛藤しているようである。
　PSWとしては本人の就労意欲を尊重し、障害受容とともに力量に合った職場選択も支援したい。そのため、AAミーティングの併用や、依存性疾患の方も受け入れている就労支援事業所の利用を勧めたほうがよいのではないかと考えている。他スタッフは、Aさんが飲酒せずに通所できていることから、しばらくこの状態を継続したほうがよいのではないかというが、DCに漫然と通うだけではAさんの希望に沿った支援といえないと考える。

※レポート作成にあたり、Aさんに口頭で説明し、同意を得ている。

実践！記録術

① 日付, 場所

2017/5/●　XX：00〜XY：30（於：○○診療所面接室）

 記録の思考過程

　スーパービジョンの契約を結ぶ際、1回90分と決めました。実施場所については、私の職場でスーパービジョンを受けるのでは仕事中と気持ちを切り替えにくいように感じると伝えたところ、スーパーバイザーが職場の面接室を使わせてくださることになりました。時間も明記することで、時間に間に合うよう出かけて行き、漫然と長引くことなく決められた時間を有効に活用する意識が高まります。

Point｜SVの実施日時と場所を明記する

　スーパービジョンの契約時に決めた枠組みを両者があらかじめ意識するために、時間や場所を記載します。この枠組みがはっきりすることにより、職場内での日常的な業務指導とスーパービジョンとを切り分けて自己研鑽の場としての意

識を明確にすることができます。また，スーパービジョンを継続的に行っている場合，記録を積み上げることは自己の成長過程を記録に残すことにもなります。

② レポート作成者（スーパーバイジー）の所属，氏名

〇〇病院デイケア：白浜〇〇

記録の思考過程

レポートは，スーパーバイザーに提出するものであり，スーパーバイザーは何人かのスーパーバイジーと個別スーパービジョンをしているので混乱してはいけないと考え，所属と氏名を明記しています。

Point 誰のレポートかが一目でわかるようにする

スーパービジョンには，スーパーバイジーが作成するレポートを用いることが一般的です。記載内容に責任をもつ意味で，レポートには記名します。特にグループスーパービジョンの場合は，レポート提出者が誰かわかるように明記することが欠かせません。

③ 今回のスーパービジョンのテーマ

テーマ：アルコール依存症者への DC における PSW のかかわりを考える

記録の思考過程

当院デイケアでは，アルコール依存症の人に向けた専門プログラムを有さないものの，デイケアを有効に活用してもらうために，意図的なかかわりを重視しています。一方，プログラム運営においては他職種が役割分担しながら担当しており，辻さんに対する PSW のかかわりについてチームで共通認識しているものの，PSW としての視点で方向性が間違っていないかどうか点検したいと考え，テーマに掲げています。

Point｜今回扱おうとする内容を「象徴的」に表現する

　スーパービジョンは，ケア会議と異なり利用者への支援方策を検討したりスーパーバイザーから教えてもらったりするわけではありません。レポートは，スーパーバイジーが自己の実践について振り返って考えることを目的とした記述になることが求められます。そこで，特に中心的課題をテーマとして掲げます。

④ スーパービジョンに本事例を提出する意図

1. スーパービジョン提出意図
DCでは主にプログラム中のかかわりを展開しながらアセスメントしているが，Aさんの母親への感情や親子の関係性にも着目しながら，アルコール依存症に対する支援について，専門病院ではない当院のDCで行えることを検討したい。さらに，PSWが他職種よりも深いかかわりをしているが，抱え込みになっていないか再確認したい。

記録の思考過程

　調理実習における料理酒の使用時や，院外活動の花見の際にお酒の話を意図的に持ちかけたりして，アルコール依存症の回復を支援しようとしていますが，依存症専門のリハビリテーションプログラムをもたない当院デイケアの限界も感じています。ほかのスタッフはそこまでしなくてもよいのではないかと言っていることもあり，PSWが辻さんを抱え込みすぎている懸念があって再確認したいという意図があります。

Point｜テーマに沿って「具体的」にあげる

　テーマに沿って，具体的に今回のスーパービジョンで扱いたい事柄について記述します。どのような実践を，どのようなアセスメントに基づいて行っているか，そこで悩んだり迷ったり不安に感じていることは何かを言語化します。

⑤ スーパーバイジーの職場環境や略歴

> 2．スーパーバイジーの立場
>
> PSW歴28年。○○病院に勤務して15年経過。3年前に異動し，診療部DC課長となる。作業療法士1名，看護師1名と共に月〜金のDC勤務。利用者数は，登録者は約60人，実利用者は1日平均35人。

記録の思考過程

　日常業務には自信をもって取り組めていますが，3年前にデイケアに異動するのと同時に所属長となり，部下は他職種ばかりで日常的にほかのPSWと協議することはできません。また，院内ではほかのPSWへの指導的な役割を期待されていて，自分のかかわりを話す機会がつくりにくい状況です。

　他職種と異なるPSWとしての視点やかかわりを大切にしたいと考えていますが，利用者数も多く，全員に個別支援計画に基づく丁寧な支援ができていないように感じるなか，辻さんには特に気合を入れてかかわっているので，しっかり考察したいと考えています。

Point｜職歴や職位，施設・機関の概要を書く

　外部でスーパービジョンを受ける場合，スーパーバイジーの経験年数や職務経験，職場環境や職位，立場などをスーパーバイザーが把握するために必要となる情報です。継続的な個人スーパービジョンの際は，レポートに毎回記述する必要はありませんが，グループスーパービジョンにおいて，所属が異なるスーパーバイジーが参加している場合には毎回記載します。

⑥ 利用者に関する情報

> 3．利用者情報
> ①利用者概要
>
> Aさん（女性，30代）。Y県にて母子家庭の出身。軽度知的障害があり成績は学童期から不良であったが，私立の普通高校卒業。卒後は就職したが長続きせず転職を繰り返す。母親のリウマチ発症を契機にx−5年より生保受給開

始。アルコール依存症で入院歴（9回）あり。

②治療歴

酒歴の詳細や初飲酒時期は不明。X－6年に飲酒による酩酊状態でZ病院に入院。以後，同病院に5回の入院歴がある。外来通院は中断しがちで，再飲酒により全身衰弱や脱水等を起こして再入院を繰り返す。X－3年にZ病院満床のため当院へ依頼あり医療保護入院し，以後合計4回入院。X年2月に3か月間の入院を経て退院と同時にDC利用を開始。

③経過

退院時に就労希望していたが，主治医や生活保護CWの強い勧めによりDC利用を開始。ほぼ休まず通所しているものの，調理など自信のあるプログラム以外は参加に消極的であった。1か月経過した頃より，断酒の動機づけのための働きかけを行い，現在はY市の女性AAミーティングへの出席を検討中。母親はAさんの就労を強く希望し，DCやAA参加には否定的。DCの支援方針を伝えて理解を求めるため1回面接した。

記録の思考過程

辻さんは未婚で出産した気丈な母一人に育てられ，軽度知的障害がありながらも普通高校卒，職歴も多数あります。これらがアルコール依存症の発症と因果関係を有することも考えられますが，その場しのぎの入院を繰り返しており，有効な治療とはいえません。当院デイケアも十分な支援環境ではないものの，個別支援計画を意識し，プログラム提供に意味をもたせたいと考えています。また，母親との関係性にも着目し家族支援も展開しようとしており，これらの経過を振り返りたいと思います。

Point 利用者像と支援経過を簡潔に記述する

スーパービジョンは，ケア会議とは異なり，利用者への具体的な支援方策の検討ではないため，利用者に関して全容（生育歴や家族歴，治療経過等）を詳述する必要はありませんが，取り上げようとしている内容に関連する部分は具体的に記述します。外部への持ち出しとなるため，氏名のイニシャルは用いず，住所や利用施設等の固有名詞を記載しないことや,現在をX年として過去は「X－○年」とするなど個人情報の記載には特に留意します。

7 PSW としての支援の実践とアセスメント

4. 支援の実践とアセスメント

① PSW のかかわり

- プログラム中に意識的に話しかけ，飲酒に関する問題意識や断酒に対するモチベーションを尋ねたり，就労希望について具体的な言語化を促したりしている。
- 自己肯定感を高めるため，プログラムでの努力に対するポジティブなフィードバックを多めに伝えている。
- DC や AA への通所については母親の理解も必要であるため，来院要請して面接を実施し支援方針を伝え，これまでの経緯や母親の意向を確認した。

② アセスメント

- A さんの言動に自己肯定感の低さが目立つのは，学校での成績不良や仕事が長続きしないことおよび母親から怒られる体験が影響していると考えられる。
- 職歴は接客や清掃，飲食店など多岐にわたるが，短期で辞めてしまっているためか経験の蓄積になっていないようで言葉遣いなど社会性に乏しい面がある。
- 「早く働きたい」というものの，プログラムへの参加態度は消極的であったが，調理は得意で能力も高く，この時だけは積極的に参加している。肯定的評価を得る場として本人の楽しみや励みになっている様子。
- 飲酒に対する内省はこれまで十分に行われたとはいえない印象だが，この2か月ほどの働きかけで，少しずつ言語化されるようになってきている。
- 母親は未婚で A さんを生み，実家もあまり頼らず女手一つで A さんを育ててきたことからもプライドが高く気丈な性格であると思われる。リウマチを発症して就労困難となり生保受給となったことへの失意や羞恥心が，A さんへの期待に投影されていると考えられる。
- 母親は A さんの知的障害について認めたくない思いが強く，またアルコール依存症に関する理解も乏しい。
- A さんは知的障害がありながらも，母親の期待に応えたい一心で過剰適応傾向に頑張ってきたものと思われる。等身大の自分を表現し，受け入れられる体験や成功体験を通して自己肯定感を高められるようなかかわりが必要と考えられる。

記録の思考過程

デイケアでは，グループの活動記録とは別に各利用者のケースファイルがありますが，利用者数も多く，特記事項のみを3名のスタッフが毎日手分けして記載しています。今回は，辻さんに対してPSWが日々行っているかかわりや，その背後での見立てなどを時系列に沿って記載するとともに，それらの経過をふまえてアセスメントした事柄も記述しました。この言語化によって，自分が何を重視し考えているかを再確認することができてきました。

Point ソーシャルワークの展開を言語化する

スーパービジョンにおいて最も重要な項目です。自己のソーシャルワーカーとしての実践を省察し，どのように支援してきたか，またその過程でどのようなアセスメントをしているかを記述します。ケース記録とは異なり，PSWが何に着目し，どう考察したか，その根拠は何かを詳述します。このレポートを作成するプロセスでも再確認したり気づくこともあります。それらは次項の「考察」に記述します。

⑧ スーパービジョンのための考察

5. 考察

　　当院はアルコールなどの依存性疾患に対する専門的な治療プログラムがなく，断酒や断薬と全身状態の回復目的で非自発的入院を引き受けることが多い。Aさんは，その延長でDCにもモチベーションがないまま通所を開始したが，この間の働きかけにより，内省が進み，断酒意欲は生まれているように思える。一方，母親の言動の影響も大きく，早く働いて家計を支えなくてはいけないという思いの強さから，この先の利用施設・機関について迷い葛藤しているようである。

　　PSWとしては本人の就労意欲を尊重し，障害受容とともに力量に合った職場選択も支援したい。そのため，AAミーティングの併用や，依存性疾患の方も受け入れている就労支援事業所の利用を勧めた方がよいのではないかと考えている。他スタッフは，Aさんが飲酒せずに通所できていることから，しばらくこの状態を継続したほうがよいのではないかというが，DCに漫然と通うだけではAさんの希望に沿った支援といえないと考える。

記録の思考過程

辻さんにとって，デイケアへの半ば強制的な参加導入は不本意なものでしたが，支援者としてはこれ以上同じような形での再入院を繰り返してほしくないと考えています。そこで，辻さんの希望を実現するための支援を展開するには，プログラム中の意図的なかかわりや，他資源の併用を検討することが不可欠であり，辻さんの意向をもとに，デイケアスタッフ間での共通認識や母親の理解と協力を得る支援体制にしていくことが重要だと考えています。

Point | 提出意図に関連して，スーパーバイジー自身の働きかけの考察を述べる

ここまで記述するプロセスにおいても，PSWとしての自分の実践を省察することができ，発見や気づきを得ることがあります。レポート作成に取り組むところからすでにスーパービジョンは始まっているといえ，スーパーバイザーに語りたい内容も丁寧に考察しながら記述することに意味があります。

❾ 倫理的配慮

※レポート作成にあたり，Aさんに口頭で説明し，同意を得ている。

記録の思考過程

辻さんには，私自身の勉強のためと，デイケアでどうしたら辻さんの希望が叶うように支援できるかを考えたいためであることを説明し，辻さんのお名前を出さずに勉強会で話してよいかを尋ねたところ，あっさり「いいよ」と応じてくださいました。スーパーバイザーからは毎回，利用者の同意の有無を問われることもあり，あらかじめレポートに記述するようにしています。

Point | 本人への説明と同意を遵守し，明記する

スーパービジョンに限らず，PSWとしての支援をレポートに記載して職場外へ持ち出す際，職場の規定に則るとともに，利用者本人にそのことを説明し同意を得ることは，専門職としての倫理に照らして最低限遵守しなければなりません。利用目的や方法とともに利用者の不利益が生じないことを説明し，拒否できることも保障します。

PSWの実践記録作成の基礎

第1節　記録の目的

第2節　記録の書き方と管理の方法

第3節　実践を記録するPSWの基本姿勢

第1節 記録の目的

はじめに

　精神保健福祉士（以下，PSW）は，社会福祉学に依拠する専門職である。実践を通して専門性を高め，各現場で積み上げてきた価値や倫理，援助技術を体系化するためには，PSW一人ひとりがどのような実践を行い，その結果どのような効果がもたらされたのかが記録されている必要がある。そして，これらの記録が現場の実践のなかで活用され，あるいは研究に用いられ，後進にも継承されることにより，PSW総体としての実践力が高まり，専門職としての価値を高めることにもつながる。日々の実践を確実に記録に残す営みは，専門職としてのPSWの職責ともいえる。

（1）専門的サービスを提供する

　PSWにとって，支援とは対人援助サービスの提供を行うことであり，専門職としては専門的見地からクライエントにどのようなサービスを提供し，またその効果はどのようなものであったのかを説明できなければならない。

　記録は，その裏付けとなるものであり，PSWの支援内容や，その支援を選択した根拠について説明する手掛かりとなる。つまり，クライエントをはじめとした他者に対し，PSWが自らの専門的支援について説明責任を果たす際に，記録は必要不可欠である。

（2）法制度上の責務を果たす

　PSWは，実践のなかで法令や制度に則り記録を作成する役割を担っている。そこでは，各法制度の目的に応じて，PSWの専門的視点に基づくアセスメントや支援内容，および専門職としての意見を記載することが求められる。つまり，記録作成によって，PSWが法制度上の社会的責務を果たすことになるのである。

（3）報酬請求の根拠を作成する

　PSWの作成する記録が，診療報酬や障害福祉サービス等における報酬など，

医療機関や福祉事業者がクライエントに提供したサービスの対価を得るための根拠となる場合がある。よって，PSWの所属機関および利用者の双方に対する責任を果たし，また，PSW自身の存在意義を明示するうえからも，記録は正確かつ迅速に作成しなければならない。

(4) 支援を検証する

PSWの支援は，インテークに始まり，情報収集とアセスメント，プランニングを経て支援・介入，モニタリングという一連のプロセスをたどる。この支援に関する検証を行うためには，支援内容を忠実に再現できなければならないが，このことをPSWの記憶に頼り，頭の中だけで保持することは困難である。

適切な支援が提供できたかどうかの検証を行うためにも，ケースワークプロセスに沿って自らのかかわり等の経過を個別支援記録として書き記しておくことが必要である。

(5) 自己研鑽の糧とする

PSWの成長過程において，他者から批判を含めて助言をもらうことや，自己洞察を繰り返しながら自身の理解を深化させ，実践の礎を再構築し，自らの専門性を向上させていくことは，PSWが専門職である以上，欠かせない営みであり極めて重要なことである。

その手段であるスーパービジョンや実践研究においては，PSWの行った支援経過に加え，その間の思考過程の記録をもとに，考察し直し，言語化することが求められる。記録は自らのかかわりについて振り返り，研鑽するためのよき教材であり，PSWの成長のために必要な道具となるのである。

このように，PSWにとって「記録を書く」ことは，ケースワークプロセスに参画し，利用者の希望やニーズに対してより効果的な支援に結びつけることから，社会的な求めに応じた説明責任や意見表明まで，幅広い意味と目的をもつ行為であり，業務でもある。そして専門職としての成長の糧となるものであるとの認識も重要である。

第 **2** 節 記録の書き方と管理の方法

1．記録の多様化

　現在，PSW の活動の場は多様化し，職場の特性によって求められる力点が異なってきている。そうしたなか，PSW が取り扱う記録も多様化している。

　記録の内容は，PSW 固有のもの，他職種と共有するもの，クライエントの個人記録，グループの記録，公的な届出文書や監査対象となるものなど多岐にわたり，一つのケースにおいても，その書き方は内容ごとに異なる。したがって，「誰と共有するのか」「どこに提出して誰が見るのか（見る可能性があるのか）」「何を目的としているのか」などを明確にし，その記録の目的や役割に応じて書き分けることが必要となる。

　例えば，クライエントが打ち明けてくれた話に，PSW との関係のなかだけに留めておくべきと判断できる内容があれば，PSW が単独で管理する個別支援記録に記載し，他職種と共有すべき内容については，それに適した記録媒体（例：診療記録（カルテ）など）に記載して情報共有を図る。このように，記載する媒体に適した内容を判断することも PSW の専門的技量である。

2．記録に臨む際の留意点

　実践のなかで何をどのように記録するかは，記録の目的や用途に応じて異なる。また，記録は PSW による支援経過を書き残すものであるから，PSW の支援方針や姿勢そのものが投影されることになる。詳細は第 1 章の具体的な書式でみてきたとおりであるが，このことをふまえ，記録に臨む際の留意点を整理する。

（1）客観的事実を把握する

　記録は創作物ではなく，PSW の感想や想像を記すものでもない。客観的事実を伝えることが何より重要である。その際，「5 W 1 H」を基本にして文章を作成すると，正確な記録となる。記録に臨む際には，この六つの要素を整理しておくことが重要である。

・いつ（When）

- どこで（Where）
- だれが（Who）
- なぜ（Why）
- 何を（What）
- どのように（How）

（2）支援（実施）の目的・内容・経過を把握する

記録にはPSWが行ったかかわりも記すことになる。支援の目的を明確にし，その内容・経過を明確にしておくことが重要である。実践を記録する際にも，「5W1H」の観点は有用である。特に「なぜ（Why）」は，支援の根拠を言語化するためのトリガー（引き金・きっかけ）となる。

（3）未来的展望を把握する

実施した支援の結果とその効果を検証し，今後どのようなことが予測されるのか，想定される状況に対する方策等を検討する。また，チームで共有するべき事項があれば，申し送り事項や伝達すべき情報として明確にしておく。

3. 書き方のポイント

記録の書式，形式は所属機関や使用目的によってさまざまである。そのいずれにおいても，PSWがどのようなかかわりをしたのか，そのプロセスと根拠となる判断基準や専門的視点を正確に記録することが重要である。専門職が書いた記録は，私的なメモではなく公的な資料として活用される。他者が見るのはもちろんのこと，公文書として「開示」を求められる場合があることも意識しておかなければならない。記録は，自分さえ読み取ることができればよいというものではない。以下に書き方のポイントを整理する。

（1）丁寧に正確な文字を書く

文字はできる限り丁寧に記載し，誤字脱字がないように注意する。手書きの場合，文字が判別できなくては記録としての用を成さない。書字の得手不得手はあるだろうが，第三者が見て，できる限り読み取りやすい文字を書く必要がある。

パソコンなどを使用する場合は，標準的な字体を使用し，誤変換や誤字脱字がないか注意する。一文字間違えるだけでも意味合いが大きく変わってしまうこともあり，事実を正確に伝えるためには必要不可欠な心がけである。

(2) わかりやすい文章を書く

　記録は，それを読む対象へ，正確かつ簡潔に内容を伝えられなくてはならず，誰が読んでもわかりやすい文章を作成する必要がある。

　記録の文章に特別な文体や比喩は必要なく，誰が読んだとしても同じ内容が正確に伝わることが重要である。そのためには，主語と述語の関係を明らかにし，誰が何をしているのかなど，基本的な文章の構造をわかりやすくすることである。

　併せて，専門家以外の者が読んだとしても，正確に理解できる内容，構成であることが必要となる。専門用語や略語は使わず，誰もが同じ理解を得られる語句を使用する。

(3) 過不足のない内容を書く

　記録する内容に過不足があってはならない。記録に記載される内容の多くは，クライエントの個人情報である。したがって，記録する情報は支援のために必要なことに限り，PSWの個人的な興味や関心から書き留めるようなことがあってはならない。一方，記録した内容に不足があると，事実が正確に伝わらない，必要な情報が後々引き出せなくなるなどの問題が生じる。したがって，記録を行う際には記載する内容をしっかりと吟味することが重要である。

(4) 速やかに作成する

　記録作成は迅速に行う。PSWは，日々多様な業務を同時並行で進めることが多いが，時間経過は不可逆であり，場面は瞬間的・限定的であるから，頭の中で再現することは時間が経つほどに困難になっていく。記録作成までに時間がかかるということは，不正確な内容が混入する可能性が高まるということであり，また記録を閲覧する他者への情報提供が遅れることでもある。ひいては，クライエントに不利益をもたらしかねない。正確な記録を作成するためには，その事実が起こった時から時間を空けずに取り組む心がけが肝要である。

4．記録の管理の方法

(1) 組織的に定める事項

　業務上知り得た情報は，PSWが個人で保有するものではなく，組織的に保有し管理しなければならない。PSWはクライエントの重要な個人情報を取り扱う職種であり，その内容が記されている記録の取り扱いを誤ると，重大な権利侵害

を引き起こすおそれがある。よって，その管理は慎重に行わなくてはならない。

　記録の形式や内容，記録媒体を問わず，情報の流出を防ぐための対策を事前に講じておくことが重要である。一度流失してしまった情報は取り戻せず，それにより失った信頼を回復することは不可能または多大な労力と時間を必要とする。個人情報の管理について組織的に定める事項としては，以下が考えられる。

・記録の内容について，組織内で閲覧できる者の範囲
・情報を組織の外に持ち出す場合に関する判断基準や手順
・記録の活用方法に関する規定

　なお，これらは，組織の方針として公開すると共にクライエントに説明を行うことが望ましい。

（2）記録へのアクセス

　記録が紙媒体の場合は，鍵付きのキャビネットに保管し，その出し入れに際し記帳するなどの仕組みを設け，責任の所在を明確にすることや，鍵の開錠・施錠には複数の人間が立ち会い，確認のもとで行うことが望ましい。

　電子媒体の場合は，データへのアクセスにおけるパスワードの設定や閲覧制限と，外部からの不正なアクセスに備えたネットワークセキュリティの強化などにより情報の漏えいを防ぐ対策が必要である。

　記録の閲覧や記録が関与する情報開示・提供の要請に対しては，正当な理由があればできる限り応じなければならない。したがって，記録はいつでもその中身を取り出すことができ迅速に開示・提供できるように普段から管理しておくことが重要である。そのためには，記録作成者だけがその所在を知っている状況では不十分であり，組織内でどの記録がどこにどのような管理体制のもとに保存されているのか，あらかじめ周知されている必要がある。

（3）記録の保存期限

　法的に保管期限が定められている記録は確実に残しておかなければならない。保存方法には一定の工夫が求められる。紙媒体の記録は，保管スペースや記載された文字および用紙の劣化のリスクを考慮する。電子媒体の記録は，後々の検索・活用を容易にするため整理して保存し，サーバーの容量にも留意する。

　集積されていくすべての記録を無期限に保管し続けることは物理的に不可能である。個々の記録について，保存期間を決め，また処分する際にも重要な個人情報であることを念頭に，適正かつ確実に処理する。

第**3**節 実践を記録するPSWの基本姿勢

　PSW が記録することの大部分は自身の PSW としての実践であり，そこには当然支援における専門的価値が表れる。そこで最後に，PSW の実践のなかでもとりわけクライエントとのかかわりを記録するときの基本的かつ重要な姿勢を再確認する。

1．主観的事実を大切にする

　主観的事実とは，クライエントから得た事実のことであり，クライエントから見て主観的という意味である。その多くは言語化されて PSW に届けられる。

　一方，客観的事実とは，PSW 自身がクライエントとのかかわりのなかで得た情報であり，ここには視覚的・聴覚的・嗅覚的な情報など，クライエントが言語表現した情報のみならず PSW の五感を使って得られた情報も含まれる。また，本人以外の関係者から得た情報や，クライエントを取り巻く環境面の観察による情報も含む。

　実際の支援過程では，これらの主観的事実と客観的事実が複雑に交錯することが多い。この両者は，ケースワークプロセスでは車の両輪のような存在であり，どちらが欠けても適切なアセスメントにはならない。しかも，それらは移ろいやすく，どちらかが少し変化しただけでもイメージするクライエント像や支援の方向性が変わることもある。したがって，どの観点に基づく記述なのか，また客観的事実の場合はその根拠も明記することが必要である。

　記録を作成する PSW の客観的事実に偏ってしまうことは容易に起こり得る。PSW は，クライエントの自己決定の尊重を専門職としてのアイデンティティとしているのであるから，クライエント自身の語りから得られる主観的事実を意識して聴き取り，それを丁寧に記録に残そうとする姿勢を基本としなければならない。と同時に，クライエントは必ずしも自分自身の思いや希望をそのまま言葉にしているとは限らず，主観的事実がイコール，クライエントの支援ニーズになるわけではないことにも留意しなければならない。

2. ストレングス視点を大切にする

クライエントは，何らかの生活のしづらさを抱えていることが多く，PSW が支援者としてかかわる際，クライエントの困りごとや課題に目を向けることが多い。しかし，その結果，記録の内容がクライエントの課題や問題点を挙げ連ねることになってしまうことには自覚的でなければならない。支援ニーズや介入のきっかけをアセスメントする際には，クライエントの抱える課題に着目する一方で，ストレングスを見出す姿勢を忘れてはならない。

PSW が支援のなかで最も重視すべきことは，クライエントの抱いている希望や願いであり，そのためにはクライエントがもつ健康的な部分に着目し，強みを見出すことが不可欠である。したがって，記録を書く際にはストレングス視点を意識し，支援過程のなかで見出したクライエントの希望や願い，強みを丁寧に記述することが重要になる。

おわりに

PSW にとって，支援の目的はクライエントの抱える生活問題や社会問題の解決や，社会参加に向けた支援活動を通して，その人らしいライフスタイルを獲得してもらうことである。そして，その実現のためにさまざまな援助技術を駆使し，支援を行っている。PSW が良質な記録を残すことは，何かの証拠や根拠となり，クライエントの権利擁護や適切な支援方法の開発につながることもある。

記録することの意義は，クライエントのよりよい生活の実現にあるといっても過言ではない。適切な記録はそのための大きな力になってくれると共に，PSW の専門的価値を高めたり存在意義を表すためにも有用である。PSW にとって，記録なき実践はあり得ないといってよいだろう。

著 者 紹 介

■監修

公益社団法人**日本精神保健福祉士協会**

■編集・執筆

田村綾子（たむら・あやこ）　面接編1章1, 2, 7, 12, 17, 18, 21, 2章　記録編1章1節, 10節

　聖学院大学人間福祉学部教授，日立製作所西湘健康管理センター非常勤。精神保健福祉士，社会福祉士。医療法人丹沢病院医療福祉相談室長，公益社団法人日本精神保健福祉士協会特命理事・研修センター長を経て現職。日本精神保健福祉士協会副会長・認定スーパーバイザー。一般社団法人日本ソーシャルワーク教育学校連盟理事。

■執筆

上田幸輝（うえだ・こうき）　面接編1章8, 22, 23, 24　記録編1章5節

　公益財団法人浅香山病院サポートハウスアンダンテ管理者。精神保健福祉士。前身法人が運営する病院の医療福祉相談室，生活訓練施設，地域生活支援センター勤務を経て現職。公益社団法人日本精神保健福祉士協会研修企画運営委員・認定スーパーバイザー。一般社団法人大阪精神保健福祉士協会理事。

岡本秀行（おかもと・ひでゆき）　面接編1章3, 4, 9, 10, 13, 19　記録編1章3節, 2章

　川口市役所保健所準備室。精神保健福祉士。医療法人財団厚生協会大泉病院にて医療相談室，精神科デイケア，グループホームほかに勤務。その後行政へ転身し，福祉部障害福祉課を経て現職。公益社団法人日本精神保健福祉士協会業務執行理事・常任理事，埼玉県精神保健福祉士協会副会長，全国精神保健福祉相談員会理事。

尾形多佳士（おがた・たかし）　面接編1章6, 15, 16　記録編1章4節, 6節, 7節, 8節

　医療法人社団五風会さっぽろ香雪病院地域連携支援室室長，診療支援部副部長。精神保健福祉士，社会福祉士。医療法人社団慈藻会平松記念病院にて地域生活支援室，訪問看護部ほかに勤務。その後，医療法人社団五風会福住メンタルクリニックにてリワークデイケア勤務を経て現職。公益社団法人日本精神保健福祉士協会業務執行理事・常任理事。

川口真知子（かわぐち・まちこ）　面接編1章5, 11, 14, 20, 25　記録編1章2節, 9節

　公益財団法人井之頭病院精神保健福祉部長。精神保健福祉士。精神衛生法が精神保健法へ改正されるなどした精神科医療の変革期より，同病院相談室にて長期入院者の地域移行支援等へ従事，現在に至る。公益社団法人日本精神保健福祉士協会機関誌『精神保健福祉』編集委員を初代より務め，2010〜2016年に編集委員長。

精神保健福祉士の実践知に学ぶソーシャルワーク 2
ソーシャルワークの面接技術と
記録の思考過程

2017 年 12 月 19 日　初 版 発 行
2022 年 　7 月 20 日　初版第 2 刷発行

監修　　公益社団法人日本精神保健福祉士協会
編著者　田村綾子
著者　　上田幸輝，岡本秀行，尾形多佳士，川口真知子
発行者　荘村明彦
発行所　中央法規出版株式会社
　　　　〒110-0016　東京都台東区台東 3-29-1　中央法規ビル
　　　　TEL03-6387-3196
　　　　https://www.chuohoki.co.jp/
印刷・製本　株式会社アルキャスト
装幀・本文デザイン　二ノ宮匡

定価はカバーに表示してあります。
ISBN978-4-8058-5567-6

本書のコピー，スキャン，デジタル化等の無断複製は，著作権法上での例外を除き禁じられ
ています。また，本書を代行業者等の第三者に依頼してコピー，スキャン，デジタル化する
ことは，たとえ個人や家庭内での利用であっても著作権法違反です。
落丁本・乱丁本はお取替えいたします。

本書の内容に関するご質問については，下記 URL から「お問い合わせフォーム」にご入力
いただきますようお願いいたします。
https://www.chuohoki.co.jp/contact/